身体训练革命

高效提升力量、耐力和运动表现的功能性训练方案

[美] 胡安·卡洛斯（JC）·桑塔纳（Juan Carlos Santana） 著　王云峰　译

人民邮电出版社

北　京

图书在版编目（CIP）数据

身体训练革命：高效提升力量、耐力和运动表现的功能性训练方案 ／（美）胡安·卡洛斯·桑塔纳(Juan Carlos Santana) 著；王云峰译. -- 北京：人民邮电出版社，2020.11 （2021.1重印）

ISBN 978-7-115-54339-4

Ⅰ.①身… Ⅱ.①胡…②王… Ⅲ.①身体训练 Ⅳ.①G808.14

中国版本图书馆CIP数据核字(2020)第115216号

版权声明

免责声明

本书内容旨在为大众提供有用的信息。所有材料（包括文本、图形和图像）仅供参考，不能替代医疗诊断、建议、治疗或来自专业人士的意见。所有读者在需要医疗或其他专业协助时，均应向专业的医疗保健机构或医生进行咨询。作者和出版商都已尽可能确保本书技术上的准确性以及合理性，并特别声明，不会承担由于使用本出版物中的材料而遭受的任何损伤所直接或间接产生的与个人或团体相关的一切责任、损失或风险。

内 容 提 要

本书作者执教职业运动员和健身爱好者超过30年，在训练方案设计方面拥有非常丰富的研究和实践经验。在本书中，他提供了100多种基于运动科学原理且在不计其数的训练者身上验证有效的功能性训练计划。这些计划分别针对不同的身体部位、运动能力和运动耐力，还考虑到训练者在性别、训练水平等方面的差异，可以满足多样化的需求。此外，本书还详细介绍了增肌燃脂的营养策略、促进恢复的高效方法及不同周期训练方案的设计方法，切实帮助训练者掌握科学方法，快速减脂塑形、增强肌肉力量和耐力、提升运动能力和表现。运动队教练、专业运动员、体能训练师、私人教练和健身爱好者等均将从本书的内容中获益。

◆ 著　　　　［美］胡安·卡洛斯（JC）·桑塔纳（Juan Carlos Santana）
　　译　　　　王云峰
　　责任编辑　王若璇
　　责任印制　周昇亮

◆ 人民邮电出版社出版发行　　北京市丰台区成寿寺路 11 号
　　邮编　100164　　电子邮件　315@ptpress.com.cn
　　网址　https://www.ptpress.com.cn
　　天津翔远印刷有限公司印刷

◆ 开本：700×1000　1/16
　　印张：17.25　　　　　　　　　2020 年 11 月第 1 版
　　字数：386 千字　　　　　　　 2021 年 1 月天津第 3 次印刷

著作权合同登记号　图字：01-2019-3965 号

定价：128.00 元

读者服务热线：(010)81055296　印装质量热线：(010)81055316
反盗版热线：(010)81055315
广告经营许可证：京东市监广登字 20170147 号

本书献给我的父母，阿纳尔多·桑塔纳和塞勒里娜·桑塔纳。他们是整个家庭的指路明灯。

目录

专业推荐　vii

致谢　x

前言　xii

第1部分　功能性训练计划设计

第1章　为效果而训练 ··· 3

第2章　计划框架 ··· 9

第3章　评估和进阶 ··· 15

第2部分　形体转变训练计划

第4章　腿部和髋部 ··· 23

第5章　腹部和核心 ··· 49

第6章　手臂 ·· 67

第7章　肩部 ·· 85

第8章　胸部 ··· 111

第9章　背部 ··· 129

第3部分　运动能力训练计划

第10章　弹跳 ··· 151

第11章　速度 ··· 163

第12章　敏捷 ··· 175

第4部分　运动耐力训练计划

第13章　下身代谢 ··· 191

第14章　上身代谢 ··· 197

第15章　全身代谢 ··· 209

第5部分　综合训练计划设计

第16章　营养和恢复 ··· 221

第17章　通向成功的训练计划设计 ··· 239

贡献者简介 ··· 254

作者简介 ··· 255

译者简介 ··· 256

专业推荐

对于任何想要增强运动表现和改变体形的个体来说，这本书都是必读的。拥有了这本书，你就拥有了梦寐以求的所有训练计划，且这些计划全部由健身行业领军人物设计。

克利夫·埃德伯格

Life Time 私教部门高级国家项目经理

胡安·卡洛斯·桑塔纳是体能训练的思想领袖之一。如果你的目标是提升体能水平，那么你应该读一读这本书。

何塞·安东尼奥博士

诺瓦东南大学运动科学家，国际运动营养学会（ISSN）首席执行官

如果你正在寻找功能性训练和健身的一站式解决方案，那么这本书正是你需要的。

道格拉斯·卡尔曼博士，RD，FACB，FISSN

美国诺瓦东南大学副教授

在指引个体实现最佳运动表现方面，这本书的实用性和有效性首屈一指。

达林·S.威洛比博士，CSCS，CISSN，EPC，CNS，FACSM，FISSN，FACN，FASEP

美国贝勒大学运动生物化学、营养生化学和分子生理学教授

无论你是新手还是专家，年轻还是年长，休闲健身者还是健身达人，这本书都是你应该入手的一部著作。阅读全书，吸纳知识，进行实践，获得改变！

戴维·沃伊纳罗夫斯基博士

长寿与再生医学专家，*Immortality Edge* 合著者

如果你正在寻找全面改变体形或快速提升竞技表现的完整方案，那么一定要学习JC的训练理念和方法。他是训练方案设计大师，非常擅于设计能够产生实实在在的效果且安全、高效的训练方案。

卡拉·桑切斯，CSCS

Performance Ready 健身工作室拥有者，国际健美联合会（IFBB）职业健美运动员

在健身领域，JC领军功能性训练的时间已超过25年。这本书教授的训练方法为健身专业人士提供了重要参考，包括训练各类运动人群的相关信息。在大学任教多年的我向所有学生和校队运动员推荐这本书，它可作为任何体能训练体系课程的教材。

B. 休·格雷夫斯博士，FACSM，ACSM-CEP
佛罗里达大西洋大学运动科学与健康促进系

JC用他的训练将我从灾难的边缘拉回。我的背部曾受过严重的伤，至今腰椎中还有8颗钢钉。通过使用这本书上的训练方案，我现在已成为终极格斗冠军赛（UFC）中量级前15强的格斗运动员。有了这本书，你就能像冠军一样训练！

切扎尔·费雷拉
综合格斗运动员，UFC中量级选手，巴西柔术世界冠军，"终极斗士"选拔赛巴西站获胜者

这本书里的训练方法让我在UFC中发挥出了最高水平。JC非常擅于将复杂的事物变得简单易懂，这让我能从训练中获得最大收益。入手这本书，练起来，体验我每周都在进行的来自人体运动表现学院（IHP）的训练。

吉尔伯特·伯恩斯
综合格斗运动员，UFC轻量级选手，巴西柔术世界冠军

我已经在JC的指导下训练了四年，这直接将我带入中量级顶级选手的行列。这本书里的训练方法成功地让我从一个还不错的业余拳手进阶为顶级职业拳击运动员。毫无疑问，这本书货真价实！

路易斯·阿里亚斯
高排位职业拳击运动员，美国拳击协会（USBA）中量级冠军

成功登顶七大洲最高峰，你必须在心理上和生理上都保持最佳状态。JC在这本书中分享的精神-情绪-运动模型在我的每一次登顶中都发挥了至关重要的作用！跟随这本书的指引，登顶你心中的高峰！

如本·帕杨
登顶七大洲最高峰的登山家

　　我是两个孩子的妈妈，一个繁忙的家庭主妇。在过去的8年里，是JC的训练方法让我变得更好。我今年41岁了，可状态比上高中还要好！我用过这书中的很多训练方案，它们帮助我保持身材，保持最佳的拍照状态。我只能告诉你们一件事，那就是这本书介绍的训练方法非常管用。

吉娜·布萨尼

致谢

随着时间的推移，我意识到实践和经验比传统的教育形式更重要。虽然我肯定传统教育形式的价值，但我现在已彻底认识到，缺乏经验的教育只是信息而已。因此，我感谢并珍视所有老师、教练、同事及朋友。我尤其感谢人体运动表现学院，它在过去的18年中一直是创新思想的"孵化器"。

我目睹过众多的社会和文化变革，因此庆幸自己能够出生在旧的价值观和原则依旧影响着社会文化的年代。我的父母，阿纳尔多·桑塔纳和塞勒里娜·桑塔纳，刚刚度过了他们结婚65周年的纪念日。这只是两位可爱的天使作为我的家庭榜样的一个小小体现。我将所有成就都奉献给他们，因为他们是让我坚守职业操守、不屈不挠并对家庭和事业不停奉献的原动力。他们将我培养成有道德、品行端正的人。毫无疑问，父母是我所知的最好的人，这让我每一天都觉得自己无比幸运。我永远都会在自己的书中以相同的热情向他们表达敬意和感激。

我的姐姐贝尔基丝和莫尼伴随我经历了起起落落。她们一直是我舒适感、力量、欢笑和责任感的源泉。她们影响了我并让我始终坚守责任。责任感始终占据我家庭的首位。这两位女士一直给予我来自家人的诚挚的爱。我非常感谢她们的爱和支持，感谢她们让我变得强大并始终保持强大。

父母教育我家庭永远是第一位的，我的长子里奥让我真正理解了这意味着什么。里奥在我最需要的时候，带着欢笑和惊喜，而非苦难，来到了我的生命中。我会一直爱他。现在我有幸能每天都和他并肩工作，见证他在经营家族生意的过程中成长为男人。这是IHP给我的另一份礼物——让我儿子拥有一个不断学习直到走向光明未来的机会。我的另外3个孩子，凯拉、丹蒂和米娅，同样是珍贵的馈赠。他们都在以自己的方式闪耀着独特的光芒。凯拉是我的漂亮小丫头，是一个可爱的、充满艺术气息的、特立独行的女孩。她也在IHP工作，希望她能像里奥一样爱上这里。丹蒂是我的工程师，他有着聪慧的头脑和出众的幽默感。他总是能引用记忆中的经典电影台词让我们捧腹大笑。我惊叹于他的脑容量，他太聪明了！他绝对是我家里的一宝。米娅是优雅的"皇后"，今后她很有可能成为律师。她能出色地和你进行辩论（这让我想起了我认识的一个人）。米娅和所有人的关系都很融洽，她可爱又风趣，在所有对话中都能显示出极高的情商。这4位天使是我的动力，感谢他们。不知为何，他们把我当作"恐龙"，但我却以此为傲。他们会把和我的每一次对话变成某种形式的授课或演讲。而我则提醒他们，我的职责是教他们看清人性的本质，这意味着他们要学会发现我在现今社会时常发现的病态狂热。我希望他们有朝一日能真正理解并感受到我对他们的永恒的爱。我所做的一切都是在保障他们的未来，以及让他们明白努力付出会带来收获。最后，如果不感谢那些帮助我养育孩子们的女性，对孩子们的感谢根本就无从谈起。安妮·阿庞特（里奥的母亲）和黛比·桑塔纳（凯拉、丹蒂及米娅的母亲）在养育这4个孩子的过程中起到了无人能及的作用。她们付出了只有母亲才能给予孩子们的爱和支持，我亏欠她们一辈子。感谢两位！

多年以来，我在迈阿密的大家庭一直是给予我各种支持的坚强后盾。在重要的节假日里，这一后盾展现的力量尤为明显。30年以来，我们的每一次聚会都令人印象深刻。如今，很多长者都已离去，年轻人则开始组建自己的家庭，团聚不再那么频繁。我感谢我所有的姨妈、姑妈、叔伯、舅舅、侄子、侄女、外甥、外甥女及兄弟姐妹，感谢他们参与了我的成长过程并帮助我构建家庭观。他们同样是我努力和成功道路上不可或缺的重要成员。

我十分荣幸地同行业内优秀的人们共享"舞台"。我一直踩着巨人的肩膀向上爬。我之所以能成为今天的我，我的教练和老师功不可没。从我的摔跤教练安迪·西格尔到我职业生涯的榜样们（史蒂夫·坎纳瓦莱、安东尼·阿伯特博士、何塞·安东尼奥、道格拉斯·卡尔曼博士、斯图·麦吉尔及加里·格雷），从我的大学教授（如格拉夫博士和怀特赫斯特博士）到美国国家体能协会（NSCA）的明灯级人物（如李·布朗），我非常感谢他们提供的知识、智慧以及支持。他们从不会拒绝回答我的问题，对此我将永远感恩。我还要感谢Perform Better公司及其总裁克瑞斯·波瑞尔给了我开启职业生涯的机会。谢谢克瑞斯，我永远不会忘记同他和Perform Better一起的经历。

没有伟大的朋友和伙伴，一个人将一事无成。感谢我的朋友和伙伴们！感谢他们在正确的时间进入我的人生，感谢他们的耐心、欢笑、快乐、交流及支持，特别是在我无比繁忙的时候。从旧知到新朋，感谢他们能成为我生命中的一部分。他们总是对我无比关照，让我能无所畏惧地去欢笑和爱。他们全都是我在人生旅途中受到巨大挑战时的指路明灯，并能帮助我毫发无损地战胜挑战。这份名单太长了，我只能罗列他们中的一部分人的名字：马克·B、皮耶罗·B和吉娜·B、洛奇·D、盖伊·F、斯科特·G、杰夫·H、马克·M、罗利·O、卡洛斯·P、巴里·P、莉齐·R、比利·R、斯科特·S、卡多·T、戴夫·W，还有天堂乐队的成员们！

我将最深的感激献给我的IHP大家庭，他们中的很多人担任了本书的动作示范模特，并为本书的诞生付出了很多。感谢里奥、亚当、安迪、凯蒂、乔丹、甘地、布雷登、米歇尔、罗德里戈、杰斯、路易斯及摄影师埃米莉·罗林。我还要感谢IHP在全球各地的代表，是他们把我们的信息传递到了美国以外的地方：如本·帕扬、费尔南多·耶格尔、胡安·巴勃罗·佩雷斯、胡安·安德烈斯·加西亚、爱德华多·波韦达、金伯利·波韦达、胡斯托·奥恩、马里萨·奥恩、康妮·博利厄、路易斯·诺亚及乔尔·普罗斯科维茨。IHP得以在全球范围内推广，他们功不可没。我们一起把IHP打造成了国际品牌。感谢他们！

前言

大多数教练、运动员或健身客户都是通过实践来学习的。他们没必要学会如何设计课程或训练计划。因此，读者可以直接使用本书提供的经过实践检验的训练计划，也可以根据个人喜好对计划进行调整。关于计划设计和周期化的理论与方法，我在上一本书里进行了详细的阐述——《功能性训练：提升运动表现的动作练习和方案设计》。书如其名，那本书深入浅出地定义了功能性训练，解释了与其相关的重要概念，介绍了能够避免训练过度并达到运动表现最佳水平的周期化模型和混合计划设计。我还在书中提供了超过110个功能性练习、超过20个传统练习、针对11个类别的体育项目的年度训练计划，以及拿来即用的快捷训练方案。本书对《功能性训练：提升运动表现的动作练习和方案设计》中的训练计划进行了扩展和延伸，提供了大量经过IHP实践检验的安全和高效的训练计划。我强烈建议将《功能性训练：提升运动表现的动作练习和方案设计》一书作为本书的参考和基础资料。

人们基于很多目的而进行训练，包括获得更好的身材、摆脱疼痛、提升某一体育项目或休闲活动的运动表现、伤病康复、减压、提升健康度，或者只是想改善总体生活质量。在我的场馆，最常见的两个客户训练目标是获得更好的身材和更好的运动表现。以上这些都是很常见的目标。这一结论的得出基于我们在IHP的执教经验及我在全球各地的教学经验。因此，本书的重点是针对男女训练者的形体转变训练计划。书中还有大量提升运动表现的训练计划，包括从能量代谢到弹跳训练，从敏捷到速度训练。本书包含超过100个训练计划。读者会在书中找到能立刻上手的、适合自己的计划。读者不用去学习如何设计训练计划，不同人群都已从书中的计划中受益。

本书包含关于意志品质提升或精神升华的内容，这是执行训练计划以提升运动表现或实现形体转变的一部分。在IHP，我们的座右铭是"IHP教练重新定义一个人的意志品质"。这一包含意志和精神的模型被称为"IHP精神－情绪－运动模型"。它不仅能加速训练进程，让我们从训练中收获更多，还能影响生活的方方面面，从而帮助我们提升生活质量。这是训练真正的核心要素——内在训练，或者用以前的说法，称之为由内而外的训练。

将全新的、有广泛需求的方法融入训练是促使我完成本书的巨大动力。这一全新方法的一部分是理解不知疲倦地重复基础动作这一行为带来的价值。这种训练态度与"每天都练新动作"的娱乐价值及主导当今健身市场的"肌肉迷惑增肌法"形成了鲜明的对比。如果想在这部分学到有用的东西，那么请你记住这一点：训练不是娱乐！训练是不断重复且保持高度的生理和心理需求。训练要最大化地实现预期目标。训练应该高效且能持续产生效果！

任何人都能设计出一个训练计划，但是如果计划复杂到没人可以理解或很少有人能完成，那它就变成了杂志或社交媒体上的又一个无用、无效的计划。你可以使用毫无根据的肌肉迷惑法，每天都靠不同的动作来更好地刺激肌肉或增加训练的趣味性。然而，这一方法永远不会给你带来你所期待的效果；对训练变量（训练量、训练强度和训练频率）的控制会让肌肉产生反馈，而不是迷惑。任何一项技能都是通过上百万次的重复获得的。如果你不相信，可以观察任何一个顶尖运动员或世界级的演奏家或匠人。你会发现，他们都擅于不知疲倦地重复基础技艺；他们不会觉得无聊或受困于肌肉迷惑。正如杰夫·科尔文在他的 *Talent Is Overrated: What Really Separate World-Class Performers from Everybody Else* 一书中所说，通向杰出的道路是由大量刻意练习（10 000小时或10年）铺就的。训练并没有不同。

本书提供的训练计划包含训练量相对较大的基础练习。我坚持使用基础练习，因为只有基础练习才能让你免去学习的过程，随后你就可以增加负载，获得更多训练刺激。这时训练就可以实现它应有的价值了：让你变得更加强壮、肌肉结实、获得满意的体形或完善动作技能。你如果不停地学习新的练习，就永远不能用正确的负载或速度达到正确的训练量，也就永远无法获得期待的效果。只有能够完美地完成一个练习，你才能在有效的训练区间内开始训练。正如我常说的："想要开始真正的训练，你必须已经掌握了动作。"本书提供的所有训练计划都基于进行多次数或多组数的动作重复。换句话说，我们要真的开始训练。

作为教练，我总是会向客户解释重复和基础的重要性。尽管运动员早已习惯了折磨人的重复练习，我还是会就刻意练习和专注实践基础的重要性喋喋不休。我不会用谎言和虚假承诺带客户进行重度昏迷后的康复训练，或为运动员备赛，或训练特种部队。我对所有客户都特别坦诚。

- 我是运动表现教练和私人教练，我以自己的头衔为荣。我不是来娱乐客户或跟客户逗乐的。我的职责是通过必要的步骤和过程执教，帮客户实现他们最初向我描绘的目标。
- 我们通过带客户完成正确的训练量来达到训练效果，特别强调"正确"和"训练"。
- 这些训练计划都基于科学，源于实践。这意味着我们遵从合理科学原则的指导并完善已经帮助无数人实现成功的基础动作。不进行任何"空中楼阁"式的训练。
- 训练不只是生理层面的行为。训练让形体转变，更为重要的是，让精神升华。

如果你是私人教练或体能教练，我建议你考虑将这一专业的、简单直接的方法和立场介绍给客户。捍卫好你的阵地，自然会吸引和你气场相投的客户。如果你是健身客户或运动员，我强烈建议你寻找有这一思想的教练来帮助你安全、快速地达成目标。本书提供的训练计划会帮助你实践重复基础的概念，因为它们都非常高效且易懂、易练。健身爱好者、运动员、私人教练、运动队教练都会发现自己能直接使用书中的计划，并安全地开启自己的高效训练之旅。

本书包含提供形体转变训练计划、运动表现训练计划及能量代谢训练计划的不同章节。我认为，本书包含了能满足你多样化需求的100多个训练计划。书中内容全面翔实，我敢说"如果书上找不到，那你就不需要"。为了实现这一目标，我详细研究了过去17年中我在IHP设计和使用的所有训练计划，并和多位当今世界上顶尖的行业专家协作，最终完成了我认为目前市面上最棒的讲解训练计划设计和提供多样化示例的图书。

然而，本书的真正闪光点并非这些计划，而是我们看待训练的方式。这一看待训练和执教的全新视角才是将IHP的训练真正提升至全新高度的关键。我一直致力于研究这一全新的模型，它在过去的7年中深深地影响了我的执教方式。在以完全不同的心态和视角阅读完本书并完成书上的计划后，你的生活和训练绝对不会和从前一样。现在我们来看一下这个全新的训练和执教模型。

IHP 精神-情绪-运动模型

拿到这本书的时候，你一定在期待收获练习、训练、形体转变计划或为一些活动做好身体层面的准备，别着急，这些都会实现的。实际上，你会获得更多。你会意识到有些事自然地、本能地发生，只是以前可能从未见过有人将其整理出来并命名。你会学到IHP精神-情绪-运动模型，这是教练用来将客户的水平和运动表现提升至全新高度的模型。更重要的是，这一模型还可以让他们的思想层次得到提升。这不仅会让你的训练计划变得更出色，还会让你在人生的方方面面都有所收获。

当了45年运动员和教练后，我意识到训练带给一个人的改变不止发生在生理上。是的，有人想要获得更好的身材或成为冠军，通过努力，他们获得了自己梦想的身材或赢得了金牌。可事实却是，大多数人最终并未获得6块腹肌或金腰带。尽管大多数人获得的外在变化并不是那么显著，但内在却发生了奇迹般的变化。我们的格斗运动员客户的体重多年不变（当然赛前要降重），看起来也毫无变化。但他们的运动表现获得了巨大的提升，很多都跻身世界前十。我训练的美国职业橄榄球大联盟（NFL）选手在他们的整个职业生涯中看起来都没有任何变化，但在IHP训练期间，他们的场上表现和人生状态每一年都在变好。IHP私人教练的大多数客户都属于久坐人群，其中一些甚至曾经有抑郁倾向，但现在每个人都活得无比开心，他们中的很多人还参加5千米或10千米跑，甚至铁人三项。大多数情况下，人们在运动表现上获得的改变要远超身材的改变。"意志战胜技术"的现象在我们的生活中比比皆是，竞技体育为我们提供了放大镜，让每个人都能清楚地看到这一现象。每个人都见过这种情况：一个备赛充分的运动员在承受巨大压力的时刻突然心态失衡，运动表现急剧下滑。

目睹过太多次伟大运动员失利而看似平庸的运动员却坚持了下来，我开始想弄明白到底是什么驱使我们的身体获得成功或遭受失败、忍耐坚持或举手投降。我考虑过精神、意志、信念驱动行为的重要机制，甚至思考过科学研究中著名的安慰剂效应，却仍然没有想明白。更重要的是，我开始分析精神、情绪和生理的联系，进而是身体训练和精神升华（或者叫意志品质提升）之间的联系。现在，来看一下我们的训练和当今被广泛用于提升意志品质（或者叫精神升华，我更喜欢这个叫法）的练习之间的相似性。对于这一事实的理解会改变你的训练方式和你看待训练的方式，并改变你对训练结果的认知。理解这些变化并明白这些变化如何被用于人生的方方面面，你的人生将被改变。

身体、情绪和精神的联系

对于改变你的人生，这一部分也许是最重要的。阅读完这一部分，你会将训练看作一种用来提升人的意志品质的冥想。你将能在生活中的所有领域使用这些工具。

我们知道，如果在已经做好比赛准备时听到了坏消息，我们的状态必然受到影响，无法发挥出最佳水平。状态受影响是如何发生的？情绪影响了中枢神经系统，让其与肌肉之间的交流受阻，从而导致运动水平下降。是什么影响了情绪？是精神，或者说意志品质。什么是精神？或者说，控制着情绪的是什么？

一些心理老师说："你的过往给当下蒙上了一层阴影，以确保未来不会发生改变。"这意味着，如果我们一直以陈旧的、过时的和禁锢我们思想的观念（或训练计划）行事，我们将永远不会获得进步，未来永远都会和过去一样。也就是说，如果我们停止学习，历史将一直重复下去。我们的人生经历（过往）塑造了我们。这些经历中的一部分是我们人生中非常好的学习体验，能帮助我们进步。然而，有些经历并不好，只会制造让我们停滞不前的印象和感触（如不安、恐惧和愤怒）。这些感触或陈旧的计划就像头顶的乌云，在我们的人生中遮天蔽日，让我们无法看到真相，让我们不停地面对各种问题，让我们逆来顺受，让我们自怨自艾。精神的停滞让我们无法进步。我们怎样才能摆脱遮天蔽日的乌云？我们怎样才能卸下陈旧的包袱，更新训练方法？更重要的是，训练与我们所说的精神升华或意志品质提升有什么关系？下面我来回答这些问题。

我们无法在一个人处于顺境时对其做出准确的评判。一个人的真实人格和品质会在他/她处于逆境和高压状态时展现出来。压力是引发我们展现出真实素养和所学所知（陈旧的训练方法）的重要因素之一，无论它们是好的、坏的或丑陋的。因此，克服压力是帮助我们成长和强大的重要工具。

训练常被看作提升身体素质、运动表现、健康水平及整体状态的活动。鉴于训练能够对神经肌肉和激素系统产生影响，我们通常认为其能对健康水平和情绪心态产生正面影响。这是训练能为我们带来良好感觉或产生抗抑郁效果的原因之一。但是，如果我们能主动地将为训练付出努力作为提升意志品质的工具，训练就能成为一种主动为自己施加不适或压力以获得更坚毅的意志品质的途径。

设想一下：在努力训练的时候，你的呼吸开始加重，你需要摄入更多的氧气来满足肌肉的需要。你可能不得不慢下来或停下来才能获得足够的氧气供给。本质上，训练造成的缺氧感觉正是一种自愿获得的窒息感，会引发人类的基本反应，能测试出一个人意志品质的坚毅程度。因此，当训练强度达到某一程度后，有人低吼，有人表情痛苦，有人哭了出来，有人抱怨，还有人退缩。我们可以用自己应对训练压力的反应来分析自身通常如何看待和应对压力。不断学习如何处理与训练压力相关的情绪，能够让我们获得更好地处理情绪的策略，从而将我们的意志品质提升到新的水平。

在IHP，我们用生理压力带来的感觉主动进行心理训练。这一过程让我们认识到了我们曾经是如何被限制自我的陈旧观念阻挡视线并拒绝人生挑战的。改变我们看待训练、付出和压力的方式会让我们开始挑战和压力有关的一切，并重新定义我们所乐意接受的和忍耐的事和物。这一运用训练提升人的意志品质的过程就是IHP精神－情绪－运动模型。通过特定的执教和练习（如重复性练习和刻意练习），客户会认识到过去认为的痛苦或不愉快的事情只不过是一次次毫无价值的、无须做出评判的经历罢了。IHP精神－情绪－运动模型让IHP的教学出类拔萃，让我们的训练有了全新的价值。

IHP精神－情绪－运动模型概述

通过训练来学习如何处理练习压力带来的方方面面的影响，人们可以学会做以下事情。

- 接受情绪而不对其做出反应，不认为其存在价值或不去做出评判。训练带来的不适感是我们自己造成的。它不好也不坏，只是一种简单的感受。
- 放松，专注当下，不对未来产生负面影响。每一次动作重复都保持专注并放松，不对后面的动作重复产生负面影响。

在我看来，保持专注并放松是每个人都能从中获得的最大训练适应。人们会做出深层次的改变，在面对巨大的挑战、不适感、新的感觉或未知的事物时，保持冷静，不做任何评判。这就是IHP精神－情绪－运动模型的应用，它是训练的真正核心要素，因为它会改变人们的思想。实际上这是个悖论——它通过从外到内的刺激，让人们实现了由内而外的改变。

IHP精神－情绪－运动模型的原理和过程

人生经历的总和决定我们的不适程度，当不适程度超过我们可承受的范围，我们开始出现痛感并最终放弃。如何界定风险和回报、痛苦和欢乐、自豪和耻辱、强大和软弱及成功和失败直接决定了我们如何对训练强度做出反应、到底愿意多拼命及心理上的失败和放弃的临界点在哪里。后天行为对这些能被察觉到的情绪和最终行动的影响远大于先天生理机能。

当训练变得艰难时，大多数人会开始有所反应并感到压力。最常见的信号是面部扭曲或其他反映压力或痛苦的面部表情。他们会突然没有商量余地地放弃训练。压力的信号（如面部扭曲）也源自过往经历，与过往经历一致：这不好受，这是痛苦的，我现在该停下来，否则会更痛苦。他们决定对其做出反应并最终停下来，以消除不适感，而这么做仅仅是因为过往经历带来的感受。这就是限制我们前进的陈旧观念和错误评判阻碍当下并影响未来的例子。恐惧感造成的影响甚至更坏，它让我们停滞不前。恐惧（FEAR）常被看作"看似真实的假象（False Evidence Appearing Real）"。它给当下蒙上阴影，以确保未来不会发生改变。因此，当感受到恐惧时，你就会一直退缩。这一错误的模型让我们永远不会进步。在客户面部扭曲或具有反映恐慌或压力的表情的第一时间，我们会说："放松你的面部，专注当下，跟上我。"不做评判，没有过往的错误观念，不受阻挠。你感受到的只是一种感觉罢了——代谢加速的感觉。中立地看待它，回顾你大脑中的各种知觉、感觉或声音，将它们看作庆典游行队伍里的人和花车。这并不是让你消除你的陈旧想法，而是让你明白你不是自己以前想的那样，从而让这些想法像游行队伍中的人和花车一样成为过眼云烟。

让我们决定停止并放弃的训练强度和感受往往不是我们能达到的最高水平。通过不断重复可以引起这一感觉的训练，我们开始适应这个感觉，这个感觉就被重新定义了，它早已失去了最初的意义和影响。不断重复这一训练会帮助我们逐渐不在意这些感觉。了解到这些感觉从未伤害过任何人，我们重新认识了它们——它们只是感觉而已。是我们看待感觉的方式影响了自己的人生。练习和高强度付出带来的感觉只是很平常的代谢加速，就这么简单。所以，我们的经历被重新定义了，它们只不过是伴随着这种训练方式或训练强度出现的感觉罢了。

这个伴随着高强度训练出现的不停体验不适的过程让我们能不再因为过往经历而阻挠当下的行为。这意味着你不会因为训练强度变得更大而放弃，因为你对艰难的认知及看待艰难的方式在不断地改善。长此以往，你的主观耐受度会不断改变，意志品质得到提升。通过将训练作为重新定义我们意志品质（因此实现精神升华）的教学手段，我们可以教授和学习精神升华对人生方方面面的影响。如果这都不算是精神升华，那么什么才是呢？

在训练场内外应用IHP精神−情绪−运动模型

概括来说，IHP精神−情绪−运动模型不仅通过训练来强健身体、教授良好的动作模式，还通过训练来重新定义人的意志品质（精神升华）。而意志品质的提升则是训练带来的最快和最显著的适应，特别是当我们掌握了如何执教或通过教练的指导学会了如何应用以后。训练时，我们将体会到所有常规训练感受，特别是强度层面的。在进行高强度训练时，每个人的行为举止都会发生改变，如面部表情。当客户基于对训练的付出做出反馈（如出现一些面部表情变化）时，IHP教练会说："脸放松，跟上我，就要完成了，9，10，漂亮！完成！"这组训练完成后，他/她就已经完全掌握了。IHP教练会用这个过程执教（以客户乔恩为例）："乔恩，你已经知道了，10次根本没问题。但是，大概在第7次的时候，你开始根据陈旧观念和价值对训练感受做出反馈了，你开始低吼，表情痛苦。10次的难度完全被夸张了，但其实这些感受什么都不是——只是你的过往经历罢了。这会发生在你生活的方方面面，我们猜忌，我们为当下蒙上阴影，我们阻止能让自己更轻松甚至更享受的经历，把生活变得像噩梦一样。下一组是今天课上最重要的练习，我希望你能在不对大脑中的任何东西做出反馈的情况下完成，没有夸张表情地进行10次重复。你在第7次的时候感受到的不是困难或轻松，它不好也不坏，你不喜欢它也不讨厌它。这种感觉是实现10次重复的过程中自然的一部分，它一点也不神秘，因为你已经实现了，还挺轻松的。你要专注当下。要明白，你感受到的只不过是代谢加速。我会引导你实现从7次到10次的过程，保持面部放松，专注当下就好——你没问题的！"

乔恩成功地完成了从7次到10次，没有低吼或面部扭曲。从7次到10次的执教过程中，我们可能还要提醒他放松面部，但最终你会看到IHP教练训练的所有客户在试图完成最艰难的动作重复时面部根本不会展现出异样。

通过这样的身体训练，你将更不容易受到内心想法或情绪的影响。本质上，这样的训练其实变成了无须思考的、无任何倾向性的训练——你远离了曾经存在于头脑中的纷扰。当处理负面情绪时或要摆脱头脑中来自他人的纷扰时，这种训练尤为重要。如果对头脑中所有的负面情绪都做出反应，如恐惧、猜忌、不安、嫉妒或不满，你的人生就会变成充斥着纷扰的真人秀。不要这样！学习不基于过往经历给训练带来的压力做出反应或评判，只把它看作一种状态或感受，这将让你学会如何以同样的方式面对人生中的压力。当开始训练自己摆脱"训练很苦、我很累、我很想放弃"这些过往经历时，你同样也在摆脱人生前进路上的绊脚石。你在评判他人时会为自己设障，在评判自己以及用过往训练经历扰乱自己时亦是如此。在训练中放松面部后，你同样在人生中放松。当你开始在压力下"放松面部"时，过往经历的阴影将被驱散，你最终将会看到这一时刻的真相。然后你不会再被过去拖住后腿，从而能够自由地奔向未来的进步。

所以当训练压力出现时，当你的面部将要扭曲时让其放松。专注当下，完成你该做的，每一次重复、每一组动作、每一次训练都践行我们的IHP精神-情绪-运动模型。不带任何情绪和评判地完成余下的动作重复、剩余的几秒时间或最后的几米距离。在日常生活中，我们也可以用这一模型来训练自己。当你开始在训练的每一次重复中都练习专注当下时，每周你可能都会完成上千次的专注练习。这种主动训练很难不影响你在生活中的下意识行为。你开始意识到这一现象并发现自己愿意以放松面部和呼吸的方式对压力做出反应，根本不受它的影响。这种训练对生活质量的提升远超过身体训练带来的其他适应。这就是训练帮助你实现精神升华的过程，从此你就更容易获得进步和美好的未来。

简单可重复

在市场利益驱动销售、社交媒体爆炸和博人眼球的文案盛行的当下，你会听到各种疯狂的流行词。肌肉迷惑、疯狂训练及用各种极限词语命名的训练计划只是这些流行词的一部分。当然，还有拥有翘臀、腹肌、丰胸、细腰的所谓的健身达人为你带来的最新饮食秘籍和快速瘦身训练计划。对了，还有视频类自媒体。在这里，每个人都是自己视频库里的明星，每个人都能对着摄像机花几分钟的时间发表任何观点并自封为专家。然而，如果你真的遇到了这些人，现实将会给你当头一棒。他们发表的内容毫无依据、毫无体系、毫无方法，什么都不是！这一切该结束了。

你能从本书中学到的最重要的一点：没有什么比基础更有用。实现在任何领域的杰出都是此。任何一个将世界级水平保持了20年以上的实践者都在将基础打造至完美的路上花费了大量的时间。出色的高尔夫球手如何实现一杆击出300米？篮球运动员如何达到90%的罚篮命中率？音乐家如何完善自己的演奏？举重运动员如何不断地打破纪录？健美运动员如何打造出令人难以置信的形体？他们都在不停地重复基础训练。职业表现开始下滑时，专业人士根本不会痴迷于炫技，只有业余选手才会那样做。为什么基础如此重要？这和本书的内容有何关系？我们会在后面为大家一一道来。

　　从运动表现的角度看，如果要不经思考就做出完美的动作，基础的动作模式必须被植根于中枢神经系统（CNS）。完美的动作必须变成条件反射，而不是有意识的决定——就好像这是身体唯一能实现动作的方式一样。从结构的角度看，动作的效率和稳定性同样重要。动作越协调、越稳定、越高效，就能呈现得越完美。稳定性和效率能让我们使用更大的负载并完成更大的训练量。身体会随着更多的力量和更大的训练量而发生变化。可以看一下不同时期运动员的形体变化，即使形体的改变不是这一项目的目标。还有我们已经探讨过的IHP精神-情绪-运动模型。要更好地把控情绪，你就必须专注当下。如果你只顾着把新练习做到完美或每节课都在学习全新的练习，就没办法产生内在的改变。新练习有很好的娱乐价值，却没有训练价值。因此，我有意将本书的训练计划简单化。我需要你能在清空杂念的状态下专注于身体训练。不要让大脑告诉你训练很无聊、你很不适、你很难熬、你很累，或者停下来的感觉有多好。这都是你的过往经历，根本不会再对你有所帮助了。专注于基础和简单的练习会让你从训练中收获更多，而不是陷入对压力的应对中。重复并完善基础的过程所获得的东西能影响你生活的其他方面。专注并感谢基础及人生中的简单事物，如爱、健康、家庭、朋友、欢笑、平和、日出、日落、一次交谈或孩子迈出的第一步。这些简单、基础的事物构成了我们的人生，每一次感恩和欣赏都是出色的重复。保持简单，朋友们。

第1部分

功能性训练计划设计

在过去的40余年里，训练发生了很大的变化。过去，人们刻苦训练的唯一目的是为竞技或战斗做准备。后来，"健美革命"席卷全球，人们便开始想通过训练改变形体。现在，人们出于各种各样的原因参与训练。因此，训练计划也变得多种多样。而为了实现训练效果最大化，我们需要考虑各种因素。

明确地了解为什么要如此训练是非常重要的，但人们通常只是为了训练而训练，根本不理解为何要如此训练。第1部分将阐述人们参与训练的各种原因，以及在选择正确的方法、心态和训练计划时，这些训练目标的作用。这一简单的分析能帮助人们免受"为了举起更大的重量而训练"带来的无尽影响，同时也能避免成千上万的健身爱好者不愿再进入健身房。

第1部分对本书所列的训练计划进行了详细叙述和分类。我们会探讨训练变体、强度和安全，因为在设计训练计划时，理解这些因素是非常重要的。

最后，第1部分还介绍了周期化设计和训练计划设计的区别，以及以周为单位进行训练计划设计和进阶时需要考虑的各种变量。第1部分还提供了针对生物力学的评估，以帮助你判断自己是否存在任何不足。第1部分以探讨刻意训练和高质量动作重复的概念结束。第1部分为本书其他章节定下了主基调，希望你能认真阅读。

第1章

为效果而训练

你为什么进行训练，是为了提升在健身房外的表现还是提升在健身房内的表现？当人们来到IHP参加训练时，我会问他们一些常识性的问题，但是与大多数人不同的是，我分析答案的角度很刁钻。事实上，我发现很多教练忽视了客户隐藏在答案背后的真正需求，而我会试图找到他们的真正需求并着手解决问题。这是你面对真正的问题的开始。我们来看看人们购买训练书籍或去健身房训练的根本原因。

为何训练

人们为什么进行训练？当你问客户为什么到IHP进行训练或为什么开始使用新的训练计划时，答案通常是为了改变形体、健康、伤后或术后康复、提升某一体育项目的运动表现，或只是为了更高的生活质量。尽管IHP是个与众不同的商业健身房（我们的客户有青少年运动员和高水平运动员），人们到IHP进行训练的主要原因却和绝大多数在其他健身房训练的人一样：想看起来更好。运动员们想在赢得比赛时看起来更好，康复人群想在术后看起来更好，想获得更高生活质量的人们想在生活中看起来更好。这就是本书深度介绍形体转变计划的原因。然而，不要觉得你不得不在功能和形体之间做取舍——两者可以同时获得。

我们还应该简单讨论一下训练对人们外形的影响。实现对肌肉或力量增长的刺激相当简单，本书介绍的传统健美训练就很有效。因此，各种常规训练和特殊训练的复杂性就必须受到质疑。肌肉只做一件事：在张力下改变长度。肌肉只对自己收缩和伸长的距离、张力和速度做出反应。这是一个相当简单的过程。当肌肉被施加张力时，肌纤维会被破坏。肌肉不会在意是什么东西（沙袋、杠铃、弹力绳或器械）制造了张力。肌肉对抗高强度的张力（阻力）时，肌纤维会被轻微撕裂。在肌纤维遭到破坏后，肌肉立刻会出现炎症反应（泵感），在训练过程中我们可以感受到。但最初的刺激过后，肌肉一定程度的肿胀会持续一段时间。持续时间的长短取决于肌肉受损的程度，肿胀可能会持续好几天，就像大腿挫伤后的肿胀一样。这种炎症反应和其他修复机制之后则是肌肉重塑的过程，这一过程能让肌肉变得更强壮。这是对实现肌肉紧实和增长过程的简单化的描述。因此，想仅靠花哨的练习、训练计划或器械获得形体或肌肉的改变，根本就是无稽之谈。如果你想要专注于最重要的点，即适当的训练强度和训练量，就要远离这种观念。你只需要学会管理训练时的感受，保持专注，保持负载并刺激肌肉增长。这就是健美运动员和其他项目选手通过年复一年地重复相同的练习而实现更大、更快、更强的目标的要点。这些运动员进行训练时，练习方式没什么变化；进行负载和强度不断增加，直到达到收益递减临界点或获得最佳力量。本书提供的训练计划和练习都将帮助你获得梦想身材或最佳运动表现，而你只需要更高水准地执行训练计划。在训练中应用前言中介绍的IHP精神－情绪－运动模型，你会把训练水平提升至你从未想象过的高度，你的身体会对其做出反馈。

本书对形体转变部分很重视，我们应该注意到几乎所有形体转变训练计划都需要营养干预。大多数人都想通过减重（减脂）看起来更好，少数人极难增重，他们必须对抗基因、年龄或其他一些限制自己增重的因素。肌肉的增长同样需要营养。我认为要实现大多数人追求的减重成功，八成靠营养，两成靠训练。毕竟大多数人都会告诉自己不想看起来像健美运动员；只是想看起来更有活力或更结实。让肌肉变结实所需的身体训练只占整个训练过程的少部分。任何人都能参与训练——这是最简单的环节！然而，每周7天、每天24小时进行饮食控制或保持良好的生活习惯却完全是另一码事，这样做的目的是减少脂肪，获得美丽的体形。就像训练一样，营养对我们的影响更多的是在情绪和精神上，而非营养技术本身。人们为什么进食比吃了什么更重要，因为进食的原因通常决定了人们会吃下什么。我们会在第16章详细讨论营养问题。

想要获得更健康的身体或伤后想要更快康复的人通常认为自己需要特殊训练。本书中很多形体转变训练计划都已成功帮助客户实现了伤病康复，或将他们的总体健康程度从你能想象到的最低功能水平提升至完美。一个练习中唯一大幅度改变的变量只有负载。对于极低的功能水平，动作幅度也是一个需要被考虑的重要变量。然而，无论你想控制的是负载还是动作幅度，本书提供的很多形体转变计划都是有效的健康和康复训练计划。

运动员想要在比赛中表现出色，所以他们最容易被各种花哨的广告忽悠。运动员会尝试一切方法使自己表现出色，但和所有人一样，他们最终还是不得不回归基础，不断重复基础动作，以在比赛中获得领先成绩。另外，我们发现，虽然他们想通过训练获得更高的纵跳能力、更快的速度或更敏捷的变向能力，但是绝大多数运动员需要的是永不停止输出的体能。因此，本书还涵盖了很多我们在过去的18年中一直在使用的代谢训练和体能训练方案。体验过了这些代谢训练和体能训练后，你就会了解为什么IHP的运动员客户会在比赛中获胜。

收益递减临界点

人们做任何事都需要考虑风险收益比，或者叫作收益递减临界点。我发现许多人只是为了能举起更大的重量而训练。对于这些人，我总是会问他们为什么要这样做，以及他们的需求是什么，举起多大的重量才算够？我始终坚信训练需有因，但我常看到人们疯狂地进行大重量训练，可是除了能举起更大的重量，这样的训练毫无价值。然后我开始想弄清楚这里面到底有多少虚荣心作怪的成分，有多少理性思考的成分（合乎逻辑的、有目的的训练）。以前，我总是会问，为了获得目标收益，我最大的训练付出是多少？现在我会问，我怎样才能以最小的训练付出获得最大的收益？我对训练的态度发生了改变，不只是因为大重量训练损耗了我的身体，我不希望任何人再走我的老路；还因为以最高运动表现水平完成的高强度训练有着被大多数人忽略的风险。

当代体育界推崇的高强度运动表现训练通常会对运动员的长期健康造成负面影响。你训练得越刻苦，在40岁后面临健康问题的概率就越高。大力士、举重和力量举运动员、健美运动员、美式橄榄球运动员（特别是前锋和中后卫）、格斗运动员等，很多需要进行艰苦的、高强度训练的选手和常人相比，通常寿命不长，身体也不健康。另外，这些运动员通常在35岁前后就会出现脊柱和关节问题，很显然，他们为大重量训练付出了沉重的代价。这就是我试着让训练保持简单并通过控制训练强度和训练量使其走向完美的原因。我从不建议任何人去克服疼痛，而且很少建议他们训练至力竭。付出是一回事，但疼痛和彻底疲劳是另一回事，最重要的是，这样做根本没必要！

我59岁了，身上满是过去几十年的过度训练或以自我为中心的愚蠢行为带来的伤疤。经历了双侧髋关节置换手术、双膝关节炎、间歇性肩部疼痛后，我可以告诉你，大重量训练的作用被高估了，而且从科研和实践的角度看，大重量训练是不必要的、不合理的。是的，和奥运选手和世界冠军一起训练特别酷——我这样干了不止20年。当你完成了大多数人都完不成的训练后，会充满成就感和自信心。如果不承认当健身房里的人都知道我是个"狠角色"后我的自信心高涨，我就是在撒谎。但如果我告诉你这种自信和自我虚荣无关，那也是在撒谎。回过头来看，我知道如果过去80%的训练中所用的重量轻一些，但是强度再大一些且更有专项性，那么训练的伤害性会更低，效率会更高。也许，如果有一个更年长的、更睿智的JC·桑塔纳告诫年轻时的我，后来的我就不会进手术室了，就会拥有更健康、更少疼痛的身体了。从另一方面来看，这是我深爱自己工作的原因之一。我知道自己的思想、训练和教学是在帮助人们预防损伤、延长职业生涯、提升人生的后几十年的生活质量。

因为我参加过奥运会举重和力量举比赛，而且这两个项目有一些流行的训练方法，下面我们来分析一下这两个项目的训练方法以及为何它们并非塑造肌肉或提升运动表现的最佳选项。我参加过这两个项目的州和全国比赛，在1998年以近40岁的高龄参加了全美举重公开赛（American Open Series）。我曾接受过两位奥运教练（拉斐尔·格雷罗和利奥·托滕）的指导。我还有美国举重协会（USA Weightlifting）的2级教练认证。我说这些不是为了炫耀，而是为了告诉大家我热爱并享受这些项目，并通过教练的杰出指导获得了出色的技术。我有资格对这两个项目的训练方法做出以下陈述。

我们从训练方法的效率和安全性谈起。这些训练方法的成功实施更多取决于训练者的先天身体结构，而非技术。例如，如果你不具备做出全蹲动作的身体结构，在年轻时或某几年中也许可以做出全蹲动作，但最终，你的身体会以某种方式付出代价，以偿还你欠下的生物力学负债。就我来说，我认为自己的很多健康问题都是奥林匹克举重的极端动作幅度和大重量负载造成的。如果膝、髋、肩不具备能承受正确完成奥林匹克举重动作所需的负载和动作幅度的先天结构，这些动作就会对相关关节造成巨大冲击，即使将动作做得很完美；如果动作不标准，你将付出很多人都付出过的代价！

力量举对柔韧性的要求低一些，但是竞赛所需举起的负载最终会让身体受损。如果你想平板卧推136~227千克，下蹲227~454千克，硬拉227~454千克，那就要做好在某一时刻为大重量训练付出代价的准备。人的身体不该被如此虐待，尽管有些人可以承受得住（负载和动作幅度），但绝大多数人都会以自己的关节健康为代价。是的，有些人的关节可能会在几年内没问题，极少数人一生都没问题，但绝大多数人却没这么幸运。这就是为什么在本书中你看不到这种极端的、效率可疑的训练。我们提倡使用简单、基础的训练，专注于正确的动作标准和高强度的训练输出。这一方法会保证你在进行足够强度和负载的训练、获得想要的肌肉增长的同时，将对身体的损耗降至最小。

现在，大负载和高强度训练特别流行，CrossFit就是一个例子。我并不反对这一运动项目。作为运动项目来说，CrossFit对训练者造成的身体损耗比综合格斗（MMA）还要大。2017年1月，我在迈阿密的海湾公园观看了一场CrossFit比赛。我看了两天的比赛并在治疗室待了很长时间。我看到许多人进来治疗，急性伤和慢性伤的都有。参赛运动员的杠铃全蹲、抓举至力竭、过顶深蹲等动作的不标准程度让我震惊和后怕。雪上加霜的是，所有的动作都是在他们感到疲劳甚至力竭的状态下完成的。我没开玩笑——骨外科医生在那里忙得不得了！在世界各地的健身房里，在CrossFit比赛之外，我都看到人们在不停地重复这样的训练。除了会为你带来不必要的伤痛，这种训练方法不会给你带来任何好处——这是我根据经验对这种训练方式提出的看法。我的经验不只来自比赛，还来自我去过的全球范围内超过30个CrossFit健身房。依我愚见，实现运动表现提升和形体改善的替代方法很多。我见过人们在健身房里练着自己不知道该怎么做的动作，甚至是练着自身身体结构不适合做的动作。我害怕再这样继续下去，他们的结局会和我一样：身体里有很多金属零件，总是在遭受各种疼痛或不适。相信我，我们不该这样，我们还有更好的训练方法。

训练变量

如果重复相同的动作是有效的，那么使肌肉和身体持续发生改变需要控制哪些变量呢？我们要控制的基础变量是强度、训练量和频率。控制这些变量能刺激肌肉和运动学习系统以实现适应，并获得我们想要的训练效果。这些变量以及它们在不同时期如何变化将在第2章和第17章讲解。对控制这些训练变量和周期化设计原则的详细阐述请参照《功能性训练：提升运动表现的动作练习和方案设计》一书，我建议大家对书里的相关内容进行完整的回顾。

你也许会问改变计划是好事还是坏事。答案并没有你想得那么简单，因为这取决于你改变计划的目的。如果你因为训练进入了瓶颈期或感到无聊而改变计划，改变计划就不能真正地解决问题；合理设计计划和实现正确的训练强度才是解决问题的方法。所以，如果不改变训练的重点、目的、方法，并对基础变量进行进阶式控制，计划的改变并不会为你带来太多收益。这样做可能会让你在几周内觉得更好玩儿，但长久来看，你会遇到和之前相同的问题：训练不会给你带来你想要的效果。作为一名私人教练，你的客户感到无聊是因为你感到无聊，你的客户是在将你的感受反馈给你。如果你认为自己的训练计划无聊，请自问一下为什么。如果你找不到答案，本书会帮助你解决这个问题。如果有人因为缺乏知识而无聊，那么他就必须要去获取知识并将其应用。否则，任何一个训练计划都会让他感到乏味，这个情况将无限循环下去。过往的无知（一成不变的、缺乏思考的想法）是现在出现错误（陷入困境）的主要原因之一，如果不做出改变（察觉并进化），未来就不会发生改变（再次重复同样的错误）。

　　所以改变计划的充分理由是什么呢？我明白，做出一些改变会为职业生涯或年度训练计划增加一些趣味。我懂的！新鲜事物会带来更多信心和全新感受。但这样的只存在娱乐价值的改变必须少之又少且一定要建立在强大的基础之上。除此以外，还有很多促使改变发生的合理理由。如果以前的计划让你感到疼痛或不适，那么你就有充分的理由做出改变，去找降低身体损耗的训练方法。如果在建立了强大的训练基础后，你需要更好地实现目标和提高训练的专项性，这也是尝试全新计划的合理理由。如果你将训练计划的改变作为周期化设计的一部分，正在寻求特定的运动表现高峰和低谷波动形式，目的是以计划好的方式实现身体恢复和运动表现巅峰，那么这也是改变计划的最佳理由。

　　总体来说，新计划可以带来正面影响，但改变最好建立在强大的基础之上。改变计划应该围绕特殊方式进行进阶训练，以消除疼痛或刻意遵循已经做好的周期化设计的计划。除此以外的计划改变仅仅具有娱乐价值，无法为你提供充分理由去做出改变。

第2章

计划框架

本书提供的训练计划被分为3类：形体转变、运动能力、运动耐力。由于形体转变是健身房、杂志和书籍宣传的重点，所以本书中这个主题的内容占了很大的篇幅。形体转变训练计划部分包含针对不同身体部位的60多个训练计划，每一章还包含针对男性和女性的不同计划。形体转变训练计划因所用器械各异。有的训练计划不需要任何器械，自重就是你的唯一阻力。其他的训练计划可能需要少量器械，如哑铃、弹力绳、药球和稳定球。本书还介绍了使用大多数商业健身房内常见的固定器械进行的健美训练计划。

运动能力训练计划部分由15个训练计划组成，这些训练计划按照不同的运动能力分为3大类，每一类有5个训练计划。这些训练计划同样有器械需求，不过其中的部分训练计划不需要任何器械。

运动耐力训练计划部分有针对不同身体部位的12个体能训练计划，每个部位都有4个训练计划。我还请行业内的一些专家为大家带来了一部分他们最喜欢的训练计划和专业知识，这样大家就能有机会了解这些业内专家训练客户或训练运动员的计划。本书共有120个训练计划，包括每一章的基础训练计划、专家同行们提供的附加计划及周度计划。本书没有的训练计划，你很可能并不需要它。

计划分类

全球领先的、高强度却简单易行的训练让IHP驰名世界。我们不被传统教条束缚思想。例如，我们认为训练不应该有女性训练和男性训练之分、青年训练和老年训练之分或运动员训练和非运动员训练之分。在IHP，我们训练的是能力，而不是性别、年龄、身份或任何其他社会属性。如果你有能力，我们希望你能发挥出能力的最大值。IHP的很多女性客户训练起来比我在其他健身房见到的许多男性客户训练更刻苦。我们见过很多被归为非运动员（如律师、医生、飞行员等）的客户在IHP的表现超过了我们的世界级运动员。我们还见过五六十岁的男性客户比20多岁的男性客户训练的效果更好。所以，在IHP，我们不以性别、年龄或社会属性划分客户，不去限制他们。IHP没有弱者，要么来享受训练，要么继续家里蹲。本书提供的训练计划已被成功应用于训练水平和类型各不相同的客户。这些训练计划可以以非常高的强度或以更缓和的节奏进行，以适应大众健身的水平，甚至还可以用于康复。

尽管在IHP的训练中我们不会区别对待男性和女性，但在本书中我们还是按照性别分类给出了形体转变计划。为什么要这样做呢？首先，这样做使训练计划的使用和分类更方便。不是每个人都能到IHP并通过教练的专业指导来完成这些训练计划，或都能获得根据自身情况完美调整后的训练计划。很多人，特别是女性，对训练存在误解，不了解训练会带来什么，不会带来什么。我们听过多少次来自女性的抱怨"我不想举重，因为我不想变成大块头，变得跟男人似的"，或是其他类似的话？同理，我们听过多少教练或男性说"要想变强壮，你得用大重量进行更少次数（如3次）的训练"？这样的迷思、恐惧，以及教育的缺乏使我们对简单教育和分类提出了需求，这样人们可以在知识储备不足的情况下理解并信任信息。这是我们做出男性和女性形体转变训练计划分类的原因之一。

另一个明显的原因是男性和女性有着不同的目标需求。无论是针对某一特定身体部位还是想获得特定的形体改变，男性和女性都存在很大的不同。例如，通常来说，女性不在意她们能卧推多大重量，但是男性在意。男性想变得强壮，而女性则想变得苗条。女性希望手臂后侧、臀部和大腿的肌肉紧致，而男性想要扇面一样的上身，胸和手臂的肌肉要显眼。总体来说，女性的计划训练重复次数更多、负载更低，男性的训练计划则会使用更大的负载以实现更大的训练量。当然，男性也可以采用女性的训练计划——用更低的负载和更多的动作重复次数作为充血组或收尾训练。同理，女性也能采用男性的训练计划，用于增长力量及增加骨密度以对抗骨质疏松症。因此，本书中的男性和女性训练计划都会为我们带来大量收益，我们将在训练计划的相应章节对其进行扩展讨论。除此之外，其余所有训练计划都没有性别差异，体能和运动能力要求也没有性别差异。每一个计划都有基本进阶、降阶及替换选项。你会有足够的变体来进行任何必要的调整。

计划变体

通过前面的详细介绍可知，我们可以轻松组合训练计划和训练计划中的练习。这意味着我们可以把背部训练计划和胸部训练计划组合在一起，创造出一个出色的上身训练计划。我们还可以挑出一个胸部训练计划，把其中的一两个练习替换成另一个胸部训练计划中的练习，这样就创造了更适合你的、独一无二的训练计划。最后，大多数复合练习（需要多个关节同时参与的练习）适用不同的动作重复次数。你可以选择动作重复次数为15~20次的练习，通过增加负载并将动作重复次数降低至4~6次，使其变成力量练习。

训练计划建议使用的器械同样是可以替换的。记住，肌肉只能感受到阻力，而并不在意阻力来自什么。因此，你可以尝试用不同的器械、在不同的姿势下做不同的练习。例如，你想完成通常用哑铃来实现负载的训练计划，但你正在旅行，没有哑铃可用，那么你可以试着用JC弹力绳旅行版或迷你怪兽版进行训练。这意味着你可以用站姿弹力绳飞鸟代替哑铃平板飞鸟练习。这些改变不仅能让你坚持训练计划，还能为肌肉带来不同的刺激，并且其他协同肌群参与动作能使训练变得更具功能性。

强度和安全

做任何训练计划设计前，我们都应该对强度和安全进行清晰的讨论。在重新定义人的意志品质时，我们已经涉及了和强度有关的话题。然而，这里的讨论更针对练习和训练的力学原理和训练计划设计方面。我们想确保所有人都有能力在不调节负载的情况下改变练习的强度。我们来看几个可以调节所有功能性训练强度的技巧。

功能性训练中，我们通常只使用自重或轻负载的小件器械，这就需要我们拥有一个在不增加外部负载的情况下调节阻力的体系。IHP功能性训练体系中包含4种让练习变得更难（进阶）或更简单（降阶）的调节方式。它们是支撑面积、动作幅度、力臂及速度。下面是对这些调节方式的简要概述。我们建议大家参考《功能性训练：提升运动表现的动作练习和方案设计》一书的相关内容，以获得更加全面的信息。最终，你将学会使用每一种调节方式，以及组合使用多种调节方式，以让训练计划持续、高效、安全地实现进阶。

支撑面积

支撑面积与两个方面有关：表面积和制造地面反作用力的固定接触点。我们无法在没有这两点的情况下稳住身体并释放大量的力。我们必须理解训练对稳定性和地面反作用力的需求，特别是在当今不稳定（平衡）训练盛行的情况下。不稳定训练实际上会阻碍力的传导和力量的提升。增加支撑面积会增加训练的稳定因素，并让训练负载被分配到更大的表面积或更多的接触点上。这样会让训练变得更简单。减少支撑面积会增加训练的不稳定因素，会增加和地面接触的身体结构的负载，从而使训练变得更难。当需要减少支撑面积让训练变得更难时，必须确保你选择的支撑结构依然可以稳定整个动作系统，依然可以承担合理、适当的负载。如果由于平衡需求而导致支撑结构无法承担负载（如练习所使用的负重），力量提升就会受到影响。减少支撑面积以增加支撑结构所受负载，同时又不会因为保持平衡而影响负载的一个实例是单腿前触。如果你想增加对单侧腿的负载，但没能力保持单腿平衡，可以选择交错站姿并让前侧脚承担绝大多数负载（重量），后侧脚轻轻点地以稳定姿势。即使前侧脚只承担了80%~90%的负载，你已能完成更大的负载的、更多的训练；使用80%~90%的大负载的效果远好于使用100%的小负载。所以，减少支撑面积的同时要确保整个动作系统足够稳定，可以承担合理的负载。

动作幅度

动作幅度是另一个用来控制训练强度和做功多少的因素。重物（如药球）被移动的距离越长，做功就越多，就这么简单。动作幅度还涉及练习离心动作的生物力学原理。肌肉收缩的离心阶段是肌肉受损最多的阶段，因此离心收缩对肌肉增长有着强烈的刺激；而更大的动作幅度意味着更多的离心收缩，因此它对肌肉和力量的增长有更大的刺激。不过，这并不意味着等长收缩和部分动作训练是无效的；事实正相反。这些策略可以在需要在特定的角度下或在特定的动作幅度中发展特定的力量时使用。然而，动作幅度和训练完成的总功（总训练量）、离心训练联系密切。

力臂

力臂也是对训练强度进行合理控制的调节变量。力臂［动作所围绕的关节（轴）和负载之间的距离］越长，训练就越难。这就是为什么把支撑手抬高后俯卧撑会变得更简单。同理，哑铃离肩部越远，侧平举动作越难。力臂不同，训练难度不同的另一组例子是哑铃平板卧推和哑铃平板飞鸟。如果你能使用的负载或器械有限，但仍需要获得更大强度的负载，那么力臂就是一个出色的调节方式。

速度

最后一个调节方式是速度。速度这个调节方式比较特殊，因为无论速度更快或更慢都可以让训练变得更简单或更难。也就是说，加快动作速度可以让某些训练变得更简单，但又会让某些训练变得更难。例如，速度可以制造动量，而制造动量的初始阶段较难，可一旦动量被制造出来了，动作（如投掷、跳跃或奔跑）就变得简单了。总体来说，如果你的训练是动态动作（如爆发式俯卧撑、下蹲跳等），速度的提高会导致训练强度的增加，特别是在完成高重复次数的练习时。这一调节方式通常用来提升爆发力和爆发式耐力。

现在，如果想要让一个中等负载的训练变得更难，你可以应用增加肌肉张力保持时间的原则，把速度放慢。这会让肌肉保持张力的时间延长，因此增加肌肉做的功。这一调节方式可以使你在保持中等负载的情况下实现力量和肌肉的增长。健美运动员经常使用这种方法增肌、减少关节磨损。

训练计划所需器械

本书提供的训练计划多种多样，所以器械需求也多种多样。我们有自重训练计划，除了强大的心脏和积极的态度以外，不需要任何其他东西。我们有非常适合在旅途中实施的弹力绳训练计划。我们还有只靠一个杠铃片就可以完成的训练计划，非常适合在车库或后院进行。有些功能性训练计划只需要小件的功能性器械，如弹力绳、药球、稳定球、哑铃、壶铃及可调节训练长凳。最后，我们还有满足训练者增肌需求的健美训练计划。这些训练计划适合在有各种传统健美训练器械（如固定器械、钢索器械、杠铃和哑铃）的商业健身房环境中进行。每个训练计划都列出了所需器械及其可行的替代品，以备不时之需。

基础训练计划设计和周期化设计

与本书类似的书籍受欢迎的一大原因是，训练计划设计是一门很难掌握的技术。产生这一情况的部分原因是关于训练计划设计和周期化设计的科学文献很难从俄语准确翻译成其他语言；而且训练计划设计和周期化设计用于精英运动员的训练，而非大众健身人群。本书提供的训练计划涵盖了多种应用，从强壮身体到提升全身代谢耐力。以下是对训练计划设计和周期化设计的简要介绍。想获得关于训练计划设计和周期化设计更详细的论述，我建议你参考《功能性训练：提升运动表现的动作练习和方案设计》一书。

顾名思义，周期化设计指在不同训练周期对训练变量进行调节。训练变量包括强度、训练量及频率。我们的周期化设计主要通过进阶的方式训练身体，让其在特定时间内达到运动表现峰值，包括4个周期。这4个周期是基础体能调节或增肌、力量、爆发力、爆发式耐力。每一个周期可以持续4周，这样整个训练区块就是16周。根据可用的时间，每一个周期可以被缩短，而有些情况下要避免所有周期都被缩短。

本书中的形体转变训练计划的训练量较大，因此可被用于基础体能调节或增肌。只需通过增加负载，将最大重复次数控制在4~6次，任何基础体能调节或增肌训练计划都能被轻松调整为力量训练计划。尽管有很多发展爆发力的方法，但本书的运动能力训练计划也包括许多发展爆发力的训练计划，并且可以用于爆发力训练周期。

运动耐力训练计划的本质是代谢能力计划，这些计划非常适合最后一个训练周期——爆发式耐力周期。通过实施本书提供的训练计划，你将能够在整个周期化训练计划的每一个阶段进行高效训练。《功能性训练：提升运动表现的动作练习和方案设计》一书对训练计划设计和周期化设计这一部分内容有详尽的阐述，并提供了70个训练计划，涵盖了所有应用及所有训练周期。我强烈建议你读一读这本书，这本书是本书的重要补充。

第3章

评估和进阶

私人教练训练以及训练计划设计最重要的问题之一是搞清楚从哪里开始。很多人都想通过某种评估来确定从哪里开始。依我愚见，这种评估根本不存在。例如，大多数开始进行慢跑训练的人根本不会通过最大摄氧量测试来确定自己第一节训练课的距离和速度。同理，大多数进入健身房开始训练的人根本不会进行几项力量训练动作的单次重复最大负重（1RM）测试，然后将测试得到的特定百分比作为负载标准开始训练。即使有人这样做了，从他/她第一次实施训练计划开始，最大负载会逐周增长。因此，所有测算出来的百分比从第二周或第三周开始就无效了。绝大多数情况下，我们开始实施新的训练计划时都是靠直觉和试验，并且会犯错。例如，你第一次坐在推胸器械上，并不知道自己用多少重量能完成8次重复，你会用自己觉得可以负担的重量开始训练，然后在此基础上进行增减。最终，你会找到自己能够成功完成8次重复的适当重量。所有初学者都会从他们认为自己能够成功完成训练的难度等级开始训练，并从这一等级开始提升。是的，有些人会高估自己的能力，以过高的强度开始训练，大概在24小时内，延迟性肌肉酸痛（DOMS）会出现并持续几天，这就是鲁莽的惩罚。相信我，他们不会再犯同样的错误。

基础评估

进行评估时，我们会从生物力学和运动表现的角度出发，而非训练计划设计的角度。我们想知道训练的薄弱环节在哪儿。安全训练取决于身体主要肌肉系统功能的完整性。因为我们的运动模型是人体四大支柱运动，我们用八大动作来评估和训练四大支柱。这就是我们为什么说"评估就是训练，训练就是评估"。评估、训练和目标运动的表现应该一起提升。也就是说，评估必须是训练的一部分，随着训练水平和评估结果的提升，目标运动的表现也将得到提升。当训练水平提升而目标运动的表现停滞不前时，就意味着最佳力量已成为过去式，体能和训练不再是以功能为目的了，而是为了其他目标。

表3.1详述了四大支柱、相关评估动作、可能出现的代偿及造成代偿的薄弱环节。《功能性训练：提升运动表现的动作练习和方案设计》一书中对下列用于评估的练习做了详尽的

探讨。我强烈建议大家将那本书作为基础资料，这样有助于大家在阅读本书时获得更大的收益。对于那本书中的相关内容不太了解的人，我们总结了客户使用的基础动作评估练习、动作幅度的基本范围及不同运动表现水平的训练者需完成的不同重复次数。

表3.1 生物力学评估和方案

序号	练习	支柱	代偿观察点	问题
1	单腿前触（对侧手臂前触）	位移	前视：膝关节内扣或外展 侧视：脚跟抬离地面，膝向前运动，髋部向前运动 后视：髋部向左或向右偏移，非支撑侧髋部上抬或下沉	后侧核心肌群过弱（臀部、脊柱旁侧肌群、腘绳肌）
2	单腿下蹲	位移	前视：膝关节内扣或外展 侧视：脚跟抬离地面，膝向前运动，髋部向前运动 后视：髋部向左或向右偏移，非支撑侧髋部上抬或下沉	后侧核心肌群过弱（臀部、脊柱旁侧肌群、腘绳肌）
3	自重双腿下蹲	重心升降	前视：膝关节内扣或外展 侧视：脚跟抬离地面，膝向前运动，髋部向前运动 后视：髋部向左或向右偏移，一侧髋上抬或下沉	后侧核心肌群过弱（臀部、脊柱旁侧肌群、腘绳肌）
4	自重交替前向弓步	重心升降	前视：膝关节内扣或外展 后视：髋部向左或向右偏移，一侧髋上抬或下沉 侧视：髋前侧闭合	后侧核心肌群过弱（臀部、脊柱旁侧肌群、腘绳肌） 前侧核心肌群过弱（髋屈肌群和腹肌）
5	自重俯卧撑	推/拉	前视：肩胛骨不稳定或呈翼状，肩部、髋部对位不齐 侧视：核心塌陷，肩胛骨不稳定或呈翼状	前侧核心肌群过弱（髋屈肌群和腹肌） 推的动作过弱，肩胛骨控制过弱
6	倾斜上拉（划船）	推/拉	前视：肩胛骨不稳定导致圆肩或耸肩 侧视：髋部下沉，肩胛骨不稳定或前伸	后侧核心肌群过弱（臀部、脊柱旁侧肌群、腘绳肌），拉的动作过弱，肩胛骨控制过弱
7	有轴旋转	旋转	髋部内旋不足导致承载侧膝外旋	髋部内旋不足
8	无轴旋转	旋转	核心紧绷度不足导致髋部晃动	核心紧绷度不足

这些评估动作的应用十分简单。我们应在进步至更高阶的动作前掌握这些练习。例如，在做杠铃下蹲前，你必须完美完成自重双腿下蹲——有能力完成几组练习，每组20次左右，并且第二天不会出现延迟性肌肉酸痛。同样的标准要应用于评估动作中的所有其他练习。这是所有人在进行更高阶的功能性训练前都应该掌握的主要功能性练习动作。

表3.2是我们根据运动表现等级给出的评估练习动作的建议重复区间。表内的数字代表

了应该完成的重复次数（单侧练习时为单侧重复次数）。

表3.2　运动水平和评估练习动作重复区间

水平	初级者	中级者	高级者	精英运动员
练习	重复次数	重复次数	重复次数	重复次数
对侧手臂单腿前触（每侧腿）	3~5	6~10	11~15	15+
单腿下蹲（屈膝至90~100度）	1~3	4~5	6~10	10+
自重双腿下蹲（大腿平行于地面）	10（10秒内）	11~15（11~15秒）	16~20（16~20秒）	20+（每秒1次）
自重交替前向弓步（每侧腿）	3~5（9~15秒）	6~10（18~30秒）	11~15（11~15秒）	15+（45秒）
自重俯卧撑（脚尖撑地）	男性1~9 女性1~5	男性10~20 女性6~10	男性21~30 女性11~20	男性30+ 女性20+
倾斜上拉（手臂伸直时背部离地30厘米）	男性1~9 女性1~5	男性10~20 女性6~10	男性21~30 女性11~20	男性30+ 女性20+
有轴旋转	10~15	16~20	21~30	30+
无轴旋转*	10~15（髋部无晃动）	16~20（髋部无晃动）	21~30（髋部无晃动）	30+（髋部无晃动）

*无轴旋转是个不需要器械的简单评估练习。一旦客户或运动员能完美完成基础动作，我们就可以用弹力绳或钢索器械为其增加负载，动作就变成了弹力绳或钢索短程旋转。

开　始

　　一旦你掌握了训练的基本动作模式，就可以以正确的强度进行训练了。这在你长时间休息后或第一次实施训练计划时尤为关键。如果开始训练时的强度太大，你可能会被肌肉酸痛折磨好几天。我们都经历过这个——这一点儿都不好玩。我还记得上大学时有一次疯狂练腿后，第二天我是瘸着下楼梯的。以正确的强度进行训练不但能保证安全，还能让我们避免不必要的"残疾日"。

　　我希望能给你一个神奇的方程式、评估或方案，让你能以正确的强度实施训练计划。但这样的解决方案恐怕不存在。每一个人都必须担负起职责，合理选择训练计划。否则，相对好的结果是浑身酸痛，最差的结果则是受伤。读者须知悉这一事实。我对本书的读者提出以下建议。

- 确保你身体健康并做好了开始训练的准备。如果对此存在疑虑，请从医生处获得许可。如果你有任何形式的脊柱和关节问题或其他慢性疾病，如腰背疾患、高血压或糖尿病，获得医生的许可尤其重要。

- 当你感到不适或疼痛时，请立刻停止训练，因为此时的练习或负载可能不适合你。
- 如果你没有训练经验或训练基础不太好（持续训练时间少于一年），应以训练计划所述训练组数的50%作为开始，并使用可以让你轻松完成所需重复次数的负载（负重或阻力）。这样做可以确保第二天你不会感到太过酸痛，让你有愉快的训练体验。我们总会有机会在第二周把负载增加一点点。相信我，我之所以能成为一个好教练不是因为我具有较高的知识水平和较多的训练科学理论，而是具有通过每周的缓慢进阶让运动员变得更加强壮而从未在任何一节训练课上产生被摧毁感觉的能力。
- 如果你没有经年累月的训练经验，请一位有资质的教练指导你合理完成每节训练课的练习是个好办法。半小时足够他/她教会你4~5个练习并制定训练计划。当然，如果你能负担更长期的私人教练费用，那就把课程继续下去。花费最小的办法就是聘请有资质的认证教练为你进行半个小时的指导，以确保你的训练安全。

如果你听取了这些建议并在训练的初始阶段保持足够的耐心，你将快速进阶，同时训练安全也有保障。我在健身圈里见到的最大的错误是训练者耐心不足并进阶过快。每个人都存在"越多越好"的心理；我曾经也有过这种心理，所以别觉得难堪。但是，我们必须为自己的行为负责。遵循我给出的建议，用常识做判断，你一定没问题。

过度训练的信号

关于压力及何时应该将训练强度降低的话题很复杂，为了帮助运动员延长职业生涯、帮助大众健身客户获得更高质量的生活，我们倾注了大量的心血。本书第16章对合理休息和恢复进行了详细讨论。在此，我想谈谈几个过度训练的明显信号，以及放慢进阶速度，甚至暂停现有计划的建议。运动员了解这些信息并遵循建议可以避免由训练量过大和进阶速度过快造成的伤退和医疗介入。

过度训练不只是训练路上的拦路虎，它还会影响我们的日常生活。简单来说，过度训练就是压力过大：你让身体承受了其本不能承受的压力。这包括来自练习的身体压力和来自生活的压力。例如，无论你是上市公司的CEO、在家照顾孩子的家庭主妇，还是做着兼职的全日制大学生，哪怕从来不踏足健身房，你也可能出现与过度训练相同的症状。现在再把训练加上，这就意味着加入了额外的压力，对你带来的影响可能是灾难性的。本书只讨论过度训练带来的问题，我们会在第16章处理与恢复相关的其他问题。

过度训练信号出现的顺序简单直接，而且几乎总是以同样的顺序出现。过度训练首先出现的症状是，训练者会感到持续疲劳并缺乏训练能量。通常人们会试着通过自我激励、强忍着不适训练或补充能量饮料来克服这一问题。偶尔出现的疲劳感是正常的，而且有很多其他导致疲劳感的情况。然而，长期的疲劳感却是另一码事，这通常是出现问题的信号。过度训练的另一个症状是训练者感到长期疼痛（各种炎症），特别是关节疼痛。肌肉疼痛通常都会逐渐消失，但关节附近的疼痛感并不会。无法消除的痛感是不正常的，是过度训练的信号。持续疼痛后，失眠随之而来。长期过度训练的人会出现睡眠问题。因为恢复绝大部分发生在睡眠过程中（由于各种激素的分泌），睡眠不足就会阻碍恢复。最后会出现上呼吸道感染（URIs）。当身体恢复受阻，免疫系统就会受到威胁。这一情况出现后，病毒和感染，特别是上呼吸道感染，就会乘虚而入。因此，我们得到的重要结论是，宁可训练不足也不要训练过度。一个休息充分的人能创造奇迹，因为他/她的意志品质没有受到打击。但是一个疲惫的人根本就没有唤醒自己发挥最大潜能的意志品质。

进阶的构思

负重训练的强度（负载）进阶十分简单：只需要增加负重。控制功能性训练的强度并不简单，但确实可以实现。我们在第2章讨论了功能性训练的几种调节方式（支撑面积、动作幅度、力臂和速度）。这些调节方式同样适用于传统训练，特别是使用哑铃、杠铃和钢索器械的训练。负重训练的调节方式就是力臂、动作幅度和动作速度。这些变量都能快速改变训练强度。

一个特别有意思的进阶方式是只改变训练所用的器械。尽管我非常喜欢重复基础练习，但我理解换用不同的器械做相同练习的价值。角度的细微改变会让肌肉收缩的质量产生巨大的不同。例如，从钢索划船变成器械划船会改变练习给整个背部带来的感觉。同理，从大重量的器械下拉变成引体向上也会改变练习对整个背部肌群的刺激。同一个练习带来的全新感觉会改变很多生物力学机制，从而帮助人们增强力量或促进肌肉增长。

训练进阶的其中一个要点在于我们如何对一次动作重复做出反馈，特别是在进行以增肌为目的的负重训练时。我的好朋友，前美国健美先生约翰·迪芬迪斯研发了一个非常棒的5步收缩模型，他将其命名为拉伸-屈曲-拖动-收缩-对抗（SFDCN）模型。

由于感到传统的离心和向心收缩并不能真正带来实现肌肉增长所需的刺激，约翰设计了这一模型。他设计的这种动作重复能让人们在使用更少负重的情况下获得更多增肌刺激，更重要的是能大大减少关节的损耗。下面就是迪芬迪斯式动作重复的5个步骤。

- 拉伸。以充分拉伸肌肉、让肌肉获得张力的姿势作为练习的起始动作，但此时还没开始练习动作。以肱三头肌下压为例，在开始动作前将肱三头肌训练杆持握于胸部高度，保持肘部弯曲以充分拉伸肌肉。
- 屈曲。屈曲肱三头肌，肘部紧贴身体两侧，制造张力并做好缓慢下压负重的准备。
- 拖动。缓慢拖动负重并只靠肱三头肌发力下压负重。不要借力，避免快速动作。动作全程均由肱三头肌发力。
- 收缩。在动作底端锁定肘关节并挤压肱三头肌，用力收缩到几乎要抽筋。
- 对抗。让手臂缓慢回到起始姿势，回程中肱三头肌始终保持对抗。

我认为迪芬迪斯式动作重复是进行增肌练习的有效方式。要知道这些步骤能将你的训练从"还可以"提升至高效、有价值。有些力量练习可能同样能从迪芬迪斯式动作重复模型中获得收益。不过，更重的负载和其他训练周期通常需要肌肉做出爆发式收缩。

进阶训练的最后一个要点是理解训练停滞不前并不一定是坏事。这也许意味着你已经到达了某一方面或身体部位的收益递减临界点。与其继续伤害身体及投入大量精力去训练但只获得极少回报，你不如让身体休息以保持力量水平，并在需要提升的方面或身体部位投入更多精力。我们都喜欢练习自己喜欢的部位或动作，但是改变重点及强化弱项才能让我们进一步改善形体或提升运动表现。

我希望这些关于进阶的思路和要点能帮助你一直沿着正确的方向前进。记住，训练不是自我惩罚，而是滋养你的身体、心理和精神。不断问自己：我为什么要这样做？如果你不得不通过连续发问才能获得更深层次的回答，那就这么去做吧。如果是为了增肌而训练，你要牢记迪芬迪斯式动作重复：你会发现不使用更大的重量，训练效果反而会更好。最后，你要享受自己喜爱的训练，但不要抓着一个不放。你要试着强化薄弱环节，打造身体上、心理上和精神上都更加平衡的自我。

形体转变训练计划

本书提供的训练计划的最高等级耗时60~90分钟，训练量很大。在进阶到下一等级前，你必须确保身体有足够的适应时间。例如，如果你处在训练的第二周但几乎无法完成计划，或者在第二天感到肌肉特别酸痛，那就一直重复第二周的计划，直到你能以正确的动作标准完成练习，并且还能为下一次训练保存能量。你没必要为了获得效果而步步紧逼或把自己练到力竭。事实上，在训练期间保持身体健康能让你完成更大的训练量，获得更好的效果。你需要保持耐心，不要操之过急。你应该尽可能多地重复一周的计划以打造出色的训练基础，从而适应训练，让自己变得更强壮。然后再实施下一周的计划。

第2部分的形体转变训练计划以分组配对的形式列出，这样你可以以循环的形式进行训练。这种方法可以节省时间，使肌肉预先疲劳。在后面一组训练中，你可以在不使用更大负重的情况下对肌肉增长实现刺激。循环1和循环2通常是训练的重点，循环3通常作为训练课的收尾循环。收尾循环训练量大，目的是为目标部位提供更多泵感的充血组。记住，你没必要完成计划所列的全部训练量。例如，如果你处在第四周，计划明确要求完成4~5组，但你没有能量和时间来完成规定的训练量，则可以只完成2组或3组。在自己的安全能力或可支配时间范围内进行训练，你依然会获得想要的效果。所以，你可以在自己的能力范围内训练，每周增加一点点训练量。这些计划所列出的训练量仅供参考，并不是一成不变的。

组合循环的策略对于女性训练者特别有效，因为我们发现绝大多数女性客户对高训练量（多组数和重复次数）而非高强度（高负载）做出的反馈更好。循环的形式不仅刺激了肌肉增长，还对能量消耗和心血管调节有积极作用，同时省时高效。在这个繁忙的久坐社会，所有的这些收益都极具价值。根据你的可支配训练时间，你可能更喜欢以并联或串联的形式完成训练。并联的形式是指完成一个练习的所有规定组数后再开始下一个练习。串联的形式是指每个练习依次各完成一组后，再依次完成下一组，以大型循环的方式完成规定训练量。

就大型循环来说，这一训练形式可以在团体课中被使用。如果你是私人教练并且想开设针对女性客户的"翘臀课"，两个女性腿部训练计划就能让你轻松为8~10名女性客户带来一节团体循环课。如果你是男子篮球队的教练，两个腿部训练计划就能让你为整个球队进行腿部和髋部训练。

我们一直都在通过让身体变得更强壮来适应更多训练。但请记住，你的身体并不想获得更多肌肉。身体存在对抗肌肉增长的机制（如肌肉抑制素）。因此，我们总是在不断尝试增加肌肉做功。有时候我们会采用更大的训练量（更多训练组和更多重复次数），同时保持负载不变。有时候我们会逐周降低训练量，但同时增加负重。因此，如果你发现计划中的重复次数在下一周减少了，请按需增加负重（通常为5%~10%），这样做可以保证肌肉能被迫适应举起更重的负载，以对重复次数的减少做出补偿。例如，第三周的计划是3组卧推、每组15次动作重复，第四周则将卧推重量增加5%~10%，每组完成10次动作重复。如果不是负重练习，比如稳定球起桥，那就通过速度、支撑面积或力臂来将练习调节得更难，同时减少重复次数。例如，你现在可以完成15次稳定球双腿起桥，想要通过增加负载将重复次数减少到10次，那么你可以放慢动作速度、让稳定球离双脚更近，或采用单腿动作进阶来为10次目标重复提供合适的强度。

以下是本部分针对恢复和过度训练的最后一点说明。本书所含训练计划能通过降低训练量和强度来适应大多数人的能力，所有计划都能按描述完成，这样可以使健身水平较高的人群发挥出其极限运动表现水平。如果你已经完成了本书提供的一个为期4~5周的计划，你就已经实现了非常棒的训练积累，我建议你在开始下一个训练计划前进行一周的交叉训练。完成所有训练计划后，如果你想要把几个不同的计划组合成全新的、针对某一身体部位或全身的周度计划，别急着开始。拿出一周的时间做一些轻缓的训练：泡沫轴滚压、单车骑行、散步、游泳或任何能让身体和头脑从你刚完成的大量训练中恢复过来的运动。

我在前面聊过这个话题，但我还是要在这里强调——永远不要带着疼痛进行训练。所有的动作必须始终无痛，但并非不去努力付出。面对训练，你能主动努力付出是再好不过的了。你需要放松面部，专注当下，让自己在不受过往经历影响的情况下去体验付出。对正常的高强度付出和创伤造成的疼痛的认识是你将从训练中收获的最大认知。在不做评判的情况下接受付出造成的不适，不给未来制造恐慌是身体训练能给我们带来的最大适应，是我们重新定义人的意志品质的关键。同理，了解并认识到身体正在遭受伤病同样是训练智慧的一部分。这种能力比逼着自己完成几周极度疲劳的训练的能力更重要。

你应以慢速、可控的形式完成所有练习。记住，形体转变训练计划是在为肌肉施加压力，没什么能比增加张力时间给肌肉带来的压力更多了。除非另有说明，试着感觉每一个角度的动作；放心大胆地使用迪芬迪斯式动作重复：拉伸、屈曲、拖动、收缩和对抗。总的建议是，可以在每次的向心动作上花0.5~1.5秒，离心动作也花0.5~1.5秒，具体取决于动作幅度。要获得额外的肌肉刺激，在每次动作的底端（负载状态下）停顿0.5~1秒，顶端收缩0.5~1秒。收缩消除了让动作效率更高却让增肌效果更差的反射和动量。动作顶端的收缩和底端的停顿会让练习变得完全不同。如果进行循环训练，两个练习可以间隔15~30秒，作为休息和转换。在两个完整的循环间或并联的两个不同练习间可以休息60~120秒。

如果你想通过塑形练习获得更强的运动能力或功能，可以加快动作速度且不在动作底端停顿。这一动态特性会移除练习为单一肌肉带来的重点刺激，让更多其他肌群参与进来。动态运动同样涉及了更多反射和物理成分，如动量，它能提高动作效率。不要认为一个动态的、功能性的动作不能使肌肉紧实，事实上它是可以的。只是这样带来的增肌刺激不如慢速、可控的动作方式的效果好。格斗运动员有着运动能力超强的、强壮的身体，但由于害怕肌肉增长导致量级上升，他们不会进行传统增肌训练。

第 4 章

腿部和髋部

本章的腿部和髋部训练计划都可在旅途中使用，可以让你在旅途中保持高水平运动表现，同时还能获得肌肉增长。一些以腿部训练著称的行业专家的添砖加瓦让本章成了全书最棒的章节之一。学习完本章的内容之后，你们定会有所收获。

这些训练计划是以特定的顺序呈现的。每一部分的男性和女性训练计划我们都通过只使用弹力绳或弹力带的练习作为开始，它们已经逐渐成了我最喜欢的家庭和旅行臀部补充训练计划。然后是膝关节不参与运动的负重臀部训练计划。这两个以臀部为主的训练计划我都很喜欢，因为关节炎和膝伤让我没办法做大负重的下蹲动作，也几乎无法完成弓步和登阶练习。接着是功能性训练计划部分，这部分计划适合想要下身肌肉结实并提高健身水平却不希望成为大块头的人。我加入了更多可以在商业健身房或家庭健身房内完成的高级计划作为搭配，并以专业水平的训练计划结束。训练量的区间适用于从初级者到高级者的所有人群，这样每个人都能选择与自己能力相匹配的、合适强度的训练计划。我强烈建议采用保守的方式进行训练。如果你对自己的能力水平不确定，就减量，使用更轻的负载，而不是更重的。后面还有很多训练在等你。

腿部和髋部是人体的发动机，是所有爆发力的源泉。当你理解了腿部和髋部是核心和上肢的支撑结构，它们与地面产生反作用力以将身体推向任意方向这一事实后，腿部和髋部训练的重要性就不言自明了。通常来讲，训练负载被施加于肩部或双手。核心是连接髋部和肩部的桥梁，所以在训练下身的同时，核心也得到了训练。腿部和髋部是展现一个人的形体美的关键部位。竞技体育通常需要下身具有速度和爆发力，所以下身训练是所有竞技力量和体能训练计划的重点。

尽管我们将训练计划分为了男性和女性两部分，但肌肉不分性别，肌肉只知道强度、训练量和频率。因此，你可以自由地混合搭配训练计划和练习。练腿时，想尝试更大训练量的男性可以采用女性训练计划。想要增加骨密度或肌肉量的女性也可以尝试男性训练计划。

如上所述，几位业内精英为我们提供了一些他们用来帮助运动员和自己达到最佳运动表现水平（如健美和女子形体健身、美式橄榄球）的训练计划。我要在此特别感谢臀推小子——布雷特·康切拉斯，他为臀部训练部分提供了大量练习。我自己练的及本书介绍的很多臀部练习都来自布雷特或我们的交流。感谢你，布雷特。

本章的训练计划都是在"你已经能完成4组、每组20次的自重下蹲，每组完成时间在20秒内，组间休息1分钟，并且在训练中和训练后的第二天不会有任何疼痛感和延迟性肌肉酸痛"这一情况下设计出来的。如果你还未达标，请确保你能顺利完成下述训练计划。你可以从自己认为合适的任意阶段开始。如果你已经有超过一个月没进行任何练习了，请在起始阶段进行保守训练，花些时间打造基础。

第一周：2组，每组10次的下蹲，组间休息2~3分钟，每周3次。

第二周：3组，每组15次的下蹲，组间休息2分钟，每周3次。

第三周：3组，每组20次的下蹲，组间休息1~2分钟，每周3次。

第四周：4组，每组20次的下蹲，组间休息1分钟，每周3次。

大多数人在实施这些训练计划的前两周都会做得很好。如果将腿部的训练和身体其他部位的训练组合起来在一个训练日进行，前两周的训练量你是可以完成的。很多每周进行多次腿部训练的人同样可以完成前两周的计划训练量。最后两周的计划针对的是精英运动员和已经体验过如此大训练量的高训练水平的人群。在首次尝试这样的大训练量前，你应该向拥有私人教练认证的健身专家寻求帮助。

JC和布雷特·康切拉斯的特别提示

本章的一些练习看起来只适用于女性。如果你有这样的想法，我们建议你重新思考训练，摒弃虚荣心和先入为主的观念。我们使用过这些训练计划，本章提供的练习让我们保持强壮和健康。布雷特用这些练习实现了硬拉约279千克。我已经58岁了，由于多年来身体承受的损耗，我对大重量举重训练不感兴趣了，但这些练习曾帮助我实现在超过135千克的负重下进行多次下蹲和硬拉，在约180千克的负重下完成好几组每组10次重复的臀推动作。这一切都是在我经历了双侧髋关节置换手术、关节炎和偶发性膝关节疼痛的情况下完成的。你可以在各种社交媒体上找到"巨石"强森和詹姆斯·哈里森（NFL最强壮球员）展示自己练习臀推和很多其他本章包含的练习的视频，这些练习可以提升他们的运动表现并帮助他们保持身材。"巨石"强森说臀推让他能更好地保持训练状态。詹姆斯·哈里森相信这两个练习能帮助他提升爆发力。这两人无疑是非常强壮的男人。这一提示同样适用于髋部环状弹力带练习。我们介绍了髋部外展和内收的相关练习，以高强度等长收缩、慢速离心收缩、高张力、低次数和爆发式等形式组成训练方案。在这些方案的帮助下，下蹲和硬拉可以获得质的提升！如果你想要举起更大重量，可以使用这些髋部环状弹力带练习，它们可以在不损耗腰背的情况下让你变得更加强壮。不要因为害怕而不敢采用这些练习，小伙子们。这些练习不只适用于女性。这些臀部训练适合所有人。

男性腿部和髋部计划1：弹力带臀部计划

这一为期4周的臀部训练计划只使用弹力带。这一计划会用到环状弹力带（如IHP环状弹力带），是可以在家中或旅行中使用的训练计划。你可以将臀部训练加入你现有的腿部和髋部训练计划中；你还可以将其作为膝伤或背伤康复期间，无法进行传统腿部训练时的髋部训练计划。根据你的个人能力和训练经验，第一周和第二周的计划可以重复2次，以降低这4周的训练总量，从而获得更多的适应时间。第三周和第四周的更高训练量区间内的计划适合高级训练者。

器械

IHP环状弹力带（或用超级弹力带代替）。

提示

第一周和第二周：每周2次。

第三周和第四周：每周1次或2次。

表4.1 男子腿部和髋部计划1：弹力带臀部计划

练习	照片	动作描述	训练周	组数 × 重复次数
1a.弹力带下蹲式腿外展（在外展动作顶端保持3秒停顿）		将弹力带套在双腿上，并固定在双膝上方或下方感到舒适的位置。做出下蹲姿势，双脚间距略大于肩宽。外展双腿并以足底外侧撑地。内收双腿，直到双脚平稳落地。重复所需次数	1	1 × 10
			2	2 × 15
			3	2 × 20
			4	3 × 20
1b.弹力带站姿髋伸展和外展		将弹力带套在双腿上，并固定在双膝上方或下方感到舒适的位置。站在固定物体前并扶住物体作为支撑，双脚间距与髋同宽，身体向前微倾，膝关节微屈。向后方约30度方向伸展左腿，在伸髋的同时稍微外旋左脚。重复所需次数，然后换另一侧腿	1	1 × 每侧15
			2	2 × 每侧20
			3	2 × 每侧25
			4	3 × 每侧30
2a.弹力带屈髋式腿外展（在外展动作顶端保持3秒停顿）		将弹力带套在双腿上，并固定在双膝上方或下方感到舒适的位置。做出部分硬拉姿势，双膝微屈。双脚间距与肩同宽，双膝稍微内收。保持背部平直，外展双腿，以足底外侧撑地。保持3秒。内收双腿，直到双脚平稳落地，回到起始姿势并重复。重复所需次数	1	1 × 10
			2	2 × 15
			3	2 × 20
			4	3 × 20

练习	照片	动作描述	训练周	组数 × 重复次数
2b.弹力带4点 支撑髋外展		将弹力带套在双腿上，双手、双膝撑地。弹力带一端在右膝下侧，另一端在左膝上侧。向后方约30度方向伸展左腿，在伸髋的同时稍微外旋左脚。左脚回到起始位置并重复所需次数。换右腿完成动作	1	1×每侧15
			2	2×每侧20
			3	2×每侧25
			4	3×每侧30

男性腿部和髋部计划2：负重臀部计划

这一为期4周的臀部训练计划，适合想要增强臀部力量和增大训练量的人群，或有不想让脊柱垂直负载过多或膝关节参与过多的下身训练需求的人群。我们已成功将此计划应用于膝关节康复，此计划也适合饱受膝关节炎困扰的客户群。由于这一计划需要的器械并不昂贵，例如一套JC弹力绳迷你怪兽版和IHP环状弹力带，这是一个家庭训练的好选择。根据你的个人能力和训练经验，第一周和第二周的计划可以重复2次，以降低这4周的训练总量，从而获得更多的适应时间。第三周和第四周的更高训练量区间内的计划适合高级训练者。

器械

环状弹力带或超级弹力带、弹力绳（如JC弹力绳迷你怪兽版）或钢索器械、臀推凳、训练长凳、45度罗马椅或稳定球、杠铃、杠铃片或哑铃。

提示

第一周和第二周：每周2次。

第三周和第四周：每周1次或2次。

表4.2 男性腿部和髋部计划2：负重臀部计划

练习	照片	动作描述	训练周	组数 × 重复次数 （或持续时间）
1a.杠铃臀推		坐于地面并将上背部放在臀推凳上。将杠铃滚至髋部（可能需要在杠铃和髋部之间垫上软垫）。屈膝，双脚平稳着地，间距在髋部和肩部宽度之间。双手扶稳杠铃，伸髋起桥，直到髋部完全伸展。下放至臀部几乎触地。重复所需次数	1	2×10
			2	3×12
			3	4×10
			4	5×8

26

练习	照片	动作描述	训练周	组数 × 重复次数（或持续时间）
1b. 弹力带下蹲式腿外展		将弹力带套在双腿上，并固定在双膝上方或下方感到舒适的位置。做出下蹲姿势，双脚间距略大于肩宽。外展双腿并以足底外侧撑地。内收双腿，直到双脚平稳落地。重复所需次数	1	2 × 10
			2	3 × 15
			3	4 × 20
			4	5 × 15
2a. 弹力绳/钢索器械硬拉		平行站姿，双手拉住低位弹力绳的两个手柄。保持膝关节微屈，髋部屈曲，双手向固定锚点方向前触，直到腘绳肌有舒适的拉伸感。回到起始直立姿势，重复所需次数	1	2 × 10
			2	3 × 12
			3	4 × 15
			4	5 × 10
2b. 弹力带臀推（在动作顶端保持2秒停顿）		坐于地面并将上背部放在臀推凳上。将弹力带固定在身体两侧并搭在髋部上（可能需要在弹力带和髋部之间垫上软垫）。屈膝，双脚平稳着地，间距在髋部和肩部宽度之间。伸髋起桥，直到髋部完全伸展。下放至臀部几乎触地。重复所需次数	1	2 × 8
			2	3 × 10
			3	4 × 10
			4	5 × 8
3a. 45度罗马椅负重挺身（脚尖外旋）		双脚放在45度罗马椅的踏板上并外旋。将靠垫位置调节至髋部下侧，紧贴大腿。手持哑铃或杠铃片放于胸前。背部保持平直，屈髋至臀部和腘绳肌有舒适的拉伸感。伸髋回到起始姿势。重复所需次数	1	2 × 10
			2	3 × 12
			3	4 × 15
			4	5 × 15
3b. 坐姿弹力带腿外展（动作保持10秒）		将弹力带套在双腿上，并固定在双膝上方或下方感到舒适的位置。坐在训练长凳或椅子上，双脚间距略大于肩宽。外展双腿并以足底外侧撑地。内收双腿，动作持续10秒，直到双脚平稳落地。重复所需次数	1	2 × 10秒
			2	3 × 10秒
			3	4 × 10秒
			4	5 × 10秒

男性腿部和髋部计划3：功能性计划

这一为期4周的功能性训练计划，重点是使肌肉结实和发展运动能力。这个计划适合年轻运动员或想要开始进行功能性训练并获得良好身体状态但训练经验不足的人。因为其所用器械很少且并不昂贵，所以它是很好的家庭训练计划。

根据你的个人能力和训练经验，第一周和第二周的计划可以重复2次，以降低这4周的训练总量，从而获得更多的适应时间。第三周和第四周的更高训练量区间内的计划适合高级训练者。

器械

药球、哑铃、钢索器械或弹力绳（如JC弹力绳运动版或怪兽版）、稳定球。

提示

第一周和第二周：每周2次。

第三周和第四周：每周1次或2次。

表4.3 男性腿部和髋部计划3：功能性计划

练习	照片	动作描述	训练周	组数 × 重复次数
1a.药球斜向伐木		双脚间距略大于肩宽，双膝微屈。手持药球于右肩上方。将重心转移至左腿，做出斜向伐木动作，同时以球为轴，右脚向内做绕轴旋转，直到药球处于身体左侧的膝髋之间。回到起始姿势。换另一侧进行动作	1	2 × 每侧10
			2	3 × 每侧12
			3	4 × 每侧10
			4	5 × 每侧10
1b.药球/哑铃交替前向下触弓步		双脚间距与髋同宽，双膝微屈。手持药球或一对哑铃。核心紧绷，左腿向前跨出一步，左膝微屈。保持背部平直稳定，屈髋，双手向左脚方向下触，直到左侧腘绳肌有舒适的拉伸感。回到起始姿势，换右腿进行动作	1	2 × 每侧7
			2	3 × 每侧10
			3	4 × 每侧12
			4	5 × 每侧10
2a.弹力绳/钢索器械交错站姿对侧手臂硬拉		交错站姿，左脚在前。右手持低位弹力绳手柄。保持躯干正直，核心紧绷，屈髋，右手向固定锚点方向前触，直到左侧腘绳肌有舒适的拉伸感。回到起始姿势，重复所需次数。换右腿、左手进行动作	1	2 × 每侧10
			2	3 × 每侧12
			3	4 × 每侧10
			4	5 × 每侧8

练习	照片	动作描述	训练周	组数 × 重复次数
2b. 单腿稳定球 起桥		仰卧于地面，将左腿放于稳定球顶端，左膝微屈。右腿抬起滞空，右膝屈曲。抬起髋部并在动作顶端收紧臀部，然后下放髋部至几乎触地。重复所需次数。换右腿完成动作	1	2×每侧7
			2	3×每侧10
			3	4×每侧12
			4	5×每侧15
3. 45度短程快速提踵		双手推墙，身体前倾45~70度，双脚脚跟离地。上提左膝，保持左脚悬空。右腿进行快速短程提踵，脚跟始终不触地。换左腿完成动作	1	2×每侧15
			2	3×每侧20
			3	4×每侧30
			4	5×每侧40

男性腿部和髋部计划4：负重和功能性计划

这一为期4周的功能性训练计划，以代谢训练作为收尾。根据计划完成训练的周数，这一计划可适合中等水平训练者或高水平训练者。由于只用到了少量并不昂贵却非常高效的器械，因此这是个完美的家庭训练计划。根据你的个人能力和训练经验，第一周和第二周的计划可以重复2次，以降低这4周的训练总量，从而获得更多的适应时间。第三周和第四周的更高训练量区间内的计划适合高级训练者。

器械

台阶（20~36厘米高）、药球、哑铃、钢索器械或弹力绳（如JC弹力绳运动版或怪兽版）、环状弹力带、稳定球。

提示

第一周和第二周：每周2次。

第三周和第四周：每周1次或2次。

表4.4　男性腿部和髋部计划4：负重和功能性计划

练习	照片	动作描述	训练周	组数 × 重复次数
1a. 负重登阶		站在台阶（20~36厘米高）前，双脚间距与髋同宽。双手持一药球或一对哑铃。保持核心紧绷，左脚踩上台阶。伸展左膝登阶，左腿完全伸直。回到起始姿势并重复所需次数。换右腿完成练习	1	2×每侧10
			2	3×每侧12
			3	4×每侧15
			4	5×每侧10

练习	照片	动作描述	训练周	组数 × 重复次数
1b.弹力绳/钢索器械硬拉		平行站姿，双手拉住低位弹力绳的两个手柄。保持膝关节微屈，髋部屈曲，双手向固定锚点方向前触，直到腘绳肌有舒适的拉伸感。回到起始直立姿势，重复所需次数	1	2 × 每侧5
			2	3 × 每侧7
			3	4 × 每侧10
			4	5 × 每侧15
2a.交替侧向下触弓步		双脚分开，与髋同宽。双手持一药球或一对哑铃。保持核心紧绷，左脚向左侧横向跨一步，落地时左膝微屈。屈髋，双手向左脚方向下触，直到左侧腘绳肌有舒适的拉伸感。回到起始姿势，换右腿进行动作	1	2 × 每侧10
			2	3 × 每侧15
			3	4 × 每侧20
			4	5 × 每侧20
2b. 弹力带下蹲式腿外展		将弹力带套在双腿上，并固定在双膝上方或下方感到舒适的位置。做出下蹲姿势，双脚间距略大于肩宽。外展双腿并以足底外侧撑地。内收双腿，直到双脚平稳落地。重复所需次数	1	2 × 每侧10
			2	3 × 每侧15
			3	4 × 每侧20
			4	5 × 每侧20
3a.单腿稳定球腿弯举		仰卧于地面，将右腿放于稳定球顶端，右膝保持90度屈曲。左腿抬起滞空，左膝屈曲至90度。抬起髋部并在动作顶端收紧臀部，保持髋部滞空，右膝伸展再屈曲。重复所需次数。换左腿完成动作	1	2 × 每侧10
			2	3 × 每侧15
			3	4 × 每侧20
			4	5 × 每侧15
3b. 45度短程快速提踵		双手推墙，身体前倾45~70度，双脚脚跟离地。上提右膝，保持右脚悬空。左腿进行快速短程提踵，脚跟始终不触地。换右腿完成动作	1	2 × 每侧10
			2	3 × 每侧15
			3	4 × 每侧20
			4	5 × 每侧30

练习	照片	动作描述	训练周	组数 × 重复次数
4.腿部代谢训练方案		完成24次下蹲，24次前向弓步（每侧腿12次）、24次剪蹲跳（每侧腿12次）及12次下蹲跳（总计84次动作重复）	1	1 × 1
			2	1（或2）× 1
			3	2（或3）× 1
			4	3（或4）× 1

男性腿部和髋部计划5：布雷特的负重训练计划

这是来自臀推小子布雷特·康切拉斯的为期6周的大负重训练计划。整个计划的思路是保持组数和次数不变（或尽可能接近计划所列），但每周都增加负重。不要进阶太快；进阶太快是我们在实施这种计划时经常会犯的最大错误。第一周，用你能轻松完成计划所列组数和次数的负重开始。负重每周增加2.5%~5%。六周后，负重已经增加到非常大了！我们的目标是变得更加强壮，而不是在第三周至第五周的时候停滞不前。如果发生停滞，说明你进阶得太快。这是一个极具挑战的训练计划，特别是在最后的两周，所以试着在两个训练日中间安排2~3天的休息时间。这样的休息安排会让你的腿部和髋部获得充分休息，你才能从这个计划中最大化地获益。

器械

负重训练长凳、45度罗马椅、杠铃、举重架、环状弹力带、哑铃。

提示

如果需要的话，可以将训练计划4中的小腿练习纳入本计划。这一计划持续6周。

表4.5 男性腿部和髋部计划5：布雷特的负重训练计划

练习	照片	动作描述	组数 × 重复次数
第一天			
杠铃臀推		坐于地面并将上背部放在臀推凳上。将杠铃滚至髋部（可能需要在杠铃和髋部之间垫上软垫）。屈膝，双脚平稳着地，间距在髋部和肩部的宽度之间。双手扶稳杠铃，伸髋起桥，直到髋部完全伸展。下放至臀部几乎触地。重复所需次数	3 × 10
杠铃下蹲		将举重架上的杠铃安全地固定在颈后的斜方肌上。双脚间距大约同肩宽。动作全程需保持核心紧绷，后背平直。屈髋、屈膝向下蹲，大约蹲到椅子高度。起身返回起始姿势，重复所需次数	3 × 6

练习	照片	动作描述	组数 × 重复次数
		第一天		
杠铃罗马尼亚硬拉		双脚分开与肩同宽，脚尖指向正前方，站在杠铃前。核心紧绷，膝关节微屈，屈髋屈膝。双手间距在髋部和肩部宽度之间，抓住杠铃。可以使用反握或正反握法。脚跟蹬地发力，同时伸展双腿和髋直到完全站直。反向进行动作，将杠铃放回地面。重复所需次数	3×8
弹力带侧向行走		将弹力带套在双腿上，在双膝上方或下方感觉舒适的位置。半蹲站姿，双脚间距与髋同宽。保持背部挺直，上身略微前倾。右脚向右侧跨出一步至双脚间距大于肩宽。左脚向右侧跨出一步至双脚间距与髋同宽。重复以上步骤向右侧跨步，重复所需次数，然后向左侧跨步	3× 每侧20
		第二天		
杠铃弹力带臀桥		仰卧于地面，将环状弹力带套在双腿上，固定于膝关节上侧。将杠铃滚至髋部（可能需要在杠铃和髋之间垫上软垫）。屈膝，双脚平稳着地，间距在髋部和肩部宽度之间。双手扶稳杠铃，保持双腿打开，膝和脚尖在同一条直线上。保持杠铃位置不变，伸髋起桥，直到髋部完全伸展。下放至臀部几乎触地。重复所需次数	3×15
哑铃行进弓步		平行站姿，双脚间距与髋同宽。双手各持一只哑铃置于身体两侧。保持核心紧绷，右腿向前跨出一大步，下沉身体至剪蹲姿势。起身，然后左腿向前跨出一步，回到起始姿势。重复以上过程，用左脚向前跨步。重复所需次数	3× 每侧10
负重罗马椅挺身（脚尖外旋）		双脚放在45度罗马椅的踏板上并外旋。将靠垫位置调节至髋部下侧，紧贴大腿。手持哑铃或杠铃片放于胸前。保持背部平直，屈髋至臀部和腘绳肌有舒适的拉伸感。伸髋回到起始姿势。重复所需次数	3×10

练习	照片	动作描述	组数 × 重复次数
第二天			
侧卧髋外展		身体左侧侧卧于稳固的负重训练长凳，用左肘支撑身体。右手扶住训练长凳。将左膝放于训练长凳末端，屈左膝。右腿完全伸直，置于左腿上侧，右侧脚尖指向地面。外展右髋，抬起右脚。在动作顶端收紧右臀，然后下放右脚回到起始姿势。重复所需次数，然后换另一侧完成动作	3× 每侧20
第三天			
杠铃臀推 （在动作顶端保 持3秒停顿）		坐于地面并将上背部放在臀推凳或负重训练长凳上。将杠铃滚至髋部（可能需要在杠铃和髋部之间垫上软垫）。屈膝，双脚平稳着地，间距在髋部和肩部宽度之间。双手扶稳杠铃，伸髋起桥，直到髋部完全伸展。在动作顶端保持3秒停顿。下放至臀部几乎触地。重复所需次数	3×5
杠铃相扑硬拉		平行站姿，双脚间距大于肩宽，脚尖外旋。保持核心紧绷，膝关节微屈，屈髋屈膝。双手间距在髋部和肩部宽度之间，抓住杠铃。可以使用反握或正反握法。脚跟蹬地发力，同时伸展双腿和髋直到完全站直。反向进行动作，将杠铃放回地面。重复所需次数	3×6
杠铃前蹲		将举重架上的杠铃安全地固定在肩部前侧的肌肉上。双脚间距大约同肩宽。动作全程需保持核心紧绷，躯干尽可能垂直于地面。屈髋屈膝向下坐，大约坐到椅子高度。起身返回起始姿势，重复所需次数	6×4
坐姿弹力带腿 外展		将弹力带套在双腿上，在双膝上方或下方感觉舒适的位置。坐在训练长凳或椅子上，双脚间距与肩同宽，外展双腿并以足底外侧撑地。内收双腿，直到双脚平稳落地。重复所需次数	3×20

33

男性腿部和髋部计划6：增肌计划

这一为期4周的大负重增肌训练计划会考验你的决心和恢复能力。这个计划包含了绝佳的平行站姿和单侧站姿训练，考虑了双腿间的力量平衡。和前面的布雷特·康切拉斯的训练计划一样，第一周，用你能轻松完成计划所列组数和次数的负重开始。负重每周增加2.5%~5%。4周后，负重已经增加到很大了！我们的目标是变得更加强壮而不是在任何一周停滞不前，特别是第三周和第四周。如果发生停滞，说明你进阶得太快。

器械

举重架、杠铃、哑铃或壶铃、跳箱或负重训练长凳、弹力绳或钢索器械、45度罗马椅、稳定球。

提示

第一周和第二周：每周2次。

第三周和第四周：每周1次或2次。

表4.6　男性腿部和髋部计划6：增肌计划

练习	照片	动作描述	组数 × 重复次数
杠铃下蹲		将举重架上的杠铃安全地固定在颈后的斜方肌上。双脚间距大约同肩宽。动作全程需保持核心紧绷，后背平直。屈髋屈膝向下蹲，大约蹲到椅子高度。起身返回起始姿势，重复所需次数	3×8~12
杠铃硬拉		双脚分开与肩同宽，脚尖指向正前方，站在杠铃前。可以使用任何握姿。核心紧绷，膝关节微屈，屈髋屈膝。双手间距在髋部和肩部宽度之间，抓住杠铃。脚跟蹬地发力，同时伸展双腿和髋直到完全站直。反向进行动作，将杠铃放回地面。重复所需次数	3×8~12
哑铃/壶铃侧向下触弓步		双脚分开，与髋同宽。双手持一对哑铃。保持核心紧绷，左脚向左侧横向跨一步，落地时左膝微屈呈弓步。屈髋，双手向左脚方向下触，直到左侧腘绳肌有舒适的拉伸感。回到起始姿势，换右腿进行动作	3× 每侧8~10

练习	照片	动作描述	组数 × 重复次数
哑铃保加利亚下蹲（这是一个后侧脚抬高的剪蹲动作，还可以使用史密斯训练器进行）		双手持一对哑铃放于身体两侧，呈右脚在前、左脚在后的交错站姿，左脚放于身后的跳箱或训练长凳上。保持核心紧绷，做出剪蹲动作，地面上的右脚处于身前，跳箱或训练长凳上的左脚处于身后。回到起始站姿，重复剪蹲动作，重复所需次数。双腿互换，重复动作	3× 每侧8~12
弹力绳/钢索器械低-高长距离伐木		双脚间距与肩同宽。双手在身前握住钢索手柄。钢索需固定在身体右侧最低位锚点。保持双臂伸直，核心紧绷，将重心转移至右髋的同时转向右侧，向滑轮方向放下手柄。起身回到起始姿势，重复所需次数。换到另一侧，重复动作	3× 每侧12
负重罗马椅挺身（脚尖外旋）		双脚放在45度罗马椅的踏板上并外旋。将靠垫位置调节至髋部下侧，紧贴大腿。手持哑铃或杠铃片放于胸前。保持背部平直，屈髋至臀部和腘绳肌有舒适的拉伸感。伸髋回到起始姿势。重复所需次数	3× 15~20
稳定球三连击		稳定球起桥（仰卧，双脚放在稳定球正上方；抬起-放下髋部，重复所需次数）。稳定球腿弯举（不降低髋部，屈曲-伸展膝关节完成腿弯举）。稳定球挺髋（不降低髋部，双脚控制球朝远离髋部的方向滚动，直到前脚掌抵住球，脚跟离开球；进行短程伸髋动作）。回到起始姿势，重复所需次数	2~3×（15+15+15）

女性腿部和髋部计划1：弹力带臀部计划

这一为期4周的只针对臀部的高训练量计划是绝佳的家庭训练计划和旅行训练计划。如果只有15分钟的训练时间，这就是我最倾向于使用的计划之一；没有哪个计划能比这个为臀部带来更多的泵感了。这一计划采用2个循环，每个循环包含3个练习。你应按顺序逐一完成练习，直到完成整个循环。练习间的转换需流畅连贯。根据你的个人能力和训练经验，第一周和第二周的计划可以重复2次，以降低这4周的训练总量，从而获得更多的适应时间。第三周和第四周的更高训练量区间内的计划适合高级训练者。

器械

环状弹力带、训练长凳或能抬升支撑面的物体。

提示

第一周和第二周：每周2次。

第三周和第四周：如果这个计划是你唯一的臀部训练，每周进行2次或3次训练；如果你将其作为臀部训练计划的补充计划，则每周进行1次或2次训练。

表4.7 女性腿部和髋部计划1：弹力带臀部计划

练习	照片	动作描述	训练周	组数 × 重复次数
1a.弹力带下蹲式腿外展		将弹力带套在双腿上，并固定在双膝上方或下方感到舒适的位置。做出下蹲姿势，双脚间距与肩同宽，双膝稍内扣（内收）。外展（打开）双腿并以足底外侧撑地。内收双腿，直到双脚平稳落地。重复所需次数	1	2 × 10
			2	2 × 20
			3	3 × 20
			4	3 × 30
1b.弹力带屈髋式腿外展		将弹力带套在双腿上，并固定在双膝上方或下方感到舒适的位置，做出部分硬拉姿势，双膝微屈。双脚间距与肩同宽，双膝稍微内扣（内收）。保持背部平直，外展（打开）双腿，以足底外侧撑地。内收双腿，直到双脚平稳落地回到起始姿势并重复。重复所需次数	1	2 × 10
			2	2 × 20
			3	3 × 20
			4	3 × 30

练习	照片	动作描述	训练周	组数 × 重复次数
1c. 3种坐姿弹力带外展		将弹力带套在双腿上，并固定在双膝上方或下方感到舒适的位置。坐在训练长凳边缘，双脚落地，双脚间距与肩同宽。保持背部挺直，外展（打开）双腿，以足底外侧撑地。内收双腿，直到双脚平稳落地回到起始姿势并连续用以下3种姿势重复动作：①后仰，双手撑在长凳上；②上身正直；③前倾，保持背部挺直	1	2 × 每个体姿15
			2	2 × 每个体姿20
			3	2 × 每个体姿25
			4	3 × 每个体姿30
2a.弹力带臀桥		仰卧于地面，将环状弹力带套在双腿上并固定在双膝上侧或下侧感到舒适的位置。屈膝，双脚平稳着地，间距在髋部和肩部宽度之间。保持双腿打开，膝和脚尖在同一条直线上。伸髋起桥，直到髋部完全伸展。保持顶端伸展姿势，双腿进行外展和内收动作，重复所需次数	1	2 × 15
			2	2 × 20
			3	3 × 25
			4	3 × 30
2b.弹力带臀桥外展		仰卧于地面，将环状弹力带套在双腿上并固定在双膝上侧或下侧感到舒适的位置。屈膝，双脚平稳着地，间距在髋部和肩部宽度之间。保持双腿打开，膝和脚尖在同一条直线上。伸髋起桥，直到髋部完全伸展。下放至臀部几乎触地。重复所需次数	1	2 × 15
			2	2 × 20
			3	3 × 25
			4	3 × 30
2c.蛙式短程臀桥		仰卧于地面，双膝屈曲，双腿打开，脚掌并拢，脚跟尽可能贴近臀部。下巴收起，就像要进行卷腹练习一样。抬起髋部，做出短程臀桥动作，然后下放髋部至触地。建议在健身房进行此练习时面向墙壁	1	2 × 15
			2	2 × 20
			3	3 × 25
			4	3 × 30

女性腿部和髋部计划2：布雷特的家庭训练计划

这是来自我的好兄弟，臀推小子——布雷特·康切拉斯的、极简的家庭训练计划。不要因为这是个家庭训练计划就觉得它过于简单且不奏效。这是一个适合所有人的臀部训练计划！你可以随时随地实施这一计划，即使在旅行中。

器械

低跳箱、台阶，训练长凳（可选），稳定球。

提示

如果需要的话，可以将女性腿部和髋部中的小腿练习纳入本计划。这一计划持续6周。

表4.8　女性腿部和髋部计划2：布雷特的家庭训练计划

练习	照片	动作描述	组数 × 重复次数
第一天			
单腿臀桥		仰卧于地面。保持左膝屈曲至90度，右腿滞空，抬起髋部，在动作顶端收紧臀部。下放臀部至接触地面。重复动作。换到另一侧重复所需次数	3 × 每侧 12
保加利亚下蹲		呈左脚在前、右脚在后的交错站姿，右脚放于身后的跳箱、训练长凳或椅子上。保持核心紧绷，做出剪蹲动作，地面上的左脚处于身前，跳箱或训练长凳上的右脚处于身后。回到起始站姿，重复剪蹲动作，重复所需次数。双腿互换，重复所需次数	3 × 每侧 12
4点支撑髋伸 （在动作顶端保持1秒停顿）		双手、双膝撑地。向后方大概30度方向伸展左腿，在伸髋的同时稍微外旋左脚。左腿回到起始位置并重复所需次数。换右腿完成所需次数	3 × 每侧 12
侧卧挺髋		侧卧于地面，用右肘支撑身体，左手撑地。动作全程保持身体呈一条直线，双膝屈曲至90度，用右膝支撑下肢。同时尽力抬起双髋并打开双腿。下降身体至起始姿势，重复所需次数。换左侧完成所需次数	3 × 每侧 12

练习	照片	动作描述	组数 × 重复次数
第二天			
蛙式短程臀桥		仰卧于地面，双膝屈曲，双腿打开，脚掌并拢，脚跟尽可能贴近臀部。下巴收起，就像要进行卷腹练习一样。髋部抬起，做出短程臀桥动作，然后下放髋部至触地。建议在健身房进行此练习时面向墙壁	3×30
后向弓步		平行站姿，双脚间距与髋同宽。将重心放在左脚上，右脚向后跨出一大步，屈膝下沉身体，直到左侧大腿平行于地面。右脚向前跨回，回到起始姿势。换左脚向后跨步，重复所需次数	3×每侧20
单腿臀推（脚抬高版）		平躺于地面。左脚踩在训练长凳上，使膝关节屈曲呈90度。保持右腿滞空，起桥，直到髋部完全伸展。尽可能下沉髋部至几乎接触地面。重复起桥所需次数，重复所需次数。换右腿完成所需次数	3×每侧15
侧卧髋外展		身体右侧侧卧于稳固的训练长凳或地面上，用右肘支撑身体。左手扶住训练长凳或地面。将右膝放于训练长凳末端或地面，屈右膝。左腿完全伸直，置于右腿上侧。外展左髋，抬起左脚。动作顶端收紧左臀，稍做停顿，然后下放左脚回到起始姿势。重复所需次数，然后换另一侧完成所需次数	3×每侧20
第三天			
展翅式反向挺身		跪在稳定球前。将核心和上身贴在球上（或用训练长凳代替），双肘撑于地面。保持双腿伸直。双腿分开并外旋双脚（脚尖向外指）。伸髋，尽可能高地抬起双腿（反向挺身）。下放双脚至触地，重复所需次数	3×20

39

练习	照片	动作描述	组数 × 重复次数
第三天			
屈膝礼式弓步		直立姿势，双脚间距与髋同宽。双手可放在腰间或身前。将重心放在左脚上，右脚从左脚后侧交叉穿过左脚，向左侧迈出一大步。屈膝下沉身体，直到左侧大腿平行于地面。起身回到起始姿势，换另一侧腿重复动作	3 × 每侧8
脚抬高版臀推		将上背部靠在训练长凳、跳箱或椅子上。将双脚放在训练长凳、跳箱或椅子上，双脚平稳地踩在跳箱上且保持膝关节屈曲90度。双脚间距与髋同宽。起桥，直到髋部完全伸展。在保证身体支撑在训练长凳上的情况下尽可能下沉髋部，重复起桥动作，重复所需次数	3 × 20
消防栓式髋外展（4点式髋外展）		双手、双膝撑地，将左腿外展至身体侧面，直到平行于地面。髋部外展过程中稍微外旋左脚。内收左腿，回到起始姿势，然后重复动作，重复所需次数。换右腿完成动作	3 × 每侧20

女性腿部和髋部计划3：臀部计划

这一为期4周的、针对臀部的计划可以作为你现有的腿部和髋部训练计划的额外补充，同时它也适合由于膝关节和颈椎问题而无法进行下蹲和弓步等传统腿部练习的人群。这一计划由于只需要并不昂贵的便携器械，如JC弹力绳迷你怪兽版和IHP环状弹力带，所以可以作为家庭或旅行快速训练计划。根据你的个人能力和训练经验，第一周和第二周的计划可以重复2次，以降低这4周的训练总量，从而获得更多的适应时间。第三周和第四周的更高训练量区间内的计划适合高级训练者。

器械

杠铃、哑铃、环状弹力带、训练长凳、钢索器械或弹力绳（如JC弹力绳旅行版或迷你怪兽版）、稳定球。

提示

第一周和第二周：每周2次。

第三周和第四周：每周1次或2次。

表4.9　女性腿部和臀部计划3：臀部计划

练习	照片	动作描述	训练周	组数 × 重复次数
1a.哑铃/杠铃罗马尼亚硬拉		双脚分开与肩同宽，脚尖指向正前方，站在杠铃前（或双手各持一只哑铃）。核心紧绷，膝关节微屈，屈髋屈膝。双手间距在髋部和肩部宽度之间，抓住杠铃（或将哑铃放于大腿前侧）。可以选择任何你喜欢的握法。脚跟蹬地发力，同时伸展双腿和髋部直到完全站直。反向进行动作并将杠铃/哑铃放回起始位置。重复所需次数	1 2 3 4	2 × 10 3 × 12 4 × 10 5 × 8
1b.坐姿弹力带腿外展		将弹力带套在双腿上，并固定在双膝上方或下方到舒适的位置。坐在训练长凳或椅子上，双脚距离略大于肩宽。保持背部挺直。外展双腿并以足底外侧撑地。内收双腿，至双脚平稳落地。重复所需次数	1 2 3 4	2 × 10 3 × 15 4 × 20 5 × 20
2a.弹力绳/钢索器械交错站姿对侧手臂罗马尼亚硬拉		交错站姿，左脚在前。右手持低位弹力绳手柄。保持躯干正直、核心紧绷，屈髋，右手向固定锚点方向前触，直到左侧腘绳肌有舒适的拉伸感。回到起始姿势，重复所需次数。换右腿和左手进行动作	1 2 3 4	2 × 每侧8 3 × 每侧10 4 × 每侧12 5 × 每侧10
2b. 弹力带侧向行走		将弹力带套在双腿上，并固定在双膝上方或下方感觉舒适的位置。半蹲站姿，双脚间距与髋同宽。保持背部挺直，上身略微前倾。右脚向右侧跨出一步至双脚间距大于肩宽。左脚向右侧跨出一步至双脚间距再次与髋同宽。重复以上步骤向右侧跨步，重复所需次数，然后向左侧跨步	1 2 3 4	2 × 每侧10 3 × 每侧10 4 × 每侧10 5 × 每侧10
3a.蛙式反向挺身		跪在稳定球前。将核心和上身贴在球上（或用训练长凳代替），双肘撑于地面。保持双膝屈曲，双腿分开，脚掌并拢，脚跟尽可能接近臀部。伸髋，尽可能高地抬起双腿（反向挺身）。下放双脚至触地，重复所需次数	1 2 3 4	2 × 10 3 × 15 4 × 20 5 × 20

练习	照片	动作描述	训练周	组数 × 重复次数
3b. 蛙式短程臀桥		仰卧于地面，双膝屈曲，双腿打开，脚掌并拢，脚跟尽可能贴近臀部。下巴收起，就像要进行卷腹练习一样。髋部抬起，做出短程臀桥动作，然后下放髋部至触地。建议在健身房进行此练习时面向墙壁	1	2×20
			2	3×30
			3	4×40
			4	5×50

女性腿部和臀部计划4：功能性计划

这一为期4周的纯功能性训练计划会为所有人带来挑战。这一计划适合希望获得出色运动状态和体型及获得结实肌肉而不会变成大块头的女性运动员或女性健身人群。根据你的个人能力和训练经验，第一周和第二周的计划可以重复2次，以降低这4周的训练总量，从而获得更多的适应时间。第三周和第四周的更高训练量区间内的计划适合高级女性训练者。

器械

药球、哑铃、滑行盘、稳定球。

提示

第一周和第二周：每周2次。

第三周和第四周：每周1次或2次。

表4.10 女性腿部和髋部计划4：功能性计划

练习	照片	动作描述	训练周	组数 × 重复次数
1a. 药球ABC下蹲		直立姿势，双脚间距稍宽于肩宽，膝微屈。手持药球于身前。下蹲，同时将药球向右侧约45度方向推出。起身回到起始姿势。下蹲，同时将药球向身前推出。下蹲，同时将药球向左侧约45度方向推出。起身回到起始姿势。3个方向各做1次下蹲	1	2×10
			2	3×15
			3	4×20
			4	5×15
1b. 药球/哑铃侧向下触弓步		双脚分开，与髋同宽，膝微屈。双手持药球或一对哑铃。保持核心紧绷，左脚向左侧横向跨一步，落地时左膝微屈呈弓步。屈髋，双手向左脚方向下触，直到左侧腘绳肌有舒适的拉伸感。回到起始姿势，换右腿进行动作	1	2× 每侧5
			2	3× 每侧7
			3	4× 每侧10
			4	5× 每侧15

练习	照片	动作描述	训练周	组数 × 重复次数
2a. 药球/哑铃 后向滑步剪蹲		直立姿势，双脚分开，与髋同宽。手持药球或一对哑铃。左脚稳定扎地，右脚踩滑行盘（或在木地板、瓷砖上脚踩毛巾）。保持核心紧绷，屈曲左膝，右脚向后滑行，剪蹲，下沉身体；左脚仍负担大部分体重。左腿伸直，回到起始姿势。重复所需次数。换右腿进行动作	1 2 3 4	2×10 3×15 4×20 5×25
2b. 药球/哑铃 交替前向下触 弓步		双脚间距与髋同宽，双膝微屈。手持药球或一对哑铃。核心紧绷，右腿向前跨出一步，右膝微屈。保持背部平直稳定，屈髋，双手向右脚方向下触，直到右侧腘绳肌有舒适的拉伸感。回到起始姿势，换左腿进行动作	1 2 3 4	2×每侧5 3×每侧8 4×每侧10 5×每侧15
3a. 45度短程 快速提踵		双手推墙，身体前倾45~70度，双脚脚跟离地。上提左膝，保持左脚悬空，脚尖勾起。右腿进行快速短程提踵，脚跟始终不触地。换左腿完成动作	1 2 3 4	2×每侧10 3×每侧20 4×每侧30 5×每侧 40~50
3b. 稳定球三 连击		稳定球起桥（仰卧，双脚放在稳定球正上方；抬起－放下髋部，重复所需次数）。稳定球腿弯举（不降低髋部，屈曲－伸展膝关节完成腿弯举）。稳定球挺髋（不降低髋部，双脚控制球朝远离髋部的方向滚动，直到前脚掌抵住球，脚跟离开球；进行短程伸髋动作）。回到起始姿势，重复所需次数	1 2 3 4	2×双腿 （10+10+10） 2×双腿 （15+15+15） 2×单腿 （5~10+5~10+ 5~10） 2×单腿 （10~15+10~15+ 10~15）

女性腿部和髋部计划5：负重和功能性计划

这一为期4周的功能性训练计划针对女性身体的一个问题区域——大腿的上侧和外侧部分。根据计划完成训练的周数，这一计划适合中等水平训练者或高水平训练者。由于这一计划只需要少量并不昂贵却极为高效的训练器械，所以这一计划是完美的家庭训练计划。根据你的个人能力和训练经验，第一周和第二周的计划可以重复2次，以降低这4周的训练总量，从而获得更多的适应时间。第三周和第四周的更高训练量区间内的计划适合高级训练者。

器械

药球、哑铃、低跳箱或踏板、环状弹力带、训练长凳、稳定球。

提示

第一周和第二周：每周2次。

第三周和第四周：每周1次或2次。

表4.11　女性腿部和髋部计划5：负重和功能性计划

练习	照片	动作描述	训练周	组数 × 重复次数
1a. 药球/哑铃 剪蹲		左脚在前，进入剪蹲站姿。手持药球于身前或手持一对哑铃于身体两侧。保持核心紧绷，屈左膝，下沉身体做出剪蹲动作。伸直左腿，回到起始姿势。重复所需次数。换到右腿完成动作	1	2× 每侧10
			2	3× 每侧12
			3	4× 每侧15
			4	5× 每侧10
1b. 药球/哑铃屈 膝礼式弓步		直立姿势，双脚与髋同宽。手持药球于身前或手持一对哑铃于身体两侧。将重心放在左脚上，右脚从左脚后侧交叉穿过左脚，向左侧迈出一大步。屈膝下沉身体，直到左大腿平行于地面。起身回到起始姿势，换另一侧腿完成动作	1	2× 每侧5
			2	3× 每侧7
			3	4× 每侧10
			4	5× 每侧 12~15
2a. 单腿臀桥 （脚抬高版）		仰卧于地面。左脚放在低跳箱、踏板或药球上。保持左膝屈曲90度，右腿滞空，抬起髋部，在动作顶端收紧臀部。下放髋部至几乎触地。重复所需次数。换另一侧腿完成动作	1	2× 每侧10
			2	3× 每侧12
			3	4× 每侧15
			4	5× 每侧15

练习	照片	动作描述	训练周	组数 × 重复次数
2b.坐姿弹力带 腿外展		将弹力带套在双腿上，并固定在双膝上方或下方感觉舒适的位置。坐在训练长凳或椅子上，双脚间距与肩同宽，外展双腿并以足底外侧撑地。内收双腿，直到双脚平稳落地。重复所需次数	1	2 × 15
			2	3 × 15
			3	4 × 15~20
			4	5 × 20~30
3a.单腿稳定球 起桥		仰卧于地面，将右腿放于稳定球顶端，右膝微屈，左腿抬起滞空。抬起髋部并在动作顶端收紧臀部，然后下放髋部至几乎触地。重复所需次数。换右腿完成动作	1	2 × 每侧10
			2	3 × 每侧10
			3	4 × 每侧15
			4	5 × 每侧15
3b.45度短程 快速提踵		双手推墙，身体前倾45~70度，双脚脚跟离地。上提右膝，保持右脚悬空，脚尖勾起。左腿进行快速短程提踵，脚跟始终不触地。换左腿完成动作	1	2 × 每侧10
			2	3 × 每侧15
			3	4 × 每侧20
			4	5 × 每侧30

女性腿部和髋部计划6：塞姆的健身比赛计划

这一计划持续4~6周，每周需进行2次训练。这一计划的设计者是塞姆·埃伦，我认为他是美国最顶尖的女子形体比赛教练。这一挑战性十足的计划通常适合到器械完备的健身房进行训练的女性及有时间和精力专注于打造下身形体的女性。这一类的训练计划被很多女子形体名将使用过，如劳伦·伊瑞克，她是IFBB职业选手，曾参加过奥运会比赛。

器械

杠铃、训练长凳、哑铃、举重架、环状弹力带、腿弯举器械、壶铃、药球。

提示

每周2次，总计4~6周。

表4.12 女性腿部和髋部计划6：塞姆的健身比赛计划

练习	照片	动作描述	组数 × 重复次数
1a. 杠铃臀推（在动作顶端保持2秒停顿）		将上背部放在臀推凳或训练长凳上，将杠铃滚至髋部（可能需要在杠铃和髋部之间垫上软垫）。屈膝，双脚平稳着地，间距在髋部和肩部宽度之间。双手扶稳杠铃，伸髋起桥，直到髋部完全伸展。在动作顶端保持2秒停顿。下放至臀部几乎触地。重复所需次数	3 × 12~15
1b. 交错站姿哑铃硬拉		右脚在前，左脚在后，呈交错站姿。双手各持一只哑铃，屈髋，双手向右脚方向下触，直到右侧腘绳肌有舒适的拉伸感。起身回到起始姿势。重复所需次数。换另一侧完成动作	3 × 每侧 8~10
2a. 杠铃下蹲（在动作底端停顿1秒）		将举重架上的杠铃安全地固定在颈后的斜方肌上。双脚间距大约同肩宽。动作全程需保持核心紧绷、后背平直。屈髋、屈膝向下蹲，大约蹲到椅子高度。在动作底端停顿1秒后起身，返回起始姿势，重复所需次数	3 × 10~12
2b. 弹力带侧向行走		将弹力带套在双腿上，并固定在双膝上方或下方感觉舒适的位置。半蹲站姿，双脚间距与髋同宽。保持背部挺直，上身略微前倾。右脚向右侧跨出一步至双脚间距大于肩宽。左脚向右侧跨出一步至双脚间距与髋同宽。重复以上步骤向右侧跨步，重复所需次数，然后向左侧跨步	3 × 每侧 12
3a. 器械腿弯举（2秒上，1秒下）		俯卧于腿弯举器械上，双脚固定在泡沫垫下，泡沫垫紧贴脚踝。最大幅度屈膝，同时避免髋部离开靠垫，用2秒的时间完成屈曲。然后伸直双腿，用1秒的时间完成伸展。重复所需次数	3 × 8~10

练习	照片	动作描述	组数 × 重复次数
3b.壶铃高脚杯下蹲		双手持一只哑铃或壶铃于身前，大约保持在肩部高度。双脚间距大约与肩同宽，动作全程保持核心紧绷，尽可能保持躯干垂直。保持膝关节和脚尖指向一致，屈膝下蹲，直到大约蹲到椅子的高度。起身返回起始姿势，重复所需次数	3 × 10~12
4a.杠铃/哑铃罗马尼亚硬拉（2~3秒离心收缩）		双脚分开与肩同宽，脚尖指向正前方，站在杠铃前（或双手各持一只哑铃）。核心紧绷，膝关节微屈，屈髋。双手间距在髋宽和肩宽之间，抓住杠铃（或将哑铃放于大腿前侧）。在动作底端停顿2~3秒。脚跟蹬地发力，同时伸展双腿和髋直到完全站直。反向进行动作，将杠铃/哑铃放回起始位置。重复所需次数	3 × 8~10
4b.哑铃/药球侧向下触弓步		双脚分开，与髋同宽。双手持一个药球或一对哑铃。保持核心紧绷，左脚向左侧横向跨一步，落地时左膝微屈呈弓步。屈髋，双手向左脚方向下触，直到左侧腘绳肌有舒适的拉伸感。回到起始姿势，换右腿进行动作	3 × 每侧 8~10
5.蛙式短程臀桥		仰卧于地面，双膝屈曲，双腿打开，脚掌并拢，脚跟尽可能贴近臀部。下巴收起，就像要进行卷腹练习一样。髋部抬起，做出短程臀桥动作，然后下放髋部至触地。建议在健身房进行此练习时面向墙壁	2 × 50

总　结

　　希望你喜欢腿部和髋部训练计划这一章的内容。记住，它们只是能为你带来出色下身训练效果的一部分计划。你可以放心大胆地混合搭配计划，甚至替换练习。为自己制订正确的训练计划时，你的发挥空间是很大的。想要获得对训练计划设计和周期化设计科学和实践的细致论述，我向你推荐《功能性训练：提升运动表现的动作练习和方案设计》一书。这本书涵盖了周期化设计和训练计划设计的详细信息，包含对各种腿部训练计划及其进阶训练计划的详细描述，如JC腿部代谢方案、稳定球三连击方案等。

第5章

腹部和核心

本章包含的多组核心训练计划能够帮助你塑造腹肌并保持腰背部健康。这些计划适合曾经和现在均没有腰背部问题的健康成年人，训练者在进行最基础的仰卧起坐和仰卧举腿练习后不会出现任何不适症状或受到任何负面影响。就像你不会一上来就用136千克的负重练平板卧推一样，你也不应该在刚开始进行核心训练的时候就使用不合适的负载。不合适的训练负载可能会导致核心受伤。训练身体的任何部位时，按部就班地进阶都是必需的，而在进行核心训练时，这更加重要。脊柱容纳了脊髓和众多至关重要的神经。脊柱上任何一个位置受损都会导致身体严重受伤，没人愿意这样。如果你有腰背病史、长期缺乏锻炼或训练经验不足，不知道该怎么进行训练，请一定在训练开始前咨询持有职业认证并已投保的教练或治疗师，这是为了安全着想。

上一章的很多臀部训练计划可以用更传统的方式增强下背部力量。尽管本章的一些计划包含了一些腰背部训练，但我们仍将训练重点放在腹部。我们从最轻松的计划开始，逐渐过渡到高强度的计划。我们从自重训练计划开始，然后会加入稳定球、哑铃及弹力绳，让练习变得更有趣。一部分计划会让你在一定的动作幅度内进行核心训练，另一些计划则需要你在发力时保持紧绷，提升核心紧绷度。1999年起，我将这种训练方式叫作"不可见的训练"。斯图尔特·麦吉尔博士在训练核心紧绷度这一领域提出了"极度紧绷"这一名词，这是能够保持健康并允许爆发力在髋部和肩部之间传导，展现高水准运动表现的核心的基础。在这些训练计划中，我为大家提供了初级者和高级者的训练量范围，这样每个人都可以选择和自身能力相匹配的、合适的训练量，安全地实施这些计划。我们应时刻注意安全，保守选择负载。如果有顾虑，我们可以少做一点儿。

对腹部练习的安全性或适用性的相关介绍已经有很多了。有些练习，特别是需要屈曲脊柱的练习（如仰卧起坐、仰卧举腿、屈膝折叠等）已经被贴上了危险的标签，因为它们会对脊柱和椎间盘造成不必要的磨损。仰卧起坐和仰卧举腿这样的练习是学校、军队、执法机构和消防救援队最常用的核心练习。造成腰背疼痛在当今社会大肆流行的罪魁祸首是久坐的生活方式和随之而来的体质虚弱，而不是这些练习。依我拙见，这些练习都不是危险的，也不是不可取的，看看一代代的运动员或一直在进行这些练习却没在健康和功能上受到任何负面影响的人群就知道了。只要我们拥有基础的体能作为保障，这些练习就会被安全完成且不给我们带来任何负面影响，就像其他练习一样。如果操作不当，使用了错误进阶或计划被错误应用于不该进行这一练习的人群，任何一个练习都可能造成伤害。确保大家能安全使用本章（或本书的任意其他章节）提供的训练计划的要点如下。

- 在尝试任何训练计划前先打造坚实的训练基础。
- 永远坚持无痛训练，在疼痛状况或其他非正常感受出现的第一时间停止训练。
- 时刻保持对动作的控制。
- 如果不确定你要做什么，请寻求持有专业认证的健身教练或力量训练专家的指导。即使只跟着教练练上一节课都会为你省下大量的试错时间并避免你求助骨科医生或走进急诊室。

本章的男性和女性计划并不像腿部和髋部计划那一章分得那么明显，因为像仰卧起坐这样的传统练习，男性和女性都可以做，同时我们还有一些新的核心练习，如稳定球挺身。因此，从文化上来说，这些计划带来的功效不因性别而异。记住，肌肉和运动表现也没有性别差异。肌肉只对训练有反应，而高水平的运动表现是通过聪明、刻苦的训练获得的。

核心外形的决定因素有两个：肌肉的大小和脂肪的多少（我们将在第16章深入讨论这一话题）。想要拥有漂亮的腹肌，这两个因素中起决定性作用的是核心区域含有的脂肪量。不幸的是，饮食是控制核心，特别是腹肌含有的脂肪量的最重要因素。本章的一些增肌计划会帮助你塑造肌肉，让腹肌更加显眼。功能性及核心紧绷度计划可以为你带来出色的功能性运动表现，同时也会让核心肌肉更加结实。肌肉含有较低的体脂会看起来非常漂亮。现在，我们一起开始训练吧。

不考虑这一章给出的有关计划中练习的进行顺序的建议，如果需要更多的休息时间而且可支配的训练时间更多，你可以用并联方式完成计划；如果时间有限或想获得更多代谢刺激，你可以用串联方式完成计划。每一种方式都有各自的优劣。

并联式的训练顺序是指完成一个练习的所有训练组后再开始进行下一个练习。如果你有更多的训练时间，想在训练组间获得更多的休息时间或想使用更大的训练负载，这种训练方式能很好地满足你的需求。如果每个练习都需要使用不同的负载或初始设置，则非常适合采用并联方式；每一组训练完成后都调节负载或初始设置需要花很多时间，这会打乱你的节奏。

串联式的训练顺序是指完成一个练习后立刻进行下一个练习，没有休息，就像进行大型循环训练。当每个练习都使用同样的负载或初始设置且可以快速改变时（如姿势可以快速改变），这种方式就是最棒的了。如果所有的练习站位（负载和所需器械）都已经设置好了，你可以使用不同的器械或负载，以串联的方式完成所有训练计划，同时不会浪费任何时间。串联方式的主要优势是效率高。因为进行大型循环训练，你会使用更少的负载，但仍能在短时间内获得出色的泵感和结实度。如果时间有限，而且你不想变成大块头，串联（或循环训练）方式是不错的选择。

和第4章的计划一样，你可以放心大胆地搭配组合不同计划中的练习。尽管我在所有计

注意：腹直肌分离症

　　在进行腹部训练时，患有腹直肌分离症的人需要格外小心。有些练习是这一类人群的禁忌。腹直肌分离通常是腹直肌受到从内而外的压力导致的。它通常是腹壁白线受到拉伸或变细引起的。腹壁白线是将两侧的腹直肌连接在一起的结缔组织。这一症状的出现可能是由于先天遗传、怀孕、超重或大重量的力量训练。

　　本章中的很多练习都不适合患有这一病症的人群。对于这一类人群，请远离那些高负载练习（如仰卧起坐、仰卧举腿、向外滚动、悬垂提膝等），更多地采用腹压更小的功能性练习（如站姿弹力绳、钢索器械推举、划船、旋转及短程卷腹等）。这一类人群在开始进行这一练习计划或任何其他计划前，请务必先咨询医生。

划中都加入了后侧核心练习，但我的训练重点依然是腹部，这是因为在腿部和髋部计划那一章，我们有更全面的后侧核心计划可供选择。因此，如果你已经用其他计划对后侧核心进行了足够的训练，想用这里的计划来针对腹部进行训练，完全可以把计划中的下背部练习剔除。你可以将任何一个计划一分为二，用两天的时间完成这个计划。这样，你就可以每天训练一下腹部和核心。腹部与核心肌肉是高耐受度肌群，因此我们可以每天对其进行训练，除非训练过量，但这里任何一个计划训练量的一半都不算过量。最后，如果感觉计划所列进阶太快了，你完全可以把任何一周的计划再重复一次。如果觉得哪一周的计划能完美匹配你的能力，你可以一直重复这一周的计划，以保持核心强壮。找到你愿意保持的训练水平并一直保持下去是完全没问题的。所以，训练原则是保守进阶、保持健康、保持无痛。

基础训练计划

　　尽管每一个计划都包含了适合初学者和高水平训练者的不同进阶版本，我还是强烈建议每个人都先完成下面这个为期2周的基础训练计划，然后再去尝试本章介绍的其他计划。

第一周：每个练习分开完成，并联方式

　　周一、周三、周五

　　平板支撑（2组×5~10秒）：俯卧撑姿势，双手或双肘支撑于地面。

　　右侧向平板支撑（2组×5~10秒）：以右手或右肘和双脚支撑身体，进入侧卧姿势，身体右侧朝向地面，左侧朝向天花板。

　　左侧向平板支撑（2组×5~10秒）：以左手或左肘和双脚支撑身体，进入侧卧姿势，身体左侧朝向地面，右侧朝向天花板。

　　周二、周四

　　对侧手脚鸟狗式（2组×每侧5~10次）：双手和双膝放于地面，四点支撑姿态，同时伸出右臂和左腿，直到肢体平行于地面；回到起始姿势后换另外一侧的肢体进行动作；交替动作，重复所需次数。

卷腹（2组×5~10次）：仰卧于地面，双膝弯曲，双脚平稳放于地面，双手交叉放于胸前；躯干上端向上卷起，直到肩胛骨离开地面，回到起始姿势，重复动作。

单腿仰卧举腿（2组×每侧5~10次）：仰卧于地面，右膝微屈，右脚平稳放于地面，手臂放于身体两侧；将左腿抬至大约30厘米的高度，然后再下放至轻轻触地；用左脚重复这一上下动作，重复所需次数，然后换腿；如果感到单腿版本太轻松，可以尝试双腿版本（同时举起双腿）。

第二周：循环完成练习，患联方式

周一、周三、周五

右侧平板支撑+平板支撑+左侧平板支撑（3组×每个5~10秒）。

周二、周四

超人式挺身+右侧向卷腹+卷腹+仰卧举腿+左侧向卷腹（3组×5~10次）。

超人式挺身：俯卧于地面，同时抬起双臂和双腿，好像滞空飞行一样。

右侧向卷腹：侧卧于地面，左侧贴地，向右侧横向屈曲并将躯干上端抬离地面。

卷腹：仰卧于地面，双膝屈曲，双脚平稳放于地面，双手交叉放于胸前；躯干上端向上卷起，直到肩胛骨离开地面，回到起始姿势，重复动作。

仰卧举腿（单腿或双腿版本，如选择单腿版本每侧需完成5~10次）：仰卧于地面，右膝微屈，右脚平稳放于地面，手臂放于身体两侧；将左腿抬至大约30厘米的高度，然后再下放至轻轻触地；用左脚重复这一上下动作，重复所需次数，然后换腿；如果感到单腿版本太轻松，可以尝试双腿版本（同时举起双腿）。

左侧向卷腹：侧卧于地面，右侧贴地，向左侧横向屈曲并将躯干上端抬离地面。

男性腹部和核心计划1：平板支撑和卷腹计划

这一为期4周的训练计划，由两个循环练习和一个收尾练习组成。因为计划使用了平板支撑姿势，手腕有问题的人实施相关计划可能会有些挑战。如果你有这样的问题，请使用俯卧撑支架来帮助你将手腕固定到更加中立的无痛位置。另一个能让手腕及核心承受更低强度，但仍能带来出色的腹部刺激的方式是，用跳箱或举重架上的杠铃杆来抬升双手，使用高位俯卧撑姿势。这一计划是家庭训练或旅行训练的不错选择，特别是当你没有太多训练时间的时候。

根据你的个人能力和训练经验，第一周和第二周的计划可以重复两次，以降低这4周的训练总量，从而获得更多的适应时间。第三周和第四周的更高训练量区间内的计划适合高级训练者。

器械

训练长凳（可选）。

提示

如果你要更好地提升肩部稳定能力和腹部耐力，可以循环进行练习1a和2a，然后循环进行练习1b和2b。每次重复前先呼气，这样可以为核心带来更大的刺激，为肌肉制造更有力的收缩。

第一周和第二周：每周2次。

第三周和第四周：每周1次或2次。

表5.1 男性腹部和核心计划1：平板支撑和卷腹计划

练习	照片	动作描述	训练周	组数 × 重复次数
1a. 平板支撑侧向提膝		保持俯卧撑（平板支撑）姿势，将右膝顶向右肘方向。回到起始姿势，换到另一侧继续动作	1	1 × 每侧10
			2	2 × 每侧15
			3	3 × 每侧10
			4	4 × 每侧15
1b. 卷腹（使用训练长凳或下斜长凳会让练习变得更难）		仰卧在地面或训练长凳上，屈膝，双脚平稳踩在地面或长凳上。双手罩住双耳或交叉放于胸前。屈曲核心，将肩胛骨抬离地面或训练长凳。回到起始姿势，重复所需次数	1	1 × 15
			2	2 × 15
			3	3 × 15
			4	4 × 20
2a. 平板支撑交叉提膝		保持俯卧撑（平板支撑）姿势，将右膝顶向左肘方向。回到起始姿势，换另一侧继续动作	1	1 × 每侧10
			2	2 × 每侧15
			3	3 × 每侧10
			4	4 × 每侧15

练习	照片	动作描述	训练周	组数 × 重复次数
2b.反向卷腹（使用上斜长凳会让练习变得更难）		仰卧在地面或长凳上，双腿抬起至与地面垂直。双手扶住头顶上方的牢固物体或搭档的脚踝，将髋部朝天花板方向抬离地面或长凳。髋部下放至起始姿势，重复所需次数	1	1 × 15
			2	2 × 15
			3	3 × 15
			4	4 × 20
收尾练习：对侧手脚鸟狗式		双手和双膝放于地面，呈四点支撑姿势。同时伸出右臂和左腿，直到肢体平行于地面。回到起始姿势后换另外一侧的肢体进行动作。交替动作，重复所需次数	1	1 × 每侧 10
			2	2 × 每侧 15
			3	3 × 每侧 10
			4	4 × 每侧 15

男性腹部和核心计划2：弹力绳和卷腹计划

这一为期4周的计划包含了自重练习和弹力绳练习，包括3个由两个练习组成的循环。站姿和握姿的组合让这一计划更加多元化，适合更多人群——从想要提升竞技表现水平的运动员到希望获得结实、紧致腹部的大众健身人群。我推荐大家在这一计划中使用JC弹力绳运动版（1.2米长）或JC弹力绳旅行版（0.6米长）。JC弹力绳是市面上比较好的弹力绳产品，用它进行本书中的所有相关练习，可以带来足够的挑战。根据你的个人能力和训练经验，第一周和第二周的计划可以重复两次，以降低这4周的训练总量，从而获得更多的适应时间。第三周和第四周的更高训练量区间内的计划适合高级训练者。

器械

带手柄的弹力绳（如JC弹力绳旅行版或运动版）或钢索器械，固定弹力绳的牢固锚点。

提示

每次重复前先呼气，这样可以为核心带来更大刺激，为肌肉制造更有力的收缩。

第一周和第二周：每周2次。

第三周和第四周：每周1次或2次。

表5.2 男性腹部和核心计划2：弹力绳和卷腹计划

练习	照片	动作描述	训练周	组数 × 重复次数
1a. 弹力绳ABC卷腹		将弹力绳固定在高位锚点，如引体向上架或门缝中。跪在弹力绳前的软垫上。双手握住手柄，掌心朝向自己。卷腹并转向左侧，右肘朝左侧方向运动。回到起始姿势，向右侧进行动作。回到起始姿势并进行垂直卷腹。以上是一次完整的动作重复	1	2×3次
			2	2×4次
			3	3×5次
			4	4×6次
1b. 单车式卷腹		仰卧于地面，双脚离地约15厘米。双手罩住双耳。屈曲核心，同时屈髋，旋转。用右肘触碰左膝。回到起始姿势，换另一侧完成动作	1	2×每侧10
			2	3×每侧10
			3	3×每侧15
			4	4×每侧15
2a. 弹力绳ABC挺身		将弹力绳固定在低位锚点，如牢固的物体、哑铃架或房门的低合页上。双手持手柄，掌心面向双腿。过顶伸展双臂，转向左侧至两手均处于身体的左上位置。回到起始姿势，换到另一侧完成动作。再次回到起始姿势，双臂垂直过顶伸展至肩上。以上是一次完整的动作重复	1	2×3次
			2	2×4次
			3	3×5次
			4	4×6次
2b. 对侧手脚鸟狗式		双手和双膝放于地面，呈四点支撑姿势。同时伸出右臂和左腿，直到肢体平行于地面。回到起始姿势后换另外一侧肢体进行动作。交替动作，重复所需次数	1	2×每侧10
			2	3×每侧10
			3	3×每侧15
			4	4×每侧10
3a. 弹力绳/钢索器械短程旋转（10点钟方向至2点钟方向）		将弹力绳固定在牢固物体（如房门）的胸部高度位置。身体右侧面向锚点，双脚间距略大于肩宽。双手持一只手柄于身前（双手处于12点钟方向）。在不晃动髋部的情况下，在双肩之间（10点钟方向至2点钟方向）移动手柄。重复所需次数后换另一侧完成动作	1	2×每侧15
			2	3×每侧20
			3	3×每侧25
			4	4×每侧30
3b. 弹力绳侧向屈曲		将弹力绳固定在牢固物体的低位（如哑铃架或房门的低合页）（高度在脚踝和膝之间）。身体右侧面向锚点，双脚间距略大于肩宽。右手持一只手柄于身体右侧。在髋部不晃动的情况下将核心向右侧屈曲（弯曲），拉伸核心左侧。回到起始姿势，重复所需次数。换另一侧完成练习	1	2×每侧15
			2	3×每侧15
			3	3×每侧20
			4	4×每侧20

男性腹部和核心计划3：哑铃腹肌计划

这一为期4周的训练计划是针对腹肌的纯健美计划。如果你想让腹肌强壮且结实，这个计划就非常适合你。这是我40多年前用过的人生首个腹肌训练计划；直到现在，这个计划依然好用。如果你想增加训练难度，可以在下斜长凳上完成部分练习。很多人喜欢在波速球或其他有软垫的器械上进行腹部练习，这没问题。但要尽可能地保持所用支撑器械的稳定性，这样你才能在不被平衡需求干扰的情况下尽可能多地增加负重。处理平衡问题会让你无法全力输出。你可以以"超级组"的形式进行练习。

根据你的个人能力和训练经验，第一周和第二周的计划可以重复两次，以降低这4周的训练总量，从而获得更多的适应时间。第三周和第四周的更高训练量区间内的计划适合高级训练者。

器械

训练长凳、药球（可选）、哑铃或杠铃片。

提示

可以使用下斜长凳增加训练难度。

第一周和第二周：每周2次。

第三周和第四周：每周1次或2次。

表5.3 男性腹部和核心计划3：哑铃腹肌计划

练习	照片	动作描述	训练周	组数 × 重复次数
1a.哑铃（波速球、地面或训练长凳）卷腹		仰卧于地面、波速球或训练长凳上，双膝微屈，双脚平稳放于地面或训练长凳上。双手在胸前交叉持一只哑铃。屈曲核心，将肩胛骨抬离地面、波速球或训练长凳。回到起始位置，并重复所需次数	1	2×10
			2	2×15
			3	3×10
			4	4×15
1b.哑铃卷腹转体		仰卧于地面或训练长凳上，双膝微屈，双脚平稳放于地面或训练长凳上。双手在胸部前侧持一只壶铃进入卷腹动作顶端姿势。完成侧向转体	1	2×每侧10
			2	2×每侧15
			3	3×每侧10
			4	4×每侧15
2a.哑铃单臂等长（静力）推举及侧向屈曲		直立姿势，右手持一只哑铃做出顶姿势，右臂伸直。左掌面向左大腿外侧。动作全程保持右臂过顶伸直，向左侧屈曲躯干，左手沿左大腿外侧下滑至左膝。在右侧核心有舒适的拉伸感时停止动作。起身回到直立姿势。重复所需次数。换另一侧完成练习	1	2×每侧10
			2	2×每侧15
			3	3×每侧10
			4	4×每侧15

练习	照片	动作描述	训练周	组数 × 重复次数
2b. 哑铃单臂侧向屈曲		直立姿势，双手放于身体两侧。右手持一只哑铃。向右侧屈曲躯干，拉伸左侧核心肌肉。回到起始姿势，重复所需次数。换另一侧完成练习	1	2 × 每侧 10
			2	2 × 每侧 15
			3	3 × 每侧 10
			4	4 × 每侧 15
3. 哑铃反向挺身（使用训练长凳边沿）		俯卧于训练长凳上，使髋部和下肢离开训练长凳。在双脚附近放一哑铃或药球，在准备开始动作前用双脚将其夹住。双脚夹起哑铃或药球，尽可能高地抬起双腿，然后短程下放负重至即将触地，重复动作	1	2 × 10
			2	2 × 15
			3	3 × 10
			4	4 × 15

男性腹部和核心计划4：悬垂腹肌计划

这一为期4周的高级健美训练计划对握力有非常高的要求，因为我们要靠双手把身体悬吊在半空中。如果你想用这个计划刺激握力，可以以循环的方式进行练习1、练习2和练习3，全程保持悬垂姿势而不落地。如果你想要获得腹肌和前臂的泵感，你可以试试看！想让这个计划对握力的要求更上一层楼？我们的格斗运动员在进行这一循环时不仅全程不松手，还要全程使用握力手柄（如JC大号和超大号握力手柄）。如果不想受握力影响，不想让掌被磨出茧，你可以使用悬吊带，如JC强力悬吊带。无论以哪种方式进行训练，握住单杠将身体悬吊在半空进行这些练习都有很高的力量要求，所以这个计划不适合初学者。训练者可以用超级组或并联的方式完成练习。

根据你的个人能力和训练经验，第一周和第二周的计划可以重复两次，以降低这4周的训练总量，从而获得更多的适应时间。第三周和第四周的更高训练量区间内的计划适合高级训练者。

器械

引体向上架、45度罗马椅、杠铃片或哑铃、悬吊带（可选）。

提示

如果握力允许，以循环的方式完成练习1、练习2和练习3。

第一周和第二周：每周2次。

第三周和第四周：每周1次或2次。

表5.4 男性腹部和核心计划4：悬垂腹肌计划

练习	照片	动作描述	训练周	组数 × 重复次数
1.悬垂提膝		掌心向前握住单杠或借用悬吊带将自己悬吊在引体向上架上。双膝向胸部方向提起。下放双腿至起始姿势。重复动作，重复所需次数	1	2 × 10
			2	2 × 15
			3	3 × 10
			4	4 × 15
2.悬垂侧向提膝		掌心向前握住单杠或借用悬吊带将自己悬吊在引体向上架上。下身向右侧旋转，然后屈膝，向胸部方向提膝。下放双腿转回起始姿势。换左侧重复动作，重复所需次数	1	2 × 每侧10
			2	2 × 每侧15
			3	3 × 每侧10
			4	4 × 每侧15
3.悬垂雨刷器		掌心向前握住单杠或借用悬吊带将自己悬吊在引体向上架上。双腿保持伸直的同时向上抬起，直到所在平面垂直于地面。下身向左侧旋转，然后像雨刷器一样向右侧旋转。动作过程中始终保持双腿所在平面垂直于地面。重复所需次数	1	2 × 每侧5
			2	2 × 每侧7
			3	3 × 每侧10
			4	4 × 每侧12
4.45度罗马椅旋转挺身（脚尖外旋，可能需要通过负重来增加难度）		双脚放在45度罗马椅的踏板上并外旋。将靠垫位置调节至髋部下侧，紧贴大腿。背部保持平直，屈髋至臀部和腘绳肌有舒适的拉伸感。伸髋的同时向左侧旋转，返回到起始的屈曲姿势。换右侧重复动作	1	2 × 每侧5
			2	2 × 每侧7
			3	3 × 每侧10
			4	4 × 每侧12

男性腹部和核心计划5：加强版腹肌大轰炸计划

这一为期6周的计划是《功能性训练：提升运动表现的动作练习和方案设计》一书介绍的"腹肌大轰炸"计划的加强版。很多格斗运动员都使用了这一训练计划，以此提升他们在下位（防御位，比赛中选手仰卧时双腿箍住对手的姿势）时的力量。我们的格斗运动员都有着强壮又漂亮的腹肌，这是由于他们遵守严格的饮食策略同时进行大量的这类腹部训练。这一高阶训练计划包含了3个使用药球的练习（你也可以用稳定球替代）。刚开始时，我们会在练习中间休息。

但我们的最终目标是不间断地、以循环的形式完成这3个练习。这同样是一个出色的"炫腹"计划，会在燃脂阶段帮助腹肌"横空出世"。

根据你的个人能力和训练经验，第一周和第二周的计划可以重复两次，以降低这4周的训练总量，从而获得更多的适应时间。第三周和第四周的更高训练量区间内的计划适合高级训练者。

器械

药球：初级训练者1千克，中级训练者2~3千克，高级训练者3~5千克。

提示

第一周和第二周：每个练习完成2组，每组重复10次，每个练习之间休息1~2分钟。

第三周和第四周：每个练习完成3组，每组重复15次，每个练习之间休息1分钟。

第五周：不间断地完成3个练习，每个练习5~7次；完成2个超级组，组间休息1分钟。

第六周：不间断地完成3个练习，每个练习10~12次；完成3个超级组，组间休息1~2分钟。

表5.5 男性腹部和核心计划5：加强版腹肌大轰炸计划

练习	照片	动作描述
1.药球后仰提膝		坐在地面上，后仰身体，靠手肘支撑，将药球放到双膝间（或双脚间以提升难度）。双脚稍微抬离地面，屈膝，将整个下身抬离地面。提膝，让药球朝胸的方向运动。保持下身离地，回到起始姿势。重复动作
2.药球短程卷腹		仰卧于地面，双膝微屈，双脚踩地。双手持药球，手臂伸直，指向天花板。将药球向上垂直推起，完成卷腹动作并将肩胛骨抬离地面。保持肩胛骨离地，回到起始姿势。重复动作
3.药球手脚传递两头起		仰卧于地面，保持双腿伸直。双手于过顶位置持一药球。同时进行卷腹和提膝动作（全身卷腹），将药球放到双腿间。伸展身体后重复全身卷腹动作，此时双手将药球从双腿间取下，伸展身体，同时将药球置于过顶位置。重复手脚传递两头起的动作。球回到过顶位置时算一次动作重复

女性腹部和核心计划1：地面腹部计划

这一为期4周的快速腹部训练循环被我们叫作"环游世界"。因为你要从俯卧姿势开始练习，然后翻滚变换动作以进入下一个姿势。这是一个短时燃脂循环训练（尽管可以以并联的方式进行），当训练时间紧张或在家中或旅行中进行训练时，这就是一个不错的选择。我喜欢在出差时在床上进行这个计划；柔软的床垫就像沙滩，为我的身体提供缓冲，让我能以更高的强度完成训练。这也是你在健身房训练完其他身体部位后，对腹部进行快速燃脂训练的不错选择。

根据你的个人能力和训练经验，第一周和第二周的计划可以重复两次，以降低这4周的训练总量，从而获得更多的适应时间。第三周和第四周的更高训练量区间内的计划适合高级训练者。

器械

无。

提示

第一周和第二周：每周2或3次。

第三周和第四周：每周1次或2次。

表5.6　女性腹部和核心计划1：地面腹部计划

练习	照片	动作描述	训练周	组数 × 重复次数
1a. 超人式挺身		俯卧于地面，用腹部撑地，双腿伸直，双臂过顶伸直。同时将双腿和双臂抬离地面。下放双腿和双臂，不要接触地面。重复动作	1	2 × 10
			2	2 × 15
			3	3 × 15
			4	4 × 20
1b.仰卧侧向两头起（左侧）		滚动至右侧身体着地，用右臂和右腿撑地以稳定身体。抬起左腿的同时将左臂伸向左脚。放下左腿和左臂，回到起始姿势。重复所需次数	1	2 × 10
			2	2 × 15
			3	3 × 15
			4	4 × 20
1c.仰卧两头起		继续滚动身体，进入仰卧姿势。双腿伸直，双臂过顶伸直。同时将双腿和双臂抬离地面，双手伸向脚尖。下放双腿和双臂，使其不接触地面。重复动作	1	2 × 10
			2	2 × 15
			3	3 × 15
			4	4 × 20
1d. 仰卧侧向两头起（右侧）		滚动至左侧身体着地，用左臂和左腿撑地以稳定身体。抬起右腿的同时将右臂伸向右脚。放下右腿和右臂，回到起始姿势。重复所需次数	1	2 × 10
			2	2 × 15
			3	3 × 15
			4	4 × 20

女性腹部和核心计划2：稳定球腹部计划

这一为期4周的训练计划包含两个针对腹部和下背部的循环。如果你已经进行了大量的后侧核心训练，可以只完成腹部练习。这一计划用到了稳定球和直体屈体姿，因此对平衡、稳定和力量都有很高的要求；所以这是一个适合中级训练者和高级训练者的计划。腹部循环能非常好地刺激腹部肌群，包含各种动作。练习间的转换非常流畅，如果想要节省训练时间，你可以用连续的循环方式完成整个计划。

根据你的个人能力和训练经验，第一周和第二周的计划可以重复两次，以降低这4周的训练总量，从而获得更多的适应时间。第三周和第四周的更高训练量区间内的计划适合高级训练者。

器械

稳定球：55厘米（身高160厘米以下）；65厘米（身高160厘米以上）。

提示

第一周和第二周：每周2或3次。

第三周和第四周：每周1次或2次。

表5.7　女性腹部和核心计划2：稳定球腹部计划

练习	照片	动作描述	训练周	组数 × 重复次数
1a.稳定球屈膝折叠		进入平板支撑姿势，双手撑在地面上，稳定球位于大腿下方。屈膝，向胸部方向折叠，让球在双腿上滚动，直到双膝位于球的顶端。伸展身体，回到起始姿势。重复所需次数	1	1×10
			2	2×15
			3	3×15
			4	4×20
1b.稳定球直体屈体		进入平板支撑姿势，双手撑在地面上，稳定球位于大腿下方。保持双腿伸直，屈髋，进行屈体折叠，让球在双腿上滚动，直到与双脚接触。伸展身体，回到起始姿势。重复所需次数	1	1×5
			2	2×10
			3	3×10
			4	4×10
1c.稳定球短程向外滚动		进入平板支撑姿势，双肘放在球上，双脚放在地面上，间距同肩宽。伸展手臂，让球在双肘上滚动。将双肘拉回起始姿势。重复所需次数	1	1×10
			2	2×15
			3	3×15
			4	4×20
2a.稳定球挺身		俯卧于球上，球位于腹部下方，双脚间距同肩宽，双膝微屈。双手罩住双耳或在胸前交叉。伸展脊柱，直到背部肌肉有舒适的收缩感，放松，回到起始姿势。重复所需次数	1	1×10
			2	2×15
			3	3×15
			4	4×20

练习	照片	动作描述	训练周	组数 × 重复次数
2b.稳定球反向 挺身*		俯卧于稳定球上，球位于肚脐下 方，手肘撑地以保持稳定，双腿 和双脚并拢，双脚离地。伸髋， 直到身体完全伸展。将双脚下放 至起始姿势。重复所需次数	1	1 × 10
			2	2 × 15
			3	3 × 15
			4	4 × 20

*如果由于球的尺寸原因双肘无法撑地，可以用手掌撑地以保持稳定。

女性腹部和核心计划3：加强版卷腹计划

这一为期4周的计划包含了两个由两个练习组成的循环和一个收尾练习，都是针对核心前侧及后侧的练习。有些动作与女性腹部和核心计划1中的练习类似。但是这个计划通过采用不同的姿势增加了难度。你可以使用药球、哑铃及脚踝负重沙袋来增加整个计划的难度。一对1~2千克的哑铃，一个1~2千克的药球，一对1~2千克的脚踝负重沙袋就能让这一计划摇身一变，成为针对腹肌的绝佳训练。所以你不要小看这个计划。

根据你的个人能力和训练经验，第一周和第二周的计划可以重复两次，以降低这4周的训练总量，从而获得更多的适应时间。第三周和第四周的更高训练量区间内的计划适合高级训练者。

器械

药球、哑铃、脚踝负重沙袋、平板或下斜训练长凳、牢固的辅助支撑物体。

提示

第一周和第二周：每周2次。

第三周和第四周：每周1次或2次。

表5.8 女性腹部和核心计划3：加强版卷腹计划

练习	照片	动作描述	训练周	组数 × 重复次数
1a.卷腹（可以 使用药球或下 斜训练长凳让 练习变得更难）		仰卧在地面或训练长凳上，屈膝，双 脚平稳踩在地面或训练长凳上。双手 可以罩住双耳或交叉放于胸前，或于 过顶位置手持一药球。屈曲核心，将 肩胛骨抬离地面或训练长凳。回到 起始姿势，重复所需次数	1	1 × 10
			2	2 × 15
			3	3 × 15
			4	4 × 20
1b.反向卷腹 （可以用双腿夹 住药球）		仰卧在地面或训练长凳上，双腿抬起 至垂直姿势。双手扶住头顶上方的牢 固物体，将髋部朝天花板方向抬离地 面或训练长凳。髋部下放至起始姿势， 重复所需次数	1	1 × 10
			2	2 × 15
			3	3 × 15
			4	4 × 20

练习	照片	动作描述	训练周	组数 × 重复次数
2a.仰卧交叉两头起（可手持哑铃）		仰卧于地面，双臂双腿分开，伸直，呈X形。动作全程保持双脚外旋。同时抬起左臂和右腿，左手尽可能触碰右脚。换另一侧重复动作。以交替形式完成动作并重复所需次数	1	2 × 每侧10
			2	2 × 每侧15
			3	3 × 每侧10
			4	4 × 每侧15
2b.侧向卷腹		以右侧身体卧于地面，双膝微屈，双手罩住双耳。侧向屈曲核心，完成向左卷腹动作。重复所需次数后，换右侧完成练习	1	2 × 每侧10
			2	2 × 每侧15
			3	3 × 每侧10
			4	4 × 每侧15
收尾练习：交叉卷腹+对侧手脚鸟狗式超级组（可手持哑铃或使用脚踝负重沙袋）		双手和双膝撑地，呈四点支撑姿势。同时伸展右臂和左腿，然后拉回右肘和右膝，让其在身下互碰。重复所需次数。换另一侧完成练习	1	2 × 每侧10
			2	2 × 每侧15
			3	3 × 每侧10
			4	4 × 每侧15

女性腹部和核心计划4：弹力绳和钢索器械计划

这一为期4周的弹力绳和钢索器械计划包含两个由两个练习组成的循环和一个收尾练习，是针对核心的旋转肌群的练习。这一计划使用了直立姿势，能极好地满足运动员的需求。例如，网球运动员需要一个稳定的核心，同时保持良好的站姿。弹力绳，特别是JC弹力绳系列产品，有多种阻力规格，你可以通过使用不同规格的弹力绳让这一计划呈现出不同的难度水平，满足从初级训练者到高级训练者的不同需求。

根据你的个人能力和训练经验，第一周和第二周的计划可以重复两次，以降低这4周的训练总量，从而获得更多的适应时间。第三周和第四周的更高训练量区间内的计划适合高级训练者。

器械

手柄弹力绳（如JC弹力绳旅行版或迷你怪兽版）或钢索器械，牢固的固定结构或房门（动作描述全部以手柄弹力绳为例）。

提示

第一周和第二周：每周2次。

第三周和第四周：每周1次或2次。

表5.9 女性腹部和核心计划4：弹力绳和钢索器械计划

练习	照片	动作描述	训练周	组数 × 重复次数
1a. 站姿弹力绳卷腹		将弹力绳固定在高位锚点，如引体向上架上或房门顶端。面向固定锚点，掌心朝外，双手握住两只手柄。卷腹，肩部向髋部卷曲。回到起始姿势。重复所需次数	1	2 × 10
			2	2 × 15
			3	3 × 20
			4	4 × 20
1b. 站姿弹力绳单臂交叉卷腹		将弹力绳固定在高位锚点，如引体向上架上或房门顶端。面向固定锚点，左手握住一只手柄，掌心朝向自己。卷腹并向右旋转，将左手推至右膝外侧。回到起始姿势，重复所需次数。换另一侧完成练习	1	2 × 每侧10
			2	2 × 每侧15
			3	3 × 每侧10
			4	4 × 每侧15
2a. 弹力绳高-低斜向伐木		将弹力绳固定在尽可能高的锚点，如牢固结构或门的上端。身体右侧面向锚点，双脚间距略宽于肩宽。双手握住一只手柄，放于身体右上方。在不晃动髋部的情况下从右上方向左下方斜向移动手柄。回到起始姿势，重复所需次数。转身换另一侧继续完成动作	1	2 × 每侧10
			2	2 × 每侧15
			3	3 × 每侧10
			4	4 × 每侧15
2b. 弹力绳低-高斜向伐木		将弹力绳固定在尽可能低的锚点，如牢固结构或门的下端。身体右侧面向锚点，双脚间距略宽于肩宽。双手握住一只手柄，放于身体右下方。在不晃动髋部的情况下从右下方向左上方斜向移动手柄。回到起始姿势，重复所需次数。转身换另一侧继续完成动作	1	2 × 每侧10
			2	2 × 每侧15
			3	3 × 每侧10
			4	4 × 每侧15
收尾练习：弹力绳短程旋转（10点钟方向至2点钟方向）		将弹力绳固定在牢固物体（如房门）的与胸部等高的位置。身体右侧面向锚点，双脚间距略大于肩宽。双手握住一只手柄置于身前（双手处于12点方向）。在不晃动髋部的情况下，在双肩之间（10点钟方向至2点钟方向）移动手柄。重复所需次数后换另一侧完成动作	1	2 × 每侧10
			2	2 × 每侧15
			3	3 × 每侧20
			4	4 × 每侧20

女性腹部和核心计划5：高负载腹肌计划

这一为期4周的计划是克利夫·埃德贝格用于训练健身和健美运动员的计划。这一计划包含两个由两个练习组成的计划，只针对腹部肌肉。这一计划会为你的腹肌带来足够的力量刺激，在你减掉腹部脂肪后，腹肌就会更加显眼。

根据你的个人能力和训练经验，第一周和第二周的计划可以重复两次，以降低这4周的训练总量，从而获得更多的适应时间。第三周和第四周的更高训练量区间内的计划适合高级训练者。

器械

引体向上架、悬吊带、钢索器械、训练绳索、上斜训练长凳、哑铃。

提示

将这一计划和第4章中的任何后侧核心（腿部和髋部）训练计划结合都可以打造出全面的核心训练计划。

在进行所有腹部动作时都要呼气。

用慢速、可控的节奏进行动作，这样能让你的腹部在动作全程都获得持续的张力。

每周完成2次。

表5.10　女性腹部和核心计划5：高负载腹肌计划

练习	照片	动作描述	训练周、组数和重复次数
1a.悬垂提膝		掌心向前握住单杠或借用悬吊带将自己悬吊在引体向上架上。双膝向胸部方向提起。下放双腿至起始姿势。重复所需次数	第一周和第二周：1a和1b超级组，每个练习完成10次；共完成2个超级组，超级组间休息1分钟。第三周和第四周：1a和1b超级组，每个练习完成10~15次；共完成3~4个超级组，超级组间休息1分钟
1b.负重绳索卷腹		跪于高位钢索器械下的软垫上，将训练绳索固定于钢索上。手持绳索放于头部两侧。稳定住髋部，收缩腹部，将双肘移动至大腿中部。缓慢返回起始姿势。重复所需次数	

续表

练习	照片	动作描述	训练周、组数和重复次数
2a. 上斜训练长凳反向卷腹		仰卧在上斜训练长凳上,双手抓住训练长凳顶端。下背部贴住训练长凳,双腿伸直。将双腿折向躯干,髋部抬离训练长凳。下放髋部,回到起始姿势。重复所需次数	第一周和第二周:2a和2b超级组,每个练习完成10次;共完成2个超级组,超级组间休息1分钟。 第三周和第四周:2a和2b超级组,每个练习完成10~15次;共完成3~4个超级组,超级组间休息1分钟
2b. 负重卷腹(可以使用下斜训练长凳增加难度)		仰卧于地面或训练长凳上,双膝微屈。双手交叉于胸前,持一只哑铃。屈曲核心,将肩胛骨抬离地面或训练长凳。回到起始姿势,重复所需次数	

总　结

我希望你能喜欢本章的腹部训练计划。我们用这些计划打造出了多位冠军运动员。IHP以核心训练而闻名于世。这些计划及更多类似的计划让我们声名远播。你可以将本章和其他章的练习进行各种混搭,创造属于自己的训练计划。想要获得关于训练计划设计和周期化设计科学和实践的细致论述,我向你推荐《功能性训练:提升运动表现的动作练习和方案设计》一书。

第6章

手 臂

本章提供了大量能让你获得实在效果的手臂训练计划。我设计了使用弹力绳、悬吊训练设备和自重训练的功能性训练计划。我还加入了在家就能完成的哑铃训练计划。为了满足快速充血和旅行所需，我设计了只用弹力带进行训练的计划，可以让你的手臂在短时间内承受大训练量，从而让肌肉变得更加结实。最后，对于想增肌的人群，我提供了一些使用常见器械的增肌计划。本章的训练计划会用到很多器械：从弹力带到钢索器械，从哑铃到杠铃，从自重到器械。

每一个计划都包含了针对肱二头肌和肱三头肌的训练。然而，如果你只想训练手臂的一部分，那就选择针对这一部分的练习就好。但如果你想在同一个训练计划中同时训练肱二头肌和肱三头肌，那就完成整个计划。

本章从用到常见功能性训练器械的手臂训练开始，然后是用到哑铃、弹力带或钢索器械的，更专注于刺激肌肉的计划。本章最后提供了我训练及求教过的一些职业健美选手使用的巨臂训练计划。

无论你尝试哪个计划，在塑造手臂的过程中有两个问题是所有人都该清楚的，这样大家就不会充满不切实际的期待。首先，我们处理一个我经常被问到的问题。很多人问我能不能只用弹力带而不用自重或器械来塑造手臂（对其他部位也存在同样的问题）。我的回答总是相同的："肌肉是对张力和训练量做出反应，而并不是你使用的器械。"所以，如果能为肌肉提供正确的张力和训练量，自然会在合理的范围内出现效果。

我之所以用了"在合理的范围内"这样的陈述，是因为有些因素是没办法改变的。我被问到最多的问题是，"如果我的某块肌肉过短，如二头肌或三头肌过短，有没有练习能帮我拉长它？"答案是没有。我自己的二头肌就特别短。我在十几岁时开始训练，过来人告诉我大量的牧师凳弯举能拉长二头肌。我练了一年的牧师凳弯举，还是一点儿都没改变，我的二头肌还是这么短。你可以在三头肌、小腿、四头肌、腘绳肌上都发现这一情况。较短的肌肉可以被练得更大，但没办法被练得更长。肌肉的长度是天生的，训练没办法改变它。

在所有身体部位中，手臂和双腿是最显眼的，其余部位通常会被裹在衣服里。我觉得手臂是每个人都想要练结实的部位。女性希望手臂后侧紧实，男性通常希望自己拥有强壮的胳膊。人们喜欢不同的手臂状态在很多情况下是一种文化现象，同样也是多样化的个人喜好。因此，本章的男性计划部分更多的是增肌计划，女性计划部分则更多的是高训练量的紧实计划。与其他章节一样，本章的所有计划都是能够互换的。这意味着，如果你是一位男性运动员，因为项目体重级别的限制或出于项目需要（如拳击和摔跤更需要肌肉耐力而非围度），并不想增肌，那就可以使用女性计划部分中更侧重代谢训练的循环。同理，如果你是一位瘦小的女士，想增加一些手臂肌肉，那就可以尝试男性计划部分中的增肌计划。记住，尽管男性和女性可能会追求不同的效果，但肌肉不分性别：它们只是肌肉，只对训练频率、训练量和训练强度做出反应。

前面的各种建议同样适用于这些计划。最重要的一点是保持无痛训练。你可以从不同计划中选取练习进行混搭以满足你的特定喜好、需求或环境。例如，假设你喜欢我的体形，希望三头肌大于二头肌，那就减少甚至剔除所选计划中的二头肌练习。同样，你也可以体验练习顺序的改变带来的不同刺激。例如，假设我给出了3个超级组训练，每一组都包含一个二头肌练习和一个三头肌练习，你完全可以把所有二头肌练习（甚至是巨型组）放在一起完成，然后再完成所有的三头肌练习。

最后，如果你喜欢某一个计划但是感到一天的训练量太大了（如手臂又酸又紧，多日都无法好转），那就把一天的训练量分摊到3天或干脆把训练量减少到你认为足以让你恢复的程度。我发现很多四五十岁、甚至六十多岁的客户如果把计划所示一天的训练量分摊到一周中的3天或4天来进行，最终也都能完成总训练量。这甚至意味着有人可以连续两天进行训练。归根结底，保持无痛训练是最重要的铁律，任何能帮助我们遵守这一铁律的方法都可以被采纳。

注意：尽管每个计划都包含了适合初级训练者和高级训练者的不同进阶版本，但我还是强烈建议所有已经久坐了三四周的人在尝试本章任何计划前，先完成下面这一为期两周的计划，打好基础。

第一周：分别完成每个练习

周一、周三、周五

曲杆杠铃反握弯举（1~2组×10~15次）：直立姿势，掌心朝向身体，双手间距同肩宽，握住曲杆杠铃；保持上臂不动，屈肘，弯举起杠铃；手肘完全屈曲后，伸展手肘，缓慢地下放杠铃杆；重复所需次数。

弹力绳/钢索器械肱三头肌臂屈伸（1~2组×10~15次）：将弹力绳（如JC弹力绳旅行版）固定在高位锚点，如引体向上架上或房门顶端位置；还可以使用高位钢索器械，用其固定住细直杆或训练绳索；直立姿势，双脚间距同肩宽；用正握（掌心朝下）的方式握住弹力绳手柄或钢索上的细直杆，屈肘；保持双肘夹紧身体，发力伸展手肘，直到手臂伸直；屈肘回到起始姿势；重复所需次数。

第二周：分别完成每个练习

周一、周三、周五

哑铃俯身肱三头肌臂屈伸（2~3组×8~12次）：双手各持一只哑铃，掌心朝向躯干；略微屈膝；屈髋，让躯干向前探，进入俯身姿势；保持背部挺直，头抬起；保持上臂平行于地面并紧贴身体，伸展双肘，直到手臂伸直且平行于地面；屈肘，将哑铃下放到起始位置；重复所需次数。

哑铃肱二头肌弯举（2~3组×8~12次）：直立姿势，双手各持一支哑铃，手臂伸直，手肘紧贴身体，掌心朝前；屈肘，朝双肩方向弯举起哑铃；伸展双肘，将哑铃下放至起始位置；重复所需次数。

男性手臂计划1：功能性手臂计划

这一为期4周的功能性手臂训练计划包含了两个由3个练习组成的循环，可以为你带来绝佳的训练效率。然而，你尽可以重新安排练习，如1a和2a、1b和2b及1c和2c，这样可以组成3个循环。这个计划非常适合想在获得大量核心训练的同时兼顾手臂训练的人。经过重新安排，这一计划能够成为针对整个上身的、出色的训练循环，它包含了足够的胸部和背部练习。对于大多数人来说，前两周的计划就已足够，只有已经打造出了大量训练基础（两年或两年以上的专注负重训练）的、更高水平的训练者才有能力尝试第三周和第四周的计划。

器械

引体向上架、配重装备、悬吊训练设备、超级弹力带、双杠、药球。

提示

第一周和第二周：每周2次。

第三周和第四周：每周1次（只适合高级训练者）。

表6.1 男性手臂计划1：功能性手臂计划

练习	照片	动作描述	训练周	组数×重复次数
1a.反握引体向上（可使用弹力带辅助动作或使用配重装备增加负载）		双手间距与肩同宽，握住单杠，掌心朝向后侧（反握）。手臂伸直，将身体悬垂在单杠下。上拉身体直到锁骨触杠。下放身体回到起始姿势。重复所需次数	1	2×10
			2	3×12
			3	4×10
			4	5×8
1b.悬吊倾斜弯举		双手分别握住悬吊设备的两个手柄，掌心朝上（反握）。后仰身体，手臂和身体完全伸展。屈肘，弯举，将手臂拉向双肩方向。伸展手肘回到起始姿势。重复所需次数	1	2×10
			2	3×12
			3	4×10
			4	5×12

练习	照片	动作描述	训练周	组数 × 重复次数
1c. 超级弹力带3段式锤式弯举（60次）		踩住超级弹力带，双脚间距与髋宽相同。用手腕中立的锤式握姿（手掌相对）握住弹力带，双臂伸直。屈臂至90度，重复规定次数。然后从90度到完全屈肘，重复规定次数。最后完成全程弯举，重复规定次数	1	2×（10+10+10）
			2	3×（15+15+15）
			3	4×（20+20+20）
			4	5×（20+20+20）
2a. 双杠臂屈伸（可使用弹力带辅助动作或使用配重装备增加负载）		双手撑在双杠上，手臂和身体完全伸展。屈肘，下放身体到能承受的最低点，身体前倾以获得更大的动作幅度或下降至屈肘90度。伸展双肘将身体推回到起始姿势。重复所需次数	1	2×10
			2	3×12
			3	4×10
			4	5×8
2b. 悬吊肱三头肌臂屈伸		双手握住悬吊设备的两个手柄，手臂过顶，面朝下，手臂和身体完全伸直。屈肘，直到手柄运动到头后侧，手肘位于双耳两侧。伸展手肘，将身体推回到完全伸展的起始姿势。重复所需次数	1	2×10
			2	3×12
			3	4×10
			4	5×8
2c. 双手撑药球俯卧撑		双手放于药球上，呈俯卧撑（平板支撑）姿势，双臂和身体完全伸展。屈肘，下降身体，直到双肘完全屈曲（球接近或触到胸）。伸展手肘将身体推回到起始姿势。重复所需次数	1	2× 力竭
			2	3× 力竭
			3	4× 力竭
			4	5× 力竭

男性手臂计划2：超级弹力带手臂代谢计划

这一为期4周的代谢训练计划只使用弹力带。这一计划我已使用了20多年。你可以在旅行中用这一计划实现手臂快速充血或塑形，也可以将其放在训练的最后阶段作为补充。这一计划非常适合需要在竞技项目中施展手臂耐力的运动员，如格斗运动员。如果只想提升手臂的某一个方面的能力，你可以单独使用其中任何一个练习，也可如计划所示，把1a和1b组成超级组。对于大多数人来说，前两周的计划就已足够，只有已经打造出了大量训练基础（两年或两年以上的专注负重训练）的、更高水平的训练者才有能力尝试第三周和第四周的计划。

器械

超级弹力带（30厘米）。

提示

第一周和第二周：每周2次。

第三周和第四周：每周1次（只适合高级训练者）。

表6.2 男性手臂计划2：超级弹力带手臂代谢计划

练习	照片	动作描述	训练周	组数 × 重复次数
1a. 超级弹力带站姿快速弯举		踩住超级弹力带，双脚间距与髋宽相同。用手腕中立的锤式握姿（手掌相对）握住弹力带。双膝微屈，双手放在大腿上，背部挺直。只通过屈肘进行快速弯举，然后下放双手至接触大腿。重复动作。快速弯举的动作节奏应该为每秒两次	1	2×15秒内30
			2	3×20秒内40
			3	4×25秒内50
			4	5×30秒内60
1b. 超级弹力带快速肱三头肌臂屈伸		将超级弹力带拴在高位单杠上，用手腕中立的锤式握姿（手掌相对）握住弹力带下端。双膝微屈，背部挺直，手肘屈曲。伸展手肘直到双臂完全伸直，双手接触大腿。然后屈肘回到起始姿势。重复所需次数	1	2×15秒内30
			2	3×20秒内40
			3	4×25秒内50
			4	5×30秒内60

男性手臂计划3：哑铃手臂大轰炸计划

这一为期4周的手臂训练计划只使用哑铃。整个计划被分成3个由2个练习组成的循环，以提升训练效率。然而，你可以重新组合练习，如1a、2a和3a，1b、2b和3b及1c、2c和3c来组成3个巨型组。对于只能在家中进行哑铃训练的人来说，这是个再完美不过的计划了。健美运动员也使用过类似的训练计划，所以不要认为只使用哑铃，它就不是一个出色的计划。对于大多数人来说，前两周的计划就已足够，只有已经打造出了大量训练基础的、更高水平的训练者才有能力尝试第三周的计划。第四周的计划为训练者带来了30组手臂轰炸训练；显而易见，这是职业运动员的训练量。

器械

训练长凳、哑铃。

提示

第一周和第二周：每周2次。

第三周和第四周：每周1次（只适合高级训练者）。

表6.3　男性手臂计划3：哑铃手臂大轰炸计划

练习	照片	动作描述	训练周	组数 × 重复次数
1a.哑铃仰卧肱三头肌臂屈伸（锤式握姿）		仰卧于训练长凳，双膝屈曲，双脚平稳放于地面。双手各持一只哑铃，手肘夹紧。伸展手肘，将哑铃向天花板方向举起。屈肘下放哑铃，直到哑铃几乎碰到额头。重复所需次数	1	2×15
			2	3×12
			3	4×10
			4	5×8
1b.站姿哑铃锤式弯举		直立姿势，双手各持一只哑铃，手臂伸直。保持手肘贴近身体。屈曲左肘，将哑铃向肩部方向弯举。下放左侧哑铃至起始位置。重复所需次数，然后换另一侧完成动作	1	2×每侧10
			2	3×每侧12
			3	4×每侧10
			4	5×每侧8
2a.哑铃双臂过顶肱三头肌臂屈伸		直立站姿，双手各持一只哑铃。双手过顶伸直。掌心相对，用大拇指握住哑铃手柄。保持手肘夹紧，上臂垂直。屈肘，将哑铃下放至身体后侧。伸展手肘，将哑铃朝天花板举起至起始位置	1	2×15
			2	3×12
			3	4×10
			4	5×8

练习	照片	动作描述	训练周	组数 × 重复次数
2b. 哑铃单臂坐姿集中弯举		坐于训练长凳上，屈膝，双脚平稳放于地面。右手持一只哑铃，用上臂后侧顶住右大腿内侧。手掌朝向左侧大腿，屈曲右肘，弯举哑铃。缓慢伸展右肘，将哑铃下放至起始位置。重复所需次数，然后换另一侧手臂完成动作	1	2 × 每侧 10
			2	3 × 每侧 12
			3	4 × 每侧 10
			4	5 × 每侧 8
3a. 哑铃俯身肱三头肌臂屈伸		双手各持一只哑铃，掌心朝向躯干。稍微屈膝，并屈髋，直到躯干近乎平行于地面。保持背部挺直，头抬起。保持上臂平行于地面且贴近身体，伸展双肘，直到手臂伸直，平行于地面。屈肘，将哑铃还原到起始位置。重复所需次数	1	2 × 15
			2	3 × 12
			3	4 × 10
			4	5 × 8
3b. 哑铃站姿佐特曼弯举		直立姿势，双手各持一只哑铃，手臂贴近身体，手掌朝向身体前侧。屈曲右肘，弯举哑铃。当右肘完全屈曲时，内旋哑铃（掌心朝下）。然后伸展右肘，同时屈曲左肘，弯举哑铃。右臂完全伸直的同时左臂应完全屈曲。此时内旋左臂（掌心朝下），同时外旋右臂（掌心朝前）。重复动作，以交替弯举和旋转的动作形式重复所需次数	1	2 × 10
			2	3 × 12
			3	4 × 10
			4	5 × 8

男性手臂计划4：绳索手臂计划

这一为期4周的钢索器械手臂训练计划只使用训练绳索。你同样可以使用弹力绳（如JC弹力绳迷你怪兽版）来实施这个计划。这一计划包含3个由2个练习组成的循环，每个循环都以主动肌-拮抗肌的形式体现高强度、高密度、高效率。当然，你完全可以用另一种顺序重新组织练习，如分成1a、2a和3a及1b、2b和3b这2组。无论你使用钢索器械和训练绳索，还是使用一套弹力绳，这一计划都能为你带来巨大的训练量——很多健美体操运动员在备赛期都使用过这一计划。你也可以将本计划中的练习和计划5中的练习进行组合。这两个计划所使用的器械经组合后可以为你带来更多样化的手臂训练。对于大多数人来说，前两周的计划就已足够，只有已经打造出了大量训练基础的、更高水平的训练者才有能力尝试第三周的计划，第四周的计划只适合职业运动员。

器械

钢索交叉器械或弹力带、训练绳索、钢索手柄（可选）、哑铃。

提示

第一周和第二周：每周2次。

第三周和第四周：每周1次（只适合高级训练者）。

表6.4　男性手臂计划4：绳索手臂计划

练习	照片	动作描述	训练周	组数 × 重复次数
1a. 钢索绳索肱三头肌下压		将训练绳索固定在高位钢索上。直立姿势，双脚间距同肩宽。以中立握姿（掌心向内）握住绳索，屈肘。保持肘部贴近身体，伸展双肘直到手臂完全伸直。屈肘回到起始姿势。重复所需次数	1	2×15
			2	3×12
			3	4×10
			4	5×8
1b. 钢索绳索肱二头肌锤式弯举		将训练绳索固定在低位钢索上。以中立握姿（掌心向内）握住绳索。保持手肘夹紧，上臂稳定，屈肘，尽可能向上弯举绳索。手肘完全屈曲后缓慢将绳索下放至起始位置。重复所需次数	1	2×10
			2	3×12
			3	4×10
			4	5×8
2a. 钢索俯身单臂肱三头肌臂屈伸		将训练绳索固定在低位钢索上。右手以中立握姿（掌心向内）握住绳索两端。面向锚点，俯身，保持右肘夹紧，上臂稳定。伸展右肘，直到右臂完全伸直，几乎平行于地面。缓慢将绳索下放至起始位置。重复所需次数。然后换另一侧完成动作	1	2× 每侧15
			2	3× 每侧12
			3	4× 每侧10
			4	5× 每侧8
2b. 钢索单臂后拉式弯举		将手柄固定在低位钢索上。背对器械单手在身后握住手柄，掌心向前。保持手臂在身体后侧，屈肘，朝肩部方向向上弯举手柄。重复所需次数后，换另一侧完成动作	1	2× 每侧10
			2	3× 每侧12
			3	4× 每侧10
			4	5× 每侧8
3a. 交错站姿前向钢索绳索肱三头肌臂屈伸		将训练绳索固定在双眼高度的钢索上。以中立握姿握住绳索，转身背对器械，进入交错站姿。以手肘完全屈曲并正直指向前方的姿势开始。保持上臂稳定，伸展双肘直到双臂完全伸直。缓慢屈肘，让绳索回到起始位置。重复所需次数后，交换站姿继续完成动作	1	2×10
			2	3×12
			3	4×10
			4	5×8

练习	照片	动作描述	训练周	组数 × 重复次数
3b.钢索双臂弯举		站在两个高位钢索之间，双手各持一只手柄。确保手臂伸直且平行于地面，保持掌心向上。向双耳方向弯举钢索，保持上臂稳定。缓慢伸展双肘，下放钢索。重复所需次数	1	2 × 10
			2	3 × 12
			3	4 × 10
			4	5 × 8

男性手臂计划5：王者手臂计划

这一为期4周的计划是职业健美运动员的手臂训练计划。奥林匹克健美大赛的顶尖运动员都使用过类似的计划。这一计划被分成2个由3个练习组成的训练组。但如果你想在短时间内为手臂带来高训练量刺激，你可以重新调整练习顺序，在完成一个肱二头肌练习后立刻进行一个肱三头肌练习。例如，用超级组的形式完成1a和2a、1b和2b、1c和2c练习。你还可以将这个计划中的练习与计划4中的练习混搭组合；钢索、训练绳索、哑铃和杠铃混搭能为你创造手臂所需的最佳训练环境。对于大多数人来说，前两周的计划就已足够，只有已经打造出了大量训练基础的、更高水平的训练者才有能力尝试第三周的计划，第四周的计划只适合职业运动员。

器械

曲杆杠铃、杠铃片、哑铃、上斜训练长凳、双杠、平板训练长凳、钢索器械或弹力绳、钢索手柄。

提示

第一周和第二周：每周2次。

第三周和第四周：每周1次（只适合高级训练者）。

表6.5 男性手臂计划5：王者手臂计划

练习	照片	动作描述	训练周	组数 × 重复次数
1a.曲杆反握弯举		直立姿势，手持曲杆杠铃，双手间距同肩宽，掌心朝向身体。保持上臂不动，屈肘，弯举杠铃。手肘完全屈曲后缓慢将杠铃下放至起始位置。重复所需次数	1	2 × 15
			2	3 × 12
			3	4 × 10
			4	5 × 8

练习	照片	动作描述	训练周	组数 × 重复次数
1b.哑铃单臂交叉 锤式弯举		直立姿势，双手各持一只哑铃，掌心朝向身体。保持手掌始终朝向身体，屈曲右肘，将哑铃朝向左胸方向弯举，哑铃贴近躯干。哑铃接触左胸后伸肘，缓慢下放哑铃至起始位置。重复所需次数。换左手将哑铃弯举至右胸方向	1	2 × 每侧 5
			2	3 × 每侧 12
			3	4 × 每侧 10
			4	5 × 每侧 8
1c.哑铃上斜弯举		坐在上斜训练长凳上，向后靠，双脚放于地面。双手各持一只哑铃。双臂放于身体两侧，掌心朝上。保持上臂不动，双肘弯举哑铃。伸展手肘缓慢将哑铃下放至起始位置。重复所需次数	1	2 × 5
			2	3 × 12
			3	4 × 10
			4	5 × 8
2a.单杠（或训练 长凳）臂屈伸		站于双杠中间，双手各撑于一侧杠上。以手臂伸直、身体直立悬空作为起始姿势。屈曲手肘，下降身体，直到双肘屈曲至90度。回到起始姿势。重复所需次数	1	2 × 10~12
			2	3 × 8~10
			3	4 × 6~8
			4	5 × 8
2b.哑铃仰卧肱三 头肌交叉臂屈伸		仰卧于平板训练长凳，左手持一只哑铃，手臂伸直。保持左臂稳定，屈肘，肘关节指向天花板，让哑铃绕过身体，下降到头部右侧。伸直左肘，回到起始位置，重复所需次数。换右侧完成动作	1	2 × 每侧 15
			2	3 × 每侧 12
			3	4 × 每侧 10
			4	5 × 每侧 8
2c.俯身钢索肱三 头肌臂屈伸		将钢索固定在低位。直立姿势，使钢索位于身体左侧。用右手握住手柄，掌心朝向钢索。膝关节微屈，屈髋俯身，躯干向前探。保证背部挺直，几乎平行于地面。保持右臂稳定，伸展右肘，直到右臂平行于地面，掌心朝向地面。缓慢屈曲右肘，回到起始位置。重复所需次数，然后换右臂完成动作	1	2 × 每侧 5
			2	3 × 每侧 12
			3	4 × 每侧 10
			4	5 × 每侧 8

女性手臂计划1：功能性结实手臂计划

这一为期4周的计划专注于手臂的功能性训练，不过是以健美训练的方式来呈现的。计划包含3个由2个练习组成的循环，每个循环中的2个练习分别针对肱二头肌和肱三头肌。这一大训练量的计划会让手臂大量充血，同时会带来功能性收益。你完全可以将这一计划和本章后面介绍的、更传统的计划相结合。对于大多数人来说，前两周的计划就已足够，只有已经打造出了大量训练基础（两年或两年以上的专注负重训练）的、更高水平的训练者才有能力尝试第三周和第四周的计划。

器械

悬吊设备、杠铃、平板训练长凳、钢索器械、钢索手柄、弹力绳（如JC弹力绳旅行版或迷你怪兽版）、药球。

提示

第一周和第二周：每周2次。

第三周和第四周：每周1次。

表6.6 女性手臂计划1：功能性结实手臂计划

练习	照片	动作描述	训练周	组数 ×重复次数
1a.倾斜弯举（使用悬吊设备或杠铃）		将杠铃或悬吊设备手柄调节到胸腹中间的高度。双臂伸直，间距同肩宽，掌心朝上，握住杠铃或手柄。后仰，让身体倾斜且保持挺直。屈肘弯举，将身体抬起，直到手肘完全屈曲。缓慢伸展手肘回到起始姿势。重复所需次数	1	2 × 15
			2	3 × 12
			3	4 × 10
			4	5 × 8~12
1b.训练长凳臂屈伸		坐于训练长凳边缘，将双手放于身体两侧，扶住训练长凳边缘。向外跨步走出，直到髋部离开训练长凳。屈肘，下沉身体。伸展双肘，回到起始姿势。重复所需次数	1	2 × 10
			2	3 × 12
			3	4 × 10
			4	5 × 8~12
2a.弹力绳/钢索器械单臂侧向弯举		将弹力绳或钢索固定在大约与肩部相同的高度。右手握住手柄。转至身体右侧朝向弹力绳。伸直右臂，右手指向锚点，保持右掌心朝上。右臂进行弯举动作。回到起始姿势，重复所需次数。转身，换左手完成动作	1	2 × 每侧15
			2	3 × 每侧20
			3	4 × 每侧15
			4	5 × 每侧15

练习	照片	动作描述	训练周	组数 × 重复次数
2b. 药球交叉俯卧撑		左手放在地面上，右手撑于药球上，呈平板支撑姿势。完成一次俯卧撑，然后将右手放在地面上，将左手撑在球上。再完成一次俯卧撑。重复所需次数	1	2× 每侧 4
			2	3× 每侧 6
			3	4× 每侧 8
			4	5× 每侧 8~10
3a. 弹力绳锤式弯举		将弹力绳固定于低位或踩住连接的尼龙带，以将其固定在右脚下。双脚前后交错，间距同肩宽，双手以锤式（手腕中立）握姿各握住弹力绳的一端。不移动上臂，屈肘，将弹力带向肩部方向弯举。伸展双臂回到起始姿势。重复所需次数	1	2× 15
			2	3× 15
			3	4× 20
			4	3×（20+2至力竭）
3b. 弹力绳俯身肱三头肌臂屈伸		将弹力绳固定在大约与胸部高度相同的牢固物体上。站姿，双手各持一只手柄，双脚间距同肩宽，同时屈髋呈俯身姿势。保持躯干向前探，背部挺直，手肘尽力屈曲。伸展双肘，使双臂与躯干呈一直线。屈肘返回起始姿势。重复所需次数	1	2× 10
			2	3× 15
			3	4× 20
			4	3×（20+2至力竭）

女性手臂计划 2：代谢手臂雕刻计划

这一为期 4 周的计划和男性超级弹力带手臂代谢计划类似，你可以遵循相同的指导和建议。由于使用稳定球支撑身体（将稳定球当作牧师凳，为身体提供稳定支撑），这一计划对手臂的孤立程度比男性的相应计划还要高一些。另外，你可以只通过改变身体在球上的位置来进行二头肌–三头肌超级组训练。对于大多数人来说，前两周的计划就已足够，只有已经打造出了大量训练基础（两年或两年以上的专注负重训练）的、更高水平的训练者才有能力尝试第三周和第四周的计划。

器械

稳定球、超级弹力带或弹力绳（如 JC 弹力绳旅行版或运动版）。

提示

第一周和第二周：每周 2 次。

第三周和第四周：每周 1 次（只适合高级训练者）。

表6.7　女性手臂计划2：代谢手臂雕刻计划

练习	照片	动作描述	训练周	组数 × 重复次数
1a.稳定球（牧师凳）弹力绳快速弯举		将弹力绳固定在低位锚点，离地约30厘米。面向弹力绳，调整距离以从弹力绳上获得适量的阻力。跪于地面，将稳定球放在胸下。将稳定球当作牧师凳，双臂放于球上，双手持手柄，掌心朝上，双臂伸直。双臂同时进行弯举动作。重复所需次数	1	2×15秒内30
			2	3×20秒内40
			3	4×25秒内50
			4	5×30秒内50
1b.稳定球弹力绳俯身肱三头肌快速臂屈伸		将弹力绳固定在低位锚点，离地约30厘米。面向弹力绳，调整距离以从弹力绳上获得适量的阻力。将稳定球放于核心下方，俯身，身体平行于地面。可以通过双脚蹬地或双膝跪地（更加稳定）来保持平衡。双手持手柄，掌心朝下，双臂伸直放于身体两侧。屈曲然后伸展双肘，完成肱三头肌臂屈伸，同时保持躯干支撑于球上。重复所需次数	1	2×15秒内30
			2	3×20秒内40
			3	4×25秒内50
			4	5×30秒内60

女性手臂计划3：哑铃手臂塑形计划

这一为期4周的计划只使用哑铃。因此，这是个完美的家庭或健身房训练计划。这一计划包含3个由2个练习组成的循环，每个循环都以主动肌－拮抗肌的形式体现高强度、高密度、高效率。如果想在手臂训练上多花些时间，你可以延长组间休息时间并使用更大的负载，还可以重新安排练习顺序，用串联的方式完成所有肱二头肌练习，然后用相同的方式完成所有肱三头肌练习。如用这样的顺序：1a、2a和3a及1b、2b和3b。你还可以将肱二头肌练习放在背部训练日的最后或把肱三头肌练习放在胸部训练日的最后，以节省时间、提升效率。不要轻视哑铃，这是十分严酷的训练，可以为你带来每周最多30组的手臂刺激。这一计划的训练量非常大，绝对不适合初学者。对于大多数人来说，前两周的计划就已足够，只有已经打造出了大量训练基础的、更高水平的训练者才有能力尝试第三周的计划，第四周的计划只适合职业运动员。

器械

可调节训练长凳、哑铃。

提示

第一周和第二周：每周2次。

第三周和第四周：每周1次（只适合高级训练者）。

表6.8 女性手臂计划3：哑铃手臂塑形计划

练习	照片	动作描述	训练周	组数 × 重复次数
1a. 哑铃仰卧肱 头肌臂屈伸		仰卧于平板训练长凳，双膝屈曲，双脚平稳放于地面。双手各持一只哑铃，双臂伸直，伸展手肘，将哑铃向天花板方向举起。屈肘下放哑铃到脑后，伸展手肘回到起始姿势。重复所需次数。	1	2×15
			2	3×15
			3	4×12
			4	5×12
1b. 哑铃交替弯举		直立姿势，双脚并拢，双手各持一只哑铃，掌心朝上，放于身体两侧。曲肘弯举哑铃，直到肘关节完全屈曲。缓慢伸展双肘，回到起始姿势。重复所需次数	1	2×15
			2	3×20
			3	4×15
			4	5×12
2a. 哑铃单臂过顶 肱三头肌臂屈伸		直立姿势，双脚并拢，右手持一哑铃于头顶上方。右肘完全伸直，哑铃指向天花板。屈曲右肘，朝头后方向下放哑铃，直到右肘完全屈曲。缓慢伸展右肘，回到起始姿势。重复所需次数。换左臂完成动作	1	2×每侧15
			2	3×每侧15
			3	4×每侧12
			4	5×每侧12
2b. 哑铃站姿交替 交叉锤式弯举		直立姿势，双手各持一只哑铃，掌心朝向身体。保持手掌始终朝向身体，屈曲右肘将哑铃朝左胸方向弯举，直到右肘完全屈曲。伸展右肘，将哑铃缓慢下放至起始位置的同时屈曲左肘，朝右胸方向弯举哑铃。重复所需次数	1	2×每侧15
			2	3×每侧12
			3	4×每侧10
			4	5×每侧10
3a. 哑铃单臂俯身 肱三头肌臂屈伸		右手持一只哑铃，掌心朝向躯干，稍微屈膝，屈髋，让躯干向前探。保持背部挺直，头抬起。可以用左手扶住大腿或训练长凳以获得更多稳定支撑。保持右臂平行于地面，贴近身体，屈曲右肘，将前臂下放至和地面垂直。伸展右肘，直到右臂伸直并垂直于地面。屈曲右肘回到起始姿势。重复所需次数后换右臂完成动作	1	2×每侧15
			2	3×每侧15
			3	4×每侧12
			4	5×每侧12
3b. 哑铃上斜弯举		坐在上斜训练长凳上，向后靠，双脚放于地面。双手各持一只哑铃。双臂放于身体两侧，掌心朝上。保持上臂不动，屈右肘弯举哑铃，直到右肘完全屈曲。伸展手肘缓慢将哑铃下放至起始位置，同时屈曲左肘弯举哑铃。重复所需次数	1	2×每侧12
			2	3×每侧15
			3	4×每侧12
			4	5×每侧10

女性手臂计划4：钢索器械手臂紧实计划

这是一个为期4周的、使用钢索器械和弹力绳的手臂训练计划。你可以使用各种手柄和辅助设备，如训练绳索、V形杆、直杆、曲杆等给肌肉提供多角度的训练刺激。尽情体验各种钢索练习吧。这一计划包含3个由2个练习组成的循环，以体现训练效率，你可以考虑将这一计划以单一部位巨型组的形式完成，如1a、2a和3a及1b、2b和3b。巨型组的方式是高级训练法，只适合高水平运动员。这一计划中的练习可以和前面的哑铃计划中的练习进行混搭，创造出高效、全面的手臂训练计划。对于大多数人来说，前两周的计划就已足够，只有已经打造出了大量训练基础（两年或两年以上的专注负重训练）的、更高水平的训练者才有能力尝试第三周的计划。第四周的计划只适合职业运动员。

器械

钢索器械或弹力绳、训练绳、手柄、训练长凳、稳定球。

提示

第一周和第二周：每周2次。

第三周和第四周：每周1次（只适合高级训练者）。

表6.9 女性手臂计划4：钢索器械手臂紧实计划

练习	照片	动作描述	训练周	组数 × 重复次数
1a.钢索仰卧训练绳索臂屈伸（锤式握姿）		将钢索固定在低位，离地约60厘米。头朝向钢索，仰卧于平板训练长凳上，双膝屈曲，双脚平稳放于地面。双手握住训练绳末端，手臂完全伸直，垂直于地面，朝向天花板。屈肘，将训练绳下放至头后。伸展双肘回到起始姿势。重复所需次数	1	2×15
			2	3×20
			3	4×12
			4	5×12
1b.稳定球（牧师凳）钢索弯举		在低位钢索和身体中间放一稳定球，将训练绳固定在钢索上。双手握住训练绳末端，跪于地面，胸部贴球，将上臂放于球上。屈肘，弯举训练绳，直到手肘完全屈曲。伸展双肘，回到起始姿势。重复所需次数	1	2×15
			2	3×20
			3	4×12
			4	5×12
2a.钢索单臂肱三头肌		右手持低位钢索的手柄，背对钢索，伸直右臂，右手指向天花板，手背朝向钢索。屈曲右肘，下放手柄，直到右肘完全屈曲。伸展右臂，回到起始姿势。重复所需次数，然后换左臂完成动作	1	2×每侧10
			2	3×每侧12
			3	4×每侧10
			4	5×每侧12

练习	照片	动作描述	训练周	组数 × 重复次数
2b. 钢索单臂高位 弯举		将钢索固定在双眼高度，面向钢索。 左手持手柄，左臂完全伸展，平行于 地面，掌心朝上。屈曲左肘，朝头部 方向弯举手柄，直到左肘完全屈曲。 伸展左肘，回到起始姿势。重复所需 次数。换右臂完成练习	1	2× 每侧 15
			2	3× 每侧 15
			3	4× 每侧 12
			4	5× 每侧 12
3a. 钢索单臂反握 肱三头肌臂屈伸		直立姿势，面向高位钢索。右手持手 柄，手掌朝向钢索，手臂伸直，垂直 于地面。屈肘，直到手肘完全屈曲。 伸展右肘，回到起始姿势。重复所需 次数后换左臂完成动作	1	2× 每侧 10
			2	3× 每侧 12
			3	4× 每侧 10
			4	5× 每侧 12
3b. 钢索单臂后拉 式弯举		将手柄固定在低位钢索上。背对器械， 右手在身后握住手柄，掌心向前。保 持右臂在身体后侧伸直，保持上臂不 动，屈肘，朝肩部方向弯举手柄。缓 慢伸展右肘回到起始姿势。重复所需 次数后，换另一侧完成动作	1	2× 每侧 10
			2	3× 每侧 12
			3	4× 每侧 10
			4	5× 每侧 12

女性手臂计划5：职业形体手臂计划

这是一个为期4周的、适合职业健身运动员的手臂计划。这一计划包含3个由2个练习组成的循环，以体现训练效率。不管你信不信，这和我在20世纪70年代从很多职业健美运动员那里学到的计划特别相似，如美国先生霍尔赫·纳瓦雷特，还有全美东南先生乔治·普林斯。从那以后，我们训练的很多职业健身运动员，包括女性和男性，都开始使用这一计划。和很多其他计划一样，这一计划以主动肌－拮抗肌的形式快速为手臂增加训练量。但你同样可以重新安排练习顺序来分别训练肱二头肌或肱三头肌，如组成1a和2a、1b和2b及1c和2c这样的巨型组。对于大多数人来说，前两周的计划就已足够，只有已经打造出了大量训练基础（两年或两年以上的专注负重训练）的、更高水平的训练者才有能力尝试第三周的计划。第四周的计划只适合职业运动员。

器械

曲杆杠铃、哑铃、钢索器械或弹力绳、训练绳、手柄、可调节训练长凳、杠铃。

提示

第一周和第二周：每周2次。

第三周和第四周：每周1次（只适合高级训练者）。

表6.10　女性手臂计划5：职业形体手臂计划

练习	照片	动作描述	训练周	组数 × 重复次数
1a. 曲杆杠铃弯举		双手间距同肩宽，持曲杆，掌心朝向身体。保持手肘贴紧身体，上臂稳定，屈肘，弯举杠铃，直到手肘完全屈曲。伸展双肘回到起始姿势。重复所需次数	1	2×15
			2	3×20
			3	4×15
			4	5×12
1b. 哑铃交替佐特曼弯举		直立姿势，双手各持一只哑铃，手臂贴近身体，手掌朝向身体前侧。屈曲左肘，弯举哑铃，同时外旋哑铃，当哑铃贴近肩部时手掌应朝向天花板。伸展左肘，下放哑铃，同时内旋哑铃（掌心朝下）。此时左臂完全伸直。换右侧重复动作	1	2× 每侧10
			2	3× 每侧12
			3	4× 每侧10
			4	5× 每侧12
1c. 钢索单臂俯身侧向肱二头肌弯举		将钢索固定在低位，钢索处于身体右侧，右手掌心朝下握住手柄。双膝微屈，屈髋，躯干向前探，平行于地面。保持右上臂稳定，屈曲右肘，朝胸部弯举手柄。缓慢完全伸展肘关节。重复所需次数。换左臂完成动作	1	2× 每侧15
			2	3× 每侧12
			3	4× 每侧10
			4	5× 每侧12
2a. 曲杆杠铃仰卧肱三头肌臂屈伸		掌心朝下，握住曲杆杠铃的内侧部分，仰卧于训练长凳上。在身前伸展双臂至垂直于地面。保持上臂稳定，屈肘，朝额头方向下放曲杆杠铃。肱三头肌发力将曲杆杠铃推回起始位置。重复所需次数	1	2×10
			2	3×12
			3	4×10
			4	5×12
2b. 钢索上斜训练长凳肱三头肌绳索臂屈伸		背对高位钢索，仰卧于上斜训练长凳上，双手握住训练绳两端，保持手肘贴紧身体两侧。保持上臂稳定，向身前拉动训练绳，直到手臂完全伸直。缓慢回到起始姿势。重复所需次数	1	2×10
			2	3×12
			3	4×10
			4	5×12
2c. 杠铃窄距卧推		仰卧于平板训练长凳上。窄距握住曲杆杠铃，双手间距略窄于肩宽。缓慢朝胸部中间位置下放曲杆杠铃，保持手肘紧贴身体。将曲杆杠铃推回至起始位置。重复所需次数	1	2×10
			2	3×12
			3	4×10
			4	5×12

额外奖励计划：手臂21响礼炮

这就是著名的重复21次手臂训练计划。相较于常规训练计划，这其实更像是一种训练方案和策略。很多人应该都听说过这一方案了，因为它经过了时间的检验。重复21次训练方案是先完成7次部分行程动作，从起始位置开始到完全收缩位置的中点位置；然后，再完成7次部分行程动作，从半程动作点（中点位置）到完全收缩的位置；最后是完成完全收缩的7次全程动作——完整动作幅度。部分行程动作涵盖了练习的所有动作幅度，为训练者带来了巨大的代谢需求和负载。部分行程动作的概念和负重训练本身一样历史悠久。现在，我们采用不同的重复次数方案并结合了多种动作幅度，创造出了各种绝佳的训练计划。然而，所有涉及部分行程动作的新方案都脱胎于我在20世纪70年代早期学到的重复21次训练方案，而这一方案在那个时代无论如何也算不上新东西！

下面是一些能应用重复21次训练方案的练习。显然，杠铃或哑铃肱二头肌弯举是最流行的，但是其他练习也都能以重复21次训练方案的方式来完成。

肱二头肌弯举21响礼炮

以站姿或坐姿进行肱二头肌弯举，可以使用杠铃、哑铃或钢索器械。

- 手臂完全伸直到屈肘90度：7次弯举。
- 屈肘90度到完全屈曲（约135度）：7次弯举。
- 全程动作：7次弯举。

肱三头肌臂屈伸21响礼炮

以站姿、坐姿或仰卧姿态进行肱三头肌臂屈伸，可以使用杠铃、哑铃或钢索器械。

- 手臂完全屈曲到屈肘90度：7次臂屈伸。
- 屈肘90度到手臂完全伸展：7次臂屈伸。
- 全程动作：7次臂屈伸。

你还可以尝试用这一方法完成平板卧推、划船或飞鸟等练习。如果你总共完成了2~4组然后结束训练，那就会有快速膨胀的感觉！大家都来试试吧。

总　　结

我希望本章的内容能为你的手臂训练带去一些全新的思想。从不同的角度进行手臂训练不仅会为你带来不同的训练刺激，还会提升训练乐趣——对任何训练方法来说都是个特别棒的奖励机制。请牢记，如果你完成所示训练量的手臂训练课后感到无法完全恢复，你需要调节一周内每天的训练量，将部分训练量分配到其他训练日。还要记住，在训练背部、胸部和肩部的训练日，你同样可以训练手臂。认识到了这一点后，你可能会减少对手臂施加的训练压力，这样可以在节省时间的同时减少关节磨损。

第**7**章

肩 部

本章为大家提供了多种多样的肩部训练计划，从针对肩部健康的计划到肩部增肌计划。本章提供了使用各种方便携带的器械进行的训练计划，还提供了能在常规健身房内供健美选手使用的训练计划。本章还提供了进阶方案，以便绝大多数人能从较低的训练量开始训练，并逐周缓慢进阶至更大的训练量。

其中一些计划主要针对基础体能，还有些计划专注于肩部代谢耐力，其他的计划则重在解决肩部发育问题。然而，如果你只想着重提升肩部的某一个方面的能力，那就可以只进行针对这一方面的练习。例如，你想在胸部训练日顺便练一下肩部前侧肌群，那就选取几个针对三角肌前束的练习，把它们和胸部训练计划组合在一起。同理，你可以选一些本章提供的三角肌后束练习，把它们与背部训练计划组合在一起。这一方法利用了身体部位的协同增效作用，可以提升训练效率。

另一个使用这些练习和计划的方式，特别是针对代谢训练计划，是在传统肩部训练后将它们作为充血组。也就是说，你可以在完成12~20组传统肩部力量训练后再完成1~3组代谢计划（高训练量、快速重复），将其作为充血组，为肩部加码。这里的"加码"，意思是让某个部位快速大量充血。这是健美训练中常见的应用，会在结束时为训练者带来充分的泵感。通常，这些训练计划被称作"收尾组"。为一个部位加码不仅能让我们获得出色的泵感，从而获得较好的训练感觉，还带来了很多能触发肌肉增长的刺激。

在所有身体部位中，肩部是人体的"衣架"，对男性来说尤其如此。从前侧，甚至从后侧看，肩部为我们展示了上身的宽度。宽肩和细腰是男性梦寐以求的扇子面体形。Ｖ形肩部同样是女性都想要的沙漏形身材的上半部分。随着当今女性对紧致型肌肉身材的追求，肩部训练变得尤为重要。

从运动表现的角度出发，肩部将身体和最常用、最具运动技巧的肢体——手臂相连。从抱起孩子到网球的发球动作，从挥杆击打高尔夫球到搬运货物，这一系列动作都是因为肩部将手臂和身体相连才得以实现。在投掷动作中，肩部可以使手臂加速和减速；游泳时，手臂要在很大的动作幅度内运动；出拳或摔倒时，手臂要承受很大的力；挥杆时，肩部是手臂和身体的连接点，髋部经肩部向球杆或球棒传导大量的力。在大重量抬举和持握动作中，如摔跤和搬运重物时，肩部和身体相连，其作用是保持稳定。因此，很少有部位能像肩部一样复杂并参与大量重要的运动。肩部训练的重要程度和其他部位，如胸部、腿部、手臂和腹部一样。

肩部和身体的其他部位一样复杂且易受伤。因此，保证无痛训练是非常重要的。放慢动作节奏和部分行程训练都非常适合肩部训练。增加肌肉张力保持时间这一方法会让你用较轻的负重高效负载肌肉，而不会像大重量训练那样为关节施加大量压力。部分行程训练这一方法能让你在不会引起疼痛的幅度内训练肩部，而不是让你完全舍弃一个会为你制造疼痛的练习。我在经历肩峰撞击后，用高训练量的部分行程侧平举动作成功高效地训练了肩部。这一方法让我在保证绝佳的肩部肌肉训练的同时获得了康复时间。

三角肌的特性使它可以在一周内承受较轻负载的高训练量的刺激，而不是一天之内训练20~30组。我发现3天（如周二、周四、周六）总共完成30组练习比一天完成20组练习让我感觉更好。是的，我将总训练量分散开来了，可以在避免过度训练的情况下为肩部带来更多刺激。因此，如果你没法从一天的训练中恢复过来，就应该把总训练量分散到几天完成。

我在所有训练计划中都为初级和高级训练者提供了进阶建议。然而，如果你超过一个月没进行训练了，感觉自己需要先建立训练基础或缺乏训练经验，那么我强烈建议你在尝试本章的任何计划前先完成以下的两周训练计划。

第一周：分别完成每个练习

周一、周三、周五

哑铃过顶推举（1~2组×10~15次）。

哑铃直立划船（1~2组×10~15次）。

第二周：分别完成每个练习

周一、周三、周五

哑铃过顶推举（2~3组×8~12次）。

哑铃直立划船（2~3组×8~12次）。

哑铃侧平举（2~3组×10~12次）。

由于久坐和重力造成的身体结构的屈曲，肩部和髋部容易受姿势和功能问题影响。这些计划为我们提供了出色的训练方法，并且能涉及姿势肌群。本章加入了一些热身计划，毕竟让肩部做好训练的准备并修正一些姿势问题一定是有百利而无一害的。表7.1和表7.2就是两个热身计划实例。之所以将这些热身计划放在本章，是因为以我的经验来看，肩部是非常复杂且易受伤的关节，通常需要比其他部位更长的热身时间。这些热身计划可以在训练任何一个上身部位前使用。

表7.1 3~11千克的杠铃片超级组

练习	照片	动作描述	组数 × 重复次数
杠铃片短程头顶环绕（屈肘）		直立站姿，双手持一杠铃片于头顶上方。用杠铃片绕头画小圈。重复所需次数，然后反方向完成动作	2 × 每个方向10
杠铃片直臂头顶环绕		直立站姿，双手持一杠铃片于头顶上方，手臂完全伸直。用杠铃片绕头顶画大圈。重复所需次数，然后反方向完成动作	2 × 每个方向10
杠铃片胸前推拉		直立站姿，双手持一杠铃片于胸前。手臂向前伸直，推出杠铃片。然后屈肘，将杠铃片朝胸部拉回。重复所需次数	2 × 10
杠铃片短程伐木		直立站姿，双手持一杠铃片于头部高度，手臂完全伸直。保持手臂始终伸直，将杠铃片下放至腰部高度，然后抬起至起始姿势。重复所需次数	2 × 10

表7.2　稳定球和JC弹力绳（旅行版或运动版）超级组

练习	照片	动作描述	组数 × 重复次数
稳定球顶墙向外滚动		面向墙壁站立。在双手和墙面间顶住一个稳定球，保持在胸部高度。手臂完全伸直，使球沿墙面向上滚动，直到全身伸展成一条直线，球在头顶上方。直臂下拉，将球滚回至起始位置。重复所需次数	2×10
稳定球单臂投掷式向外滚动		面向墙壁站立。在右手和墙面间顶住一个稳定球，保持在胸部高度。右臂完全伸直，左腿向前跨步，使球沿墙面向上滚动，直到呈弓步姿势，右臂将球顶在墙面做出投掷动作。左腿跨回起始位置，右臂将球滚回至起始位置。重复所需次数	2× 每侧10
稳定球单臂交叉横向前触		面向墙壁站立，在胸部和墙面间顶住一个稳定球。将右手放在胸部和稳定球中间，横向穿过身体中线，向左伸出，并向左旋转身体，直到右肩后侧顶住稳定球。向右旋转，并将左手放在胸部和稳定球之间，横向穿过身体中线，向右伸出，并向右旋转身体，直到左肩后侧顶住稳定球。重复所需次数	2× 每侧10
弹力绳Y式伸展		将弹力绳固定在胸部到肩部之间的高度，面向弹力绳站立，双脚间距同肩宽。双手在肩部高度各握一只手柄，手腕转至中立位（手掌相对，大拇指朝上）。保持手臂伸直，肩胛骨回收并下沉，双臂抬至头顶上方，形成Y形。下放双臂至肩部高度。重复所需次数	2×10
弹力绳T式伸展		将弹力绳固定在胸部到肩部之间的高度，面向弹力绳站立，双脚间距同肩宽。双手位于身前，在肩部高度各握一只手柄，掌心朝上，大拇指朝外。保持手臂伸直，肩胛骨回收并下沉，向后张开双臂（水平外展），形成T形。双臂回到起始姿势。重复所需次数	2×10

练习	照片	动作描述	组数 × 重复次数
弹力绳I式伸展		将弹力绳固定在胸部到肩部之间的高度，面向弹力绳站立，双脚间距同肩宽。双手位于身前，在肩部高度各握一只手柄，掌心朝上，大拇指朝外。保持手臂伸直，肩胛骨回收并下沉，将手臂向后拉至身体两侧，拇指朝向身后。双臂回到起始姿势。重复所需次数	2×10

男性肩部计划1：肩袖肌群训练计划

这一肩部康复训练计划可以帮助你从肩部伤痛中获得康复，还可以作为需要进行过顶投掷动作的运动员的状态保持计划。本计划包含3个由2个练习组成的循环，以获得最大化的训练效果。当然，你完全可以根据需求重新安排练习，例如将内旋和外旋练习以1a、2a和3a组成一个循环、1b、2b和3b组成一个循环的形式重新组合。

器械

弹力绳（如JC弹力绳旅行版或运动版）、牢固的支撑物、哑铃、训练长凳。

提示

每周完成2~3次。

表7.3 男性肩部计划1：肩袖肌群训练计划

练习	照片	动作描述	训练周	组数 × 重复次数
1a. 等长内旋（上位）弹力绳行走		将弹力绳固定在肩部高度的位置，背对锚点站立。右手持手柄，手臂抬起至头部右侧，屈肘至90度，小臂垂直于地面。保持右臂不动，缓慢向前跨出2~3步或直到最大张力出现。保持2秒，然后走回起始位置。重复所需次数。换另一侧完成动作	1	2×2个来回
			2	2×3个来回
			3	3×2个来回
			4	4×3个来回
1b. 等长内旋（下位）弹力绳行走		将弹力绳固定于身体右侧的手肘高度的位置，右手持手柄，右上臂紧贴身体，右肘屈曲至90度。保持右臂不动，缓慢向左侧跨出2~3步或直到最大张力出现。保持2秒，然后走回起始位置。重复所需次数。换另一侧完成动作	1	2×2个来回
			2	2×3个来回
			3	3×2个来回
			4	4×3个来回

练习	照片	动作描述	训练周	组数 × 重复次数
2a. 等长外旋（上位）弹力绳行走		将弹力绳固定在肩部高度的位置，面向锚点站立。右手持手柄，手臂抬至头部右侧，屈肘至90度，小臂垂直于地面。保持右臂不动，缓慢向后跨出2~3步或直到最大张力出现。保持2秒，然后走回起始位置。重复所需次数。换另一侧完成动作	1	2×2个来回
			2	2×3个来回
			3	3×2个来回
			4	4×3个来回
2b. 等长外旋（下位）弹力绳行走		将弹力绳固定于身体左侧的手肘高度的位置，右手持手柄，右上臂紧贴身体，右肘屈曲至90度。保持右臂不动，缓慢向右侧跨出2~3步或直到最大张力出现。保持2秒，然后走回起始位置。重复所需次数。换另一侧完成动作	1	2×2个来回
			2	2×3个来回
			3	3×2个来回
			4	4×3个来回
3a. 哑铃等长内旋（仰卧）		仰卧于平板训练长凳，右手持一只哑铃。保持右上臂平行于地面，右肘屈曲至90度（如平板卧推动作底端）。外旋右臂，直到右前臂平行于地面。保持3秒，然后回到起始姿势。重复所需次数。换另一侧完成动作	1	2×2
			2	2×3
			3	3×2
			4	4×3
3b. 哑铃等长外旋（俯卧）		俯卧于平板训练长凳，双脚间距同肩宽。右手持一只哑铃。保持右肘屈曲至90度，右前臂垂直于地面。外旋右肩，直到右前臂平行于地面。保持3秒，然后回到起始姿势。重复所需次数。换另一侧完成动作	1	2×2
			2	2×3
			3	3×2
			4	4×3

男性肩部计划2：功能性肩部计划

这一为期4周的功能性肩部训练计划，包含两个由两个练习组成的循环及一个弹力绳收尾练习，以获得最大化的训练效果。当然，你可以用另一种顺序重新安排练习，如1a和2a、1b和2b，然后以弹力绳方案作为收尾。对于想训练肩部同时还想获得大量核心训练的人群而言，这是一个完美的训练计划。对于大多数人来说，前两周的计划就已足够，只有已经打造出了大量训练基础的、更高水平的训练者才有能力尝试第三周和第四周的计划。

器械

稳定球、哑铃、悬吊设备、双滑轮钢索器械或弹力绳（如JC弹力绳旅行版或运动版）、超级弹力带。

提示

第一周和第二周：每周2次。

第三周和第四周：每周1次（只适合高级训练者）。

表7.4　男性肩部计划2：功能性肩部计划

练习	照片	动作描述	训练周	组数 × 重复次数
1a.稳定球直体屈体推举		平板支撑姿势，双手放于地面上，双肘伸直，将双脚脚背放于稳定球顶端。收缩核心，将稳定球朝肩部方向滚动，屈髋，将身体抬起至倒立姿势。保持直体屈姿姿势，进行倒立推肩。然后还原至起始姿势。重复所需次数	1	2 × 6
			2	3 × 8
			3	4 × 10
			4	4 × 10
1b.哑铃抓举		双手各持一只哑铃，掌心朝向身体，直臂，稍稍下蹲，将哑铃放于大腿前侧。通过伸髋和伸膝将哑铃举起。耸肩并快速上拉哑铃，同时将身体下沉至哑铃下方。直臂举铃，然后站直，双腿完全伸直。将哑铃下放至大腿前侧。重复所需次数	1	2 × 每侧6
			2	3 × 每侧8
			3	4 × 每侧10
			4	4 × 每侧10
2a.悬吊三角肌后束高拉		掌心朝下，手握悬吊设备手柄，保持手臂伸直。向前行走直到身体倾斜。将身体拉起，直到双肘指向身体两侧且不下坠。回到起始倾斜姿势，手臂伸直。重复所需次数	1	2 × 6
			2	3 × 8
			3	4 × 10
			4	4 × 10

练习	照片	动作描述	训练周	组数 × 重复次数
2b.弹力绳/钢索器械双臂3段式侧平举（60次）		站立于两个低位弹力绳或钢索中间。掌心朝地面握住手柄，让弹力绳或钢索在身前交叉呈X形。将侧平举分为3个动作幅度：下1/3，中1/3，上1/3。保持手臂伸直，侧平举。然后回到起始位置。每个幅度都重复所需次数	1	2×（10+10+10）
			2	3×（15+15+15）
			3	4×（20+20+20）
			4	4×（20+20+20）
弹力绳收尾练习：以超级组形式完成，站在钢索器械或地锚点弹力绳前或脚踩超级弹力带完成				
3a.弹力绳/钢索器械前平举		双手持弹力绳，掌心朝下。直臂前平举至肩部高度。然后还原到起始位置。重复所需次数	1	2×10
			2	3×15
			3	4×20
			4	4×20
3b.弹力绳/钢索器械宽距直立划船		双手持弹力绳，掌心朝下。用手肘带动双手上拉弹力绳，直到拉到肩部高度，双手间距宽于肩宽。下放到起始位置。重复所需次数	1	2×10
			2	3×15
			3	4×20
			4	4×20
3c.弹力绳/钢索器械窄距直立划船		手臂伸直，在大腿前侧握住弹力绳，掌心朝向身体。用手肘带动双手上拉弹力绳，拉到肩部高度，双手贴近，位于胸前。下放到起始位置。重复所需次数	1	2×10
			2	3×15
			3	4×20
			4	4×20

男性肩部计划3：杠铃片钢铁肩部计划

这是一个为期4周的杠铃片肩部训练计划。这是20世纪90年代，我从影像资料里学到的古典摔跤和举重队体能训练使用的绝佳肩部训练计划。如果你没有训练经费，只能用最为简单的方法进行训练，这个计划就是可用的方法之一。尽管每个练习本身都是力量训练动作，但我最初接触到这一计划时，它是以体能循环的方式进行的，所以我也以这种方式呈现给大家。根据需要完成的重复次数以及你的力量和体能水平，选取5~20千克重的杠铃片。我曾经用20千克的杠铃片完成过每一个循环，一轮下来感觉自己累坏了！所以，如果想用20千克进行挑战，你需要做好充分的准备！对于大多数人来说，前两周的计划就已足够，只有已经打造出了大量训练基础的、更高水平的训练者才有能力尝试第三周和第四周的计划。

器械

杠铃片。

提示

以超级组的形式完成1a、1b和1c，动作之间不休息，不放下杠铃片。休息1~3分钟后，以超级组的形式完成2a、2b和2c，动作之间不休息，不放下杠铃片。精英级别的运动员可以尝试每组重复20次。

第一周和第二周：每周2次。

第三周和第四周：每周1~2次（只适合高级训练者）。

表7.5 男性肩部计划3：杠铃片钢铁肩部计划

练习	照片	动作描述	训练周	组数×重复次数
1a.杠铃片短程头顶环绕（屈肘）		直立姿势，双手持一杠铃片于头顶上方。用杠铃片绕头划小圈。重复所需次数，然后换反方向完成动作	1	2×每个方向6
			2	3×每个方向8
			3	3×每个方向10
			4	4×每个方向12
1b. 杠铃片胸前推拉		直立姿势，双手持一杠铃片于胸前。手臂向前伸直，推出杠铃片。然后屈肘，将杠铃片朝胸部拉回。重复所需次数	1	2×6
			2	3×8
			3	3×10
			4	4×12
1c.画8字		直立姿势，双手持一杠铃片于胸前。以横向的8字路线移动杠铃片。重复所需次数。然后换反方向完成动作	1	2×每个方向6
			2	3×每个方向8
			3	3×每个方向10
			4	4×每个方向12

练习	照片	动作描述	训练周	组数 × 重复次数
1d.方向盘		直立姿势，双手持一杠铃片于胸前。手臂向前伸直。向右旋转杠铃片，然后向左旋转，就像在开车。重复所需次数	1	2×每个方向6
			2	3×每个方向8
			3	3×每个方向10
			4	4×每个方向12
2a.过顶推举		直立姿势，双手持一杠铃片于头顶上方。将杠铃片推向天花板，直到手臂完全伸直。返回起始位置。重复所需次数	1	2×6
			2	3×8
			3	3×10
			4	4×12
2b. 杠铃片直臂头顶环绕		直立姿势双手持一杠铃片于头顶上方，手臂完全伸直。用杠铃片绕头顶画大圈。重复所需次数，然后反方向完成动作	1	2×每个方向6
			2	3×每个方向8
			3	3×每个方向10
			4	4×每个方向12
2c.钟表		直立姿势，双手持一杠铃片于头顶上方。保持手臂完全伸直，用杠铃片画大圈，就像钟表：12点是手臂过顶，6点是腰部高度。重复所需次数后反方向完成动作	1	2×每个方向6
			2	3×每个方向8
			3	3×每个方向10
			4	4×每个方向12
2d.全程（长距离）伐木		直立姿势，双手持一杠铃片于头顶上方。保持手臂完全伸直，将杠铃片下放到腰部位置，然后返回到起始位置。重复所需次数	1	2×6
			2	3×8
			3	3×10
			4	4×12

男性肩部计划4：哑铃和钢索肩部计划

这一为期4周的、用哑铃和钢索器械完成的计划可以让你获得可观的增肌效果。计划包含3个由2个练习组成的循环，以获得最大化的训练效果。我们的一些大块头客户喜欢慢慢来，以并联的形式完成每个练习，组间休息时间会稍长一些。以这种方式完成第三周和第四周的高训练量计划，特别是第四周的计划，耗时会超过90分钟。额外增加的时间让训练者能使用更高的负载、获得更好的增肌刺激。然而，对于绝大多数训练时间有限、希望以快节奏完成训练课的训练者来说，用这种2个练习组成超级组的形式完成前两周的训练量已经足够了。只有已经打造出了大量训练基础的、更高水平的训练者才有能力尝试第三周和第四周的计划。

器械

可调节训练长凳、哑铃、钢索交叉器械及训练绳、训练杆、手柄、JC弹力绳。

提示

第一周和第二周：每周2次。

第三周和第四周：每周1次（只适合高级训练者）。

表7.6 男性肩部计划4：哑铃和钢索肩部计划

练习	照片	动作描述	训练周	组数 × 重复次数
1a.坐姿哑铃过顶推举		坐于训练长凳上，后背靠稳。双脚踩地，间距同肩宽。双手各持一只哑铃。掌心向前，将哑铃持于身前双肩两侧，小臂垂直于地面。向头顶上方推出哑铃，直到双臂完全伸直。下放哑铃至起始位置。重复所需次数	1	2×10
			2	3×12
			3	4×10
			4	5×8
1b.低位训练绳迎面划船		将钢索固定在低位（大约在膝盖高度），将训练绳固定在钢索上。面向钢索站立。双脚间距同肩宽，双膝微屈（也可以使用坐姿划船器械）。拇指朝向身体，握住绳索两端，将绳索朝颈后方向拉，直到双手处于肩部上方，间距小于肩宽。伸展手肘，返回起始位置。重复所需次数	1	2×10
			2	3×12
			3	4×12
			4	5×15
2a.坐姿中距高位下拉		坐于坐姿高拉器械上，将训练杆固定在钢索上。双臂伸直，掌心朝下或保持手腕处于中立位（取决于训练杆的类型），双手握住训练杆，间距略宽于肩宽。保持手臂伸直，稍微后仰身体，收紧肩部后侧肌肉，将训练杆朝锁骨方向下拉。伸展手臂，返回起始位置。重复所需次数	1	2×10
			2	3×12
			3	4×10
			4	5×10

练习	照片	动作描述	训练周	组数 × 重复次数
2b. 侧倾式钢索侧 平举		站在低位钢索旁，身体右侧面向钢索。左手握住手柄，掌心朝下。右手抓住立柱，向左侧倾斜身体至大约60度角。始终保持侧倾姿势，左臂进行侧平举，直到左手抬至肩部高度。下放手柄，重复所需次数。换另一侧完成动作	1	2 × 每侧10
			2	3 × 每侧12
			3	4 × 每侧10
			4	5 × 每侧12
3a. 中距反握坐姿 划船		坐于坐姿划船器上，双脚平放于踏板上。掌心朝上握住训练杆，双手间距略宽于肩宽。保持手肘抬高，收紧肩部后侧肌肉，将训练杆拉向胸部高度。伸展手臂，还原至起始位置。重复所需次数	1	2 × 10
			2	3 × 12
			3	4 × 10
			4	5 × 8
3b. 弹力绳/钢索 短程反向飞鸟		面向钢索交叉器械或JC弹力绳站立，双脚间距同肩宽。将钢索调节至肩部高度，双手掌心朝下，握住对侧方向的手柄，手臂在身前伸直。收紧肩部后侧肌肉，侧向张开双臂，与身体一起形成T形。返回起始位置，但在动作半程时停住，然后再次张开双臂。保持这个让三角肌后束没空休息的动作幅度。在这一短行程内重复动作	1	2 × 15
			2	3 × 20
			3	4 × 25
			4	5 × 30

男性肩部计划5：职业运动员肩部燃烧计划

这一为期4周的计划强度极高，是职业健美运动员使用的肩部训练计划。这一计划分为两天，每天都包含由两个练习组成的超级组。但职业运动员在增肌阶段（非赛季）通常会以并联的形式完成每个练习的规定组，然后再进入下一个练习。在备赛期，他们会以这种快速超级组的形式完成计划。有些认为肩部是自己的形体弱项的职业运动员甚至会为这个计划再增加一个轻负重训练日。对于大多数人来说，前两周的计划就已足够，只有已经打造出了大量训练基础的、更高水平的训练者才有能力尝试第三周和第四周的计划。

器械

坐姿肩部推举训练器、钢索训练器、哑铃、史密斯训练器、杠铃、JC弹力绳运动版、可调节训练长凳、三角肌后束训练器。

提示

第一周和第二周：每周2次。

第三周和第四周：每周1~2次（只适合高级训练者）。

表7.7　男性肩部计划5：职业运动员肩部燃烧计划

练习	照片	动作描述	训练周	组数 × 重复次数
第一天				
1a.器械坐姿肩部推举		坐在坐姿肩部推举器上，双脚平放于地面，间距同肩宽，背部贴紧靠背。在肩部高度握住手柄，保持手肘屈曲且同躯干处于一条直线上。伸展双肘，将手柄推过头顶。手臂完全伸直后，将手柄下放回起始位置。重复所需次数	1	2 × 10
			2	3 × 12
			3	4 × 10
			4	5 × 8
1b.钢索单臂交叉直立划船		左侧面向低位钢索站立，双脚分开，膝微屈，右手掌心朝下握住手柄。保持身体紧绷，右肘做侧平举动作，将手柄朝右胸斜向上拉，穿过身体中心。将手柄下放回起始位置。重复所需次数，换另一侧完成动作	1	2 × 每侧 10
			2	3 × 每侧 12
			3	4 × 每侧 10
			4	5 × 每侧 12
2a.哑铃前平举（中立位握姿）		直立站姿，双脚间距同肩宽。双手各持一只哑铃。保持中立位握姿（掌心相对），手肘微屈，将哑铃前平举至肩部高度。下放哑铃回到起始位置。重复所需次数	1	2 × 10
			2	3 × 12
			3	4 × 12
			4	5 × 15
2b.杠铃身后耸肩		站在杠铃前侧，杠铃与双手同高，双脚间距同肩宽。在身后握住杠铃，掌心朝向身后，将杠铃拉起并耸肩。在动作顶端收紧斜方肌，然后将杠铃还原至起始位置。重复所需次数	1	2 × 10
			2	3 × 12
			3	4 × 15
			4	5 × 15
弹力绳收尾练习：可采用超级组的形式完成				
3a.弹力绳Y式伸展（动作上半部分行程动作）		将弹力绳固定在胸部到肩部之间的高度的位置，面向弹力绳站立，双脚间距同肩宽。双手在肩部高度各握一只手柄，将手腕转至中立位（手掌相对，大拇指朝上）。保持手臂伸直，肩胛骨回收并下沉，双臂抬至头顶上方，形成Y形。下放双臂至起始位置，但在动作半程停住。在这一幅度内重复所需次数	1	2 × 15
			2	3 × 20
			3	4 × 15
			4	5 × 20

练习	照片	动作描述	训练周	组数 × 重复次数
3b. 弹力绳/钢索短程反向飞鸟		面向钢索交叉器械或JC弹力绳站立，双脚间距同肩宽。将钢索调节至肩部高度，双手掌心朝下，握住对侧方向的手柄，手臂在身前伸直。收紧肩部后侧肌肉，侧向张开双臂，与身体一起形成T形。返回起始位置，但在动作半程时停住，然后再次张开双臂。保持这个让三角肌后束没空休息的动作幅度。在这一短行程内重复动作	1	2×15
			2	3×20
			3	4×15
			4	5×20
第二天				
1a. 阿诺德推举		坐于训练长凳上，双脚平放于地面上，间距同肩宽。双手各持一只哑铃。将哑铃抬起至肩部高度，手肘屈曲，放于身体两侧，掌心朝向胸部。伸展手肘，向上推起哑铃，同时外旋手臂。当手臂在头顶上方完全伸直时掌心朝向身前。将哑铃下放至起始位置。重复所需次数	1	2×10
			2	3×12
			3	4×10
			4	5×8
1b. 侧倾式哑铃侧平举		站在钢索器械旁，身体右侧面向钢索。左手握一只哑铃，掌心朝下。右手抓住立柱，向左侧倾斜身体至大约60度。始终保持侧倾姿势，左臂进行侧平举，直到左手抬至肩部高度。下放哑铃，重复所需次数。换另一侧完成动作	1	2×每侧10
			2	3×每侧12
			3	4×每侧12
			4	5×每侧15
2a. 器械三角肌后束反向飞鸟		坐于三角肌后束训练器上，双脚平放于地面上，间距同肩宽，胸部贴紧身前靠垫。双手以中立握姿于身前握住器械手柄，手肘微屈。收缩三角肌后束，让手柄朝身体外侧和后侧运动。缓慢让手柄返回起始位置。重复所需次数	1	2×10
			2	3×12
			3	4×12
			4	5×15

练习	照片	动作描述	训练周	组数 × 重复次数
2b. 哑铃耸肩		直立姿势，双脚分开，间距同肩宽。双手各持一只哑铃。保持掌心朝向身体，收缩斜方肌，耸肩。缓慢将肩部还原至起始姿势。重复所需次数	1	2×10
			2	3×12
			3	4×15
			4	5×15
弹力绳收尾练习：可采用超级组的形式完成				
3a. 弹力绳Y式伸展（动作上半部分行程动作）		将弹力绳固定在胸部到肩部之间的高度，面向弹力绳站立，双脚间距同肩宽。双手在肩部高度各握一只手柄，手腕转至中立位（手掌相对，大拇指朝上）。保持手臂伸直，肩胛骨回收并下沉，双臂抬至头顶上方，形成Y形。下放双臂至起始位置，但在动作半程停住。在这一幅度内重复所需次数	1	2×15
			2	3×20
			3	4×15
			4	5×20
3b. 弹力绳/钢索短程反向飞鸟		面向钢索交叉器械或JC弹力绳站立，双脚间距同肩宽。将钢索调节至肩部高度，双手掌心朝下，握住对侧方向的手柄，手臂在身前伸直。收紧肩部后侧肌肉，侧向张开双臂，与身体一起形成T形。返回起始位置，但在动作半程时停住，然后再次张开双臂。保持这个让三角肌后束没空休息的动作幅度。在这一短行程内重复动作	1	2×15
			2	3×20
			3	4×15
			4	5×20

女性肩部计划1：健康肩部计划

这一为期4周的计划是一个标准的肩部康复/预康复计划。这是我在1997年举重公开赛赛前4周用来进行肩胛盂缘上盂唇自前向后的撕脱（SLAP）康复的治疗性练习。从那以后，我们便开始用这些练习进行热身，从而获得一点充血泵感并保持肩部健康。这些不是最具功能性的练习，但确实能对你的肩部有所帮助。我们喜欢使用粉色的JC弹力绳运动版进行大多数练习，不过更加强壮的训练者可以使用橙色的JC弹力绳运动版。对于大多数人来说，前两周的计划就已足够，只有已经打造出了大量训练基础的、更高水平的训练者才有能力尝试第三周和第四周的计划。

器械

带有手柄的弹力绳，如JC弹力绳运动版或旅行版。

提示

第一周和第二周：每周2次。

第三周和第四周：每周1次（只适合高级训练者）。

表7.8　女性肩部计划1：健康肩部计划

练习	照片	动作描述	训练周	组数 × 重复次数
1a.弹力绳Y式 伸展		将弹力绳固定在胸部到肩部之间的高度，面向弹力绳站立，双脚间距同肩宽。双手在肩部高度各握一只手柄，将手腕转至中立位（手掌相对，大拇指朝上）。保持手臂伸直，肩胛骨回收并下沉，双臂抬至头顶上方，形成Y形。下放双臂至肩部高度。重复所需次数	1	2×10
			2	3×15
			3	4×15
			4	5×20
1b.弹力绳T式 伸展		将弹力绳固定在胸部到肩部之间的高度，面向弹力绳站立，双脚间距同肩宽。双手位于身前，在肩部高度各握一只手柄，掌心朝上，大拇指朝外。保持手臂伸直，肩胛骨回收并下沉，向两侧张开双臂（水平外展）形成T形。双臂回到起始姿势。重复所需次数	1	2×10
			2	3×15
			3	4×15
			4	5×20
1c.弹力绳I式 伸展		将弹力绳固定在胸部到肩部之间的高度，面向弹力绳站立，双脚间距同肩宽。双手位于身前，在肩部高度各握一只手柄，掌心朝上，大拇指朝外。保持手臂伸直，肩胛骨回收并下沉，将手臂向后拉至身体两侧，拇指朝向身后。双臂回到起始姿势。重复所需次数	1	2×10
			2	3×15
			3	4×15
			4	5×20

女性肩部计划2：功能性肩部计划

这一为期4周的肩部功能性训练计划包含2个由3个练习组成的循环，以获得最大化的训练效果。你可以将练习安排成3个循环，如1a和2a、1b和2a及1c和2c。这个功能性训练计划能让你在打造结实肩部的同时获得大量核心训练。经过重新安排，这一计划可以成为侧重于提升上身耐力的出色训练循环。对于大多数人来说，前两周的计划就已足够，只有已经打造出了大量训练基础的、更高水平的训练者才有能力尝试第三周和第四周的计划。

器械

哑铃、钢索器械或带有手柄的弹力绳（如JC弹力绳运动版或旅行版）、战绳、杠铃片。

提示

第一周和第二周：每周2次。

第三周和第四周：每周1次（只适合高级训练者）。

表7.9　女性肩部计划2：功能性肩部计划

练习	照片	动作描述	训练周	组数 × 重复次数
1a.哑铃站姿过顶推举		直立姿势，双脚间距与肩同宽。双手各持一只哑铃放于肩部高度，掌心朝向身前。同时将两只哑铃推至头顶上方，直到双臂完全伸直，哑铃同双肩关节在一条直线上。将哑铃下放至起始位置。重复所需次数	1	2×10
			2	3×12
			3	4×10
			4	5×8
1b.低位弹力绳交替直立划船		将弹力绳固定在低锚点（或用低位钢索）或踩住尼龙带。弹力绳位于身前，双手各持一只手柄。双手间距同肩宽，抬起右肘，用右臂将手柄垂直上拉，直到手柄到达胸部高度。下放右手，同时左臂直立划船。重复所需次数	1	2× 每侧10
			2	3× 每侧12
			3	4× 每侧12
			4	5× 每侧15
1c.俯身战绳画圈（由内向外）		站在固定的战绳前，双脚间距同肩宽。双手握住战绳两端，手臂前伸。屈髋俯身。保持这一姿势的同时右手顺时针画圈，左手逆时针画圈。重复所需次数，然后换另一个方向完成动作	1	2× 每个方向15
			2	3× 每个方向20
			3	4× 每个方向20
			4	5× 每个方向25

练习	照片	动作描述	训练周	组数 × 重复次数
2a.哑铃交叉上勾拳		直立姿势，双脚间距同肩宽。双手各持一只哑铃，掌心朝上，手肘屈曲至90度。右手交叉穿过身体中心，朝左肩方向上钩，身体稍微转向左侧。将右臂还原至起始位置的同时用左手朝右肩方向做交叉上勾拳动作。重复所需次数	1	2× 每侧10
			2	3× 每侧12
			3	4× 每侧10
			4	5× 每侧8
2b.杠铃片画8字		直立姿势，双手在胸前位置握住一个杠铃片，手臂完全伸直。从头顶到腰间，用杠铃片画8字。两个方向都要重复所需次数	1	2× 每个方向6
			2	3× 每个方向8
			3	4× 每个方向10
			4	5× 每个方向8
2c.俯身战绳上下甩动		站在固定的战绳前，双脚间距同肩宽。双手握住战绳两端，手臂前伸。屈髋俯身。保持这一姿势的同时将右手上摆，将左手下摆；然后在右手下摆的同时左手上摆，为战绳制造垂直波动。重复所需次数	1	2× 每侧15
			2	3× 每侧20
			3	4× 每侧20
			4	5× 每侧25

女性肩部计划3：哑铃和战绳肩部计划

这一为期4周的哑铃和战绳肩部代谢训练计划包含3个由2个练习组成的循环，力求以省时高效的方式使肌肉耐力提升的效果最大化。哑铃练习能增强肩部力量，让肩部变得结实，并带来预先疲劳刺激。战绳会为整个肩部带来耐力刺激并使肩部变得更强壮。这些练习还可以在团体循环课上使用，为训练者带来大量的紧实上身刺激和心肺刺激。对于大多数人来说，前两周的计划就已足够，只有已经打造出了大量训练基础的、更高水平的训练者才有能力尝试第三周和第四周的计划。

器械

哑铃、战绳。

提示

第一周和第二周：每周2次。

第二周和第四周：每周1次（只适合高级训练者）。

表7.10 女性肩部计划3：哑铃和战绳肩部计划

练习	照片	动作描述	训练周	组数 × 重复次数
1a.奔跑式弯举		直立站姿，双手各持一只哑铃。保持双手间距与肩同宽，屈肘90度。快速前摆一侧手臂，同时后摆对侧手臂，和奔跑时一样。一次完整的前－后摆为一次动作重复。重复所需次数	1	2× 每侧10
			2	3× 每侧12
			3	4× 每侧10
			4	5× 每侧8
1b.战绳上下甩动		站在固定的战绳前，双脚间距同肩宽。双手握住战绳两端，手臂前伸。保持身体紧绷，同时上下甩动战绳，为战绳两端制造对称且一致的垂直波动	1	2×10
			2	3×15
			3	4×20
			4	5×25
2a.哑铃交替直立划船		直立姿势，双手各持一只哑铃，掌心朝向身体。双手间距同肩宽，右臂将哑铃上提至胸部高度，直到右肘位于肩部高度。下放右侧哑铃，同时上提左侧哑铃。重复所需次数	1	2× 每侧10
			2	3× 每侧12
			3	4× 每侧10
			4	5× 每侧8
2b.战绳画圈（顺时针和逆时针）		站在固定的战绳前，双脚间距同肩宽。双手握住战绳两端，手臂前伸。保持身体紧绷，右手沿顺时针画圈，同时左手沿逆时针画圈。重复所需次数，然后换方向完成动作	1	2× 每个方向10
			2	3× 每个方向15
			3	4× 每个方向20
			4	5× 每个方向25
3a.哑铃3段式侧平举（60次）		直立姿势，双手在身体两侧各持一只哑铃，掌心相对。将侧平举动作分成3个动作幅度：下1/3，中1/3，上1/3。保持手肘微屈，在每一个动作幅度内完成快速短程侧平举。在每个动作幅度都重复所需次数	1	2×（15+15+15）
			2	3×（10+10+10）
			3	4×（15+15+15）
			4	5×（10+10+10）

练习	照片	动作描述	训练周	组数 × 重复次数
3b.战绳画圈（逆时针和顺时针）		站在固定的战绳前，双脚间距同肩宽。双手握住战绳两端，手臂前伸。保持身体紧绷，右手沿逆时针画圈，同时左手沿顺时针画圈。重复所需次数，然后换方向完成动作	1	2 × 每个方向 10
			2	3 × 每个方向 15
			3	4 × 每个方向 20
			4	5 × 每个方向 25

女性肩部计划4：哑铃和钢索器械/弹力绳肩部计划

这一为期4周的哑铃和钢索训练计划能让你的肩部肌群增长或变得结实起来。你可以用弹力绳代替钢索器械，这样就能轻松在家完成这一计划了。这一计划包含3个由2个练习组成的循环，以获得最大化的训练效果。一些大块头运动员会用更慢的节奏、以并联的形式完成每一个练习，组间休息时间也会稍长一些。以这种方式完成第三周和第四周的高训练量计划，特别是第四周的计划，耗时会超过90分钟。额外增加的时间能让训练者使用更高的负载、获得更好的增肌刺激。然而，对于绝大多数训练时间有限、希望以快节奏完成训练课的训练者来说，用这种由两个练习组成超级组的形式完成前两周的训练量已经足够了。只有已经打造出了大量训练基础的、更高水平的训练者（两年以上的持续训练）才有能力尝试第三周和第四周的计划。

器械

哑铃、钢索交叉器械及手柄（JC弹力绳旅行版或迷你怪兽版）、可调节训练长凳。

提示

第一周和第二周：每周2次。

第三周和第四周：每周1次（只适合高级训练者）。

表7.11 女性肩部计划4：哑铃和钢索器械/弹力绳肩部计划

练习	照片	动作描述	训练周	组数 × 重复次数
1a.哑铃站姿过顶推举		直立姿势，双脚间距与肩同宽。双手各持一只哑铃放于肩部高度，掌心朝向身前。同时将两只哑铃推至头顶上方，直到双臂完全伸直，哑铃同双肩关节在一条直线上。将哑铃下放至起始位置。重复所需次数	1	2 × 10
			2	3 × 12
			3	4 × 10
			4	5 × 8

练习	照片	动作描述	训练周	组数 × 重复次数
1b. 哑铃双臂直立划船		直立姿势，双脚间距同肩宽。双手各持一只哑铃，放在大腿前侧，掌心朝向大腿。朝胸部上提两只哑铃，双肘侧平举，抬至肩部高度。将哑铃下放至起始位置。重复所需次数	1	2×10
			2	3×12
			3	4×10
			4	5×12
2a. 哑铃侧平举		直立姿势，双脚间距同肩宽。双手各持一只哑铃，掌心朝向身体。保持手肘微屈，将双臂侧平举至肩部高度。将哑铃下放至起始位置。重复所需次数	1	2×10
			2	3×12
			3	4×12
			4	5×15
2b. 钢索俯身单臂侧平举		直立站姿，身体左侧朝向低位钢索，双脚间距同肩宽，膝微屈。右手持手柄，掌心朝向钢索。屈髋俯身，保持躯干紧绷。将右肘抬至肩部高度。下放手柄，回到起始位置。重复所需次数后换另一侧完成动作	1	2× 每侧10
			2	3× 每侧12
			3	4× 每侧10
			4	5× 每侧10
3a. 单臂哑铃俯身宽距划船（中立至反握）		站在训练长凳前，双脚间距同肩宽。屈髋，左手扶住训练长凳以支撑身体。右手持一只哑铃（掌心朝内）。向髋部右侧宽拉哑铃，同时顺时针旋转哑铃，使掌心在划船动作顶端时朝向训练长凳。将哑铃下放至起始位置。重复所需次数后换另一侧完成动作	1	2× 每侧10
			2	3× 每侧12
			3	4× 每侧10
			4	5× 每侧10
3b. 钢索交叉反向飞鸟（中位锚点）		站在钢索交叉器械前，双脚间距同肩宽，钢索（或弹力绳）位于肩部高度。右手持左侧钢索，左手持右侧钢索（无须手柄，可以握住钢索末端挂钩）。保持双肘微屈，从双臂在身前交叉的位置（右手位于左肩前，左手位于右肩前）开始，侧向张开双臂，直到双臂与双肩在一条直线上，身体呈T形。将双臂还原至起始位置。重复所需次数	1	2×10
			2	3×12
			3	4×12
			4	5×15

女性肩部计划5：职业形体肩部计划

这一为期4周的计划是职业健身运动员使用的硬核肩部训练计划。这一计划包含3个由2个练习组成的循环，以获得最大化的训练效果。但很多职业运动员在增肌期会以并联的形式完成每一个练习，然后在减脂并控制饮食的时候以循环的形式完成计划。你还可以重新安排练习的顺序，打造全新的循环，如1a和2a、1b和2b，然后是收尾练习。对于大多数人来说，前两周的计划就已足够，只有已经打造出了大量训练基础的、更高水平的训练者才有能力尝试第三周和第四周的计划。

器械

杠铃炮架、杠铃、哑铃、钢索交叉器械（训练绳及手柄）、有靠背的训练长凳或可调节训练长凳。

提示

第一周和第二周：每周2次。

第三周和第四周：每周1次（只适合高级训练者）。

表7.12　女性肩部计划5：职业形体肩部计划

练习	照片	动作描述	训练周	组数 × 重复次数
第一天				
1a.杠铃炮架推举		将杠铃的一端固定在炮架上，面向杠铃的另一端站立，双脚间距同肩宽。右手握住杠铃的外端，放于右肩外侧。向上推起杠铃，直到右臂完全伸直。下放杠铃至起始位置，重复所需次数，然后换另一侧完成动作	1	2× 每侧10
			2	3× 每侧12
			3	4× 每侧10
			4	5× 每侧8
1b.哑铃45度侧平举		直立姿势，双脚间距同肩宽。双手各持一只哑铃，放于身体两侧，掌心相对。保持手肘微屈，朝身前45度方向斜向侧平举，直到哑铃到达肩部高度。将哑铃还原至起始位置。重复所需次数	1	2×10
			2	3×12
			3	4×15
			4	5×12
2a.反握哑铃侧平举至过顶		直立姿势，双脚间距同肩宽。双手各持一只哑铃，放于身体两侧，掌心朝身前。保持手肘微屈，双臂侧平举，让哑铃在身体两侧画半圆，直到哑铃过顶。将哑铃还原至起始位置。重复所需次数	1	2×10
			2	3×12
			3	4×10
			4	5×10

练习	照片	动作描述	训练周	组数 × 重复次数
第一天				
2b.俯身钢索交叉反向飞鸟		站在钢索交叉器下，双脚间距同肩宽。右手握住左侧钢索，左手握住右侧钢索（无须手柄，可以握住钢索末端挂钩）。屈髋俯身，保持背部挺直，手肘微屈。从双臂在身前交叉的位置（右手位于左肩前，左手位于右肩前）开始，侧向张开双臂，直到双臂与双肩在一条直线上。将双臂还原至起始位置。重复所需次数	1	2 × 10
			2	3 × 12
			3	4 × 12
			4	5 × 15
哑铃收尾练习：用能够完成12次俯身侧平举的重量完成12次（第一周和第二周） 或10次（第三周和第四周）3a练习，其他动作都做至力竭				
3a.哑铃俯身侧平举		直立姿势，双脚间距同肩宽。双手各持一只哑铃，掌心相对（朝内）。屈髋俯身，保持背部挺直，手肘微屈。侧平举，将哑铃抬至肩部高度。下放哑铃至起始位置。重复所需次数	1	1 × 12
			2	1 × 12
			3	2 × 10
			4	2或3 × 10
3b.哑铃侧平举		直立姿势，双脚间距同肩宽。双手各持一只哑铃，掌心相对。保持背部挺直，手肘微屈，侧平举，将哑铃抬至肩部高度。下放哑铃至起始位置。重复所需次数	1	1 × 力竭
			2	1 × 力竭
			3	2 × 力竭
			4	2或3 × 力竭
3c. 哑铃前平举（中立位握姿）		直立站姿，双脚间距同肩宽。双手各持一只哑铃。保持中立位握姿（掌心相对），手肘微屈，将哑铃前平举至肩部高度。下放哑铃至起始位置。重复所需次数	1	1 × 力竭
			2	1 × 力竭
			3	2 × 力竭
			4	2或3 × 力竭

练习	照片	动作描述	训练周	组数 × 重复次数
3d. 哑铃过顶推举		直立姿势，双脚间距同肩宽。双手各持一只哑铃于肩部高度，哑铃处于双肩外侧，掌心朝前。将哑铃上推至头顶上方，直到双臂完全伸直。下放哑铃至起始位置。重复所需次数	1	1× 力竭
			2	1× 力竭
			3	2× 力竭
			4	2或3× 力竭
第二天				
1a. 哑铃夹肘式坐姿过顶推举		坐于训练长凳上（有靠背的训练长凳或可调节训练长凳），背部紧贴靠垫。保持双脚平放于地面上，间距同肩宽。双手各持一只哑铃。将哑铃放于双肩内侧，掌心相对，双肘紧贴肋骨。保持两只前臂和双肘的间距小于肩宽，将哑铃上推至头顶上方，直到手臂完全伸直。下放哑铃至起始位置。重复所需次数	1	2×10
			2	3×12
			3	4×10
			4	5×8
1b. 哑铃身后侧平举		直立姿势，身体稍向后倾，双脚间距同肩宽。双手在身后各持一只哑铃，掌心朝向身体。保持手肘微屈，双臂侧平举，保持大拇指向上，直到哑铃抬升至肩部高度。下放哑铃至起始位置。重复所需次数	1	2×10
			2	3×12
			3	4×15
			4	5×12
2a. 绳索迎面划船		坐于训练长凳上（或面向中位钢索），双脚间距同肩宽，将训练绳固定于钢索一端。拇指朝向身体，握住绳索两端，朝面部方向后拉绳索，直到双手位于头部两侧（就像在展示自己的肱二头肌）。向前伸展双臂，还原至起始姿势。重复所需次数	1	2×10
			2	3×12
			3	4×10
			4	5×8
2b. 俯身钢索单臂侧平举		身体左侧朝向低位钢索，直立姿势。右手持手柄，掌心朝向钢索。屈髋俯身，保持背部平行于地面，右臂垂直于地面。保持右肘微屈，侧平举，直到右臂平行于地面。将右臂缓慢还原至起始位置。重复所需次数，然后换另一侧完成动作	1	2× 每侧10
			2	3× 每侧12
			3	4× 每侧12
			4	5× 每侧15

练习	照片	动作描述	训练周	组数 × 重复次数
哑铃收尾练习：用能够完成12次俯身侧平举的重量完成12次（第一周和第二周）或10次（第三周和第四周）3a，其他动作都做至力竭				
3a.哑铃俯身侧平举		直立姿势，双脚间距同肩宽。双手各持一只哑铃，掌心相对（朝内）。屈髋俯身，保持背部挺直，手肘微屈。侧平举，将哑铃抬至肩部高度。下放哑铃至起始位置。重复所需次数	1	1 × 12
			2	1 × 12
			3	2 × 10
			4	2或3 × 10
3b.哑铃侧平举		直立姿势，双脚间距同肩宽。双手各持一只哑铃，掌心相对。保持背部挺直，手肘微屈，侧平举，将哑铃抬至肩部高度。下放哑铃至起始位置。重复所需次数	1	1 × 力竭
			2	1 × 力竭
			3	2 × 力竭
			4	2或3 × 力竭
3c.哑铃前平举		直立站姿，双脚间距同肩宽。双手各持一只哑铃。保持中立位握姿（掌心相对），手肘微屈，将哑铃前平举至肩部高度。下放哑铃至起始位置。重复所需次数	1	1 × 力竭
			2	1 × 力竭
			3	2 × 力竭
			4	2或3 × 力竭
3d.哑铃过顶推举		直立姿势，双脚间距同肩宽。双手各持一只哑铃于肩部高度，哑铃处于双肩外侧，掌心朝前。将哑铃上推至头顶上方，直到双臂完全伸直。下放哑铃至起始位置。重复所需次数	1	1 × 力竭
			2	1 × 力竭
			3	2 × 力竭
			4	2或3 × 力竭

总　结

　　肩关节的结构非常复杂，训练肩部可以为你带来很大的挑战，但是同样可以为你带来使训练计划设计更多样化的机会。肩部绝对是我最喜欢训练和为之设计训练计划的部位之一。我知道你已经在本章发现了几个全新的练习和一些令你觉得有趣的计划。如果你付出足够的努力，一定会在形体和运动表现上都获得引人注目的提升。如果你的肩部比较容易受伤或有旧伤，那你可以延长热身阶段，将总训练量分摊到一周内的更多训练日，并采用不会为你带来疼痛的部分动作行程。我不断强调，我们的肌肉都是一样的，无论男性还是女性，你的肌肉都会对相同的刺激做出反馈。因此，你尽可以放心大胆地将这些计划进行混搭组合，创造出属于你自己的独特计划。

　　你还可以将总训练量分摊到一周内的3次训练课上。每周只针对一个身体部位进行一次训练是一种有效的方式，但我曾见过职业运动员将总训练量分摊到两次或三次训练课上的情况。这样的方法对于肩部训练特别有效，因为肩部承受大训练量的能力要远强于其承受大负载的能力。

第8章

胸　部

本章专注于很多男性格外想要使之强壮的部位：胸部。本章涵盖了各种胸部训练计划，从自重和街头健身类到健美类。本章的训练计划整合了各种类型的器械，因此无论你是在家中、在旅途中，还是在设施完善的健身房都能进行胸部训练。和所有其他计划一样，本章也为大家提供了进阶安排，这样初级训练者和高级训练者都可以选择适合自己的训练量。

和肩部一样，胸部也是你的门面：每个人都会关注胸部，人们会根据胸部的发达程度给你打出"印象分"。男性由于种种原因都格外想获得结实伟岸的胸部。肌肉结实的男性最常被问到的问题是"你卧推能推多重"。卧推主要训练的部位就是胸部，所以如此提问是可以理解的。本章的计划可以塑造胸部肌群，同样也会提升卧推成绩。另外，胸部是我们身上向外凸出的第一大肌群，几乎可以被看作身体的围栏和边界，同样也是力量的象征和两性引人注目的招牌。尽管很多女性并不需要硕大的胸肌，但都希望能有紧致结实的胸部、肩部及肱三头肌，而这些都能通过胸部训练获得。胸部训练对于男性和女性同等重要。

俯卧撑和卧推是最常见的胸部练习，本章还提供了其他练习，可以让你的训练变得更有趣味。无论你选取什么类型的练习，肱二头肌（特别是长头）都会参与很多直线推举的动作，甚至是飞鸟动作。通常，肱二头肌会在胸部训练中承受大量的负荷。因此，我研究出了几种使肱二头肌肌腱因过度使用导致的症状和疼痛最小化的方法。大重量的胸部训练可能会导致训练者患上肱二头肌肌腱炎，这可能是多种原因导致的——从肩袖肌群问题到其他肌肉的不平衡。有几种方法都曾经帮助我顺利渡过难关。下面给大家带来几个我用过的成功解决由肱二头肌肌腱炎造成的肩部前侧疼痛的重要策略。这些策略会帮助你在进行训练的同时避免受伤，让疼痛的关节和组织得到充分休息。

肱二头肌肌腱炎第一次严重发作的时候（发生在肩部前侧），我暂停了一切类型的卧推训练。另一方面，我着重进行了各种拉的练习和外旋练习，在不会引起肩部和二头肌疼痛的动作幅度内做了弹力绳飞鸟。我这样训练了大概6周，让患有炎症的组织充分休息，效果特别棒。尽管我不了解康复过程的确切原理，但谁在乎呢。这个方法让我在保持训练的同时使受伤组织得到休息并逐渐康复。本章提供了一些弹力绳和飞鸟训练计划，有利于某些读者在训练胸部及核心的同时，让患有肱二头肌肌腱炎的肱二头肌得到充分休息。

111

　　肌肉变得发达的过程与肌肉张力和张力制造的细胞分裂后的修复有关。张力和分裂的水平通常与练习的负载和训练量直接相关。长年累月地、持续不断地增加负载后，关节会遭受极大的压力，可能会出现很多症状，如关节炎。采用更轻的负载、更慢的节奏、更好的神经肌肉控制能让我们用更小的负重、更少的训练组和更少的重复次数更好地制造张力。这些计划非常适合年龄为40多、50多和60多岁，有关节问题的人群。这些计划还适合想要变得更加强壮、健康的年轻运动员，以使他们在训练的过程中避免最大负载可能带来的肌肉组织过度使用的情况。显然，部分计划不适合想将力量和体能水平提升至极端高度的运动员，但对于想要提升健康水平和改善体型的人群和所进行的体育项目不需要疯狂力量输出的运动员仍然值得尝试。

　　如果你以较慢的节奏训练，请带着这种思维自由地改变这些计划的训练量。例如，如果你使用3秒离心收缩，2秒等长锁定（静力），3秒向心收缩的节奏进行训练，完全可以把重复次数减半。我并不是超慢速训练的超级粉丝，但我偶尔会在不想进行大重量训练，又想获得出色泵感的时候使用这一方法。曾经是格斗运动员的我偏爱大重量和快速力量训练，而这为我带来了很多伤病。出于必要的需求，我现在采纳了其他方法，并通过慢速训练（增加肌肉张力保持时间），以更少的负重获得训练收益。在实施这些胸部训练计划时试试这种方法，我保证你的肩部问题会减少，而胸部发达程度会提高。

　　我在所有计划中都为初级训练者和高级训练者提供了不同的进阶建议。然而，如果你已经超过两个月没进行训练，并觉得自己需要重新打造一下训练基础或缺乏训练经验，我强烈建议你先完成下面这个为期两周的计划，然后再开始尝试本章的其他计划。

第一周：分别完成每个练习

　　周一、周三、周五

　　自重俯卧撑（1~2组 × 10~15次）。

　　钻石式俯卧撑（1~2组 × 10~15次）。

第二周：分别完成每个练习

　　周一、周三、周五

　　自重俯卧撑（2~3组 × 15~20次）。

　　侧滑步式俯卧撑（2~3组 × 15~20次）。

　　钻石式俯卧撑（2~3组 × 15~20次）。

男性胸部计划1：公园胸部训练计划

这一为期4周的胸部训练计划可以在公园进行，就像在健身房训练一样简单。在我上高中时，我和很多同学都在用这种方法锻炼身体，我们会用好几小时来聊天、逗笑，当然还会一起做引体向上、俯卧撑、下蹲、弓步、爬楼梯和冲刺跑。有时候我们只会训练一个部位，这个训练计划就是这种方式的代表。这一计划以并联的形式设计，所以我们在进行每个练习时都能在组间获得更多的休息时间，以获得最大化的训练效果。不过你完全可以重新安排练习顺序，如从双杠臂屈伸开始串联进行所有练习，最后用钻石式俯卧撑作为收尾的充血练习。这一计划非常适合想训练胸部肌肉，同时还想训练肱三头肌的人群。对于大多数人来说，前两周的计划就已足够，只有已经打造出了大量训练基础的、更高水平的训练者才有能力尝试第三周和第四周的计划。

器械

平行双杠、训练长凳或可将身体抬高的支撑物。

提示

第一周和第二周：每周2次。

第三周和第四周：每周1次（只适合高级训练者）。

表8.1 男性胸部计划1：公园胸部训练计划

练习	照片	动作描述	训练周	组数 × 重复次数
1. 双杠臂屈伸		站在平行的双杠中间。双手握杠，将身体撑起，伸直手肘。下放身体，直到上胸部和肩部有拉伸感。收缩肱三头肌，伸直手臂，将身体撑起。重复所需次数	1	2×10
			2	3×12
			3	4×20
			4	5×25
2. 下斜俯卧撑		背对训练长凳或能将身体抬高的支撑物站立。将双脚放在训练长凳或支撑物的边缘，双手撑地，间距同肩宽。保持身体呈一条直线，屈肘，下沉身体，直到胸部离地约12厘米。伸展双肘，将身体推回起始位置。重复所需次数	1	2×10
			2	3×12
			3	4×15
			4	5×20
3. 双杠俯卧撑		将双手和双脚都撑在平行双杠上，呈俯卧撑姿势。屈肘，下沉身体至胸部到达双杠高度。伸展双肘返回起始姿势。重复所需次数	1	2×10
			2	3×12
			3	4×20
			4	5×25

练习	照片	动作描述	训练周	组数 × 重复次数
4.钻石式俯卧撑		双手十指相碰呈钻石形状，进入俯卧撑姿势。双手可以放在地面或高于地面的支撑物上。屈肘，下沉身体，直到胸部即将触碰手指。伸展双肘返回起始姿势。重复所需次数	1	2 × 10
			2	3 × 12
			3	4 × 15
			4	5 × 15

男性胸部计划2：功能性胸部计划

这一为期4周的功能性胸部训练计划采用了自重、药球及钢索器械或弹力绳。尽管这一计划是功能性计划，但不要认为它不够难、不能让你变强壮。我建议你平等对待这个计划和普通的力量训练计划，以串联的形式完成练习，保证有足够的组间休息时间，保持全程专注和100%的付出。这样你才能在进行每个练习时都全力付出，达到规定的重复次数区间。对于大多数人来说，前两周的计划就已足够，只有已经打造出了大量训练基础的、更高水平的训练者才有能力尝试第三周和第四周的计划。

器械

药球、带有手柄的弹力绳（如JC弹力绳运动版、旅行版或怪兽版）。

提示

第一周和第二周：每周2次。

第三周和第四周：每周1次（只适合高级训练者）。

表8.2 男性胸部计划2：功能性胸部计划

练习	照片	动作描述	训练周	组数 × 重复次数
1.药球单臂俯卧撑（手推离地面）		左手放于地面，右手放在坚硬的药球上，呈俯卧撑姿势。双手间距同肩宽，屈肘，下沉身体至胸部离地约3厘米，伸展双肘，将身体推回起始位置。双肘完全伸直时，地面支撑手猛地发力并抬离地面。手落地时下沉身体，继续进行俯卧撑。重复所需次数后，换另一侧完成动作	1	2 × 每侧6~10
			2	3 × 每侧8~12
			3	4 × 每侧12~15
			4	5 × 每侧15
2.T式俯卧撑		俯卧撑姿势。屈肘，下沉胸部。在胸部离地面约3厘米时伸展双肘，将身体推回起始位置。双肘完全伸直时抬起右臂，同时向右旋转身体，呈类似侧向平板支撑的姿势。重复所需次数后，俯卧撑后朝另一侧旋转	1	2 × 每侧10
			2	3 × 每侧12
			3	4 × 每侧10
			4	5 × 每侧10

练习	照片	动作描述	训练周	组数 × 重复次数
3.药球交叉式俯卧撑		一只手撑地，另一只手撑在坚硬的药球上，呈俯卧撑姿势。双手间距同肩宽。屈肘，下沉身体至胸部离地约3厘米。伸展双肘将身体推起。双肘完全伸直时将药球滚向另一侧手的下方，单手撑球再完成一次俯卧撑。重复所需次数	1	2 × 每侧8~10
			2	3 × 每侧10~12
			3	4 × 每侧8~10
			4	5 × 每侧10
4.双手撑药球俯卧撑		双手撑在坚硬的药球上，呈俯卧撑姿势。屈肘，下沉身体至胸部离球约3厘米。伸展双肘将身体推起，回到起始姿势。重复所需次数	1	2 × 8~10
			2	3 × 10~12
			3	4 × 12~15
			4	5 × 12~15
5.钢索器械/弹力绳单臂飞鸟		将弹力绳固定在胸部高度，直立姿势，身体右侧朝向锚点。右手在身体右侧持手柄，掌心朝前。保持手肘微屈，躯干稳定，右臂向身前伸展，直到右手处于身前的肩部高度。将手臂还原至起始位置。重复所需次数后，换另一侧完成动作	1	2 × 每侧10
			2	3 × 每侧12
			3	4 × 每侧15
			4	5 × 每侧20

男性胸部计划3：哑铃和钢索器械胸部计划

这是一个为期4周的、用哑铃和钢索器械完成的高强度胸部训练计划。如果没有钢索器械，你可以用能提供大负载的弹力绳，比如JC弹力绳迷你怪兽版。你还可以考虑用杠铃甚至是器械练习来取代哑铃练习，以此对计划做出调整。这个高训练量计划能让你在使用较轻负载和较少张力时间的同时获得完美的增肌刺激。如果用每次重复耗时5~7秒的节奏来进行训练，你可以把重复次数减少至5~8次。高训练量的飞鸟训练能让你出色地训练肌肉并单独训练胸部肌肉。对于大多数人来说，前两周的计划就已足够，只有已经打造出了大量训练基础的、更高水平的训练者才有能力尝试第三周和第四周的计划。

器械

上斜训练长凳、哑铃、平板训练长凳、钢索交叉器械或弹力绳、下斜训练长凳。

提示

第一周和第二周：每周2次。

第三周和第四周：每周1次（只适合高级训练者）。

表8.3　男性胸部计划3：哑铃和钢索器械胸部计划

练习	照片	动作描述	训练周	组数 × 重复次数
1a.哑铃上斜卧推		仰卧于上斜训练长凳上。双手各持一只哑铃，手臂伸直，掌心朝前。屈肘，下放哑铃，直到上胸部有拉伸感。伸展双肘将哑铃推回起始位置。重复所需次数	1	2×10
			2	3×12
			3	4×10
			4	5×8
1b.钢索上斜飞鸟		仰卧于上斜训练长凳上，将钢索或弹力绳固定在身体两侧的低锚点上。双手各持一只手柄，手臂在胸部上方伸直，掌心相对。保持手肘微屈，张开双臂，侧向下放手柄直到双手位于身体两侧。保持手肘微屈，让手柄回到胸前的起始位置。重复所需次数	1	2×10
			2	3×12
			3	4×12
			4	5×15
2a.哑铃平板卧推		仰卧于平板训练长凳上。双手各持一只哑铃，手臂伸直，掌心朝前。屈肘下放哑铃，直到胸部有拉伸感。伸展双肘将哑铃推向天花板。重复所需次数	1	2×10
			2	3×12
			3	4×10
			4	5×8
2b.钢索飞鸟		站在钢索交叉器中间或两个中位弹力绳中间，双手各持一只中位钢索手柄。朝身体两侧伸展双臂，与身体一起形成T形，掌心朝前。保持手肘微屈，双臂抱向身前，在胸部高度靠拢手柄。双手在身前相碰后还原至起始位置。重复所需次数	1	2×10
			2	3×12
			3	4×12
			4	5×15
3a.哑铃下斜卧推		仰卧于下斜训练长凳上。双手各持一只哑铃，手臂伸直，掌心朝前。屈肘，下放哑铃，直到下胸部有拉伸感。伸展双肘将哑铃推回起始位置。重复所需次数	1	2×10
			2	3×12
			3	4×10
			4	5×8

练习	照片	动作描述	训练周	组数 × 重复次数
3b. 钢索下斜飞鸟		站在钢索交叉器中间或两个中位弹力绳中间，双手各持一只高位钢索手柄。朝身体两侧伸展双臂，与身体一起形成Y形，掌心朝前。保持手肘微屈，双臂抱向身前，在胸部高度靠拢手柄。双手在身前相碰后还原至起始位置。重复所需次数	1	2 × 10
			2	3 × 12
			3	4 × 12
			4	5 × 15

男性胸部计划4：老式超级组胸部计划

这一计划是由诺德仕公司的阿瑟·琼斯和迈克·门泽尔在20世纪70年代设计的。这一计划以预先疲劳的方式进行，从孤立练习到复合练习，中间没有休息。这一计划后两周的训练强度实在是太大了，通常会让人精疲力竭，所以我只会偶尔用其中一周的计划来训练胸部。我从没连续两周或一周两次使用过第三周或第四周的计划。这样安排的目的是用一个单关节动作预先使肌肉疲劳，然后立刻用一个复合动作训练肌肉（和传统健美训练的先复合后孤立的逐渐增量的方法正好相反）。我喜欢使用器械完成这些练习，这样就不会由于顾及平衡和稳定负重而造成额外的能量损耗，所有能量都能用于刺激肌肉增长。对于大多数人来说，前两周的计划就已足够，只有已经打造出了大量训练基础的、更高水平的训练者才有能力尝试第三周和第四周的计划。

器械

坐姿夹胸训练器、胸部推举训练器、可调节上斜训练长凳、哑铃、杠铃、可抬升手臂的支撑物（用于支撑部分行程深度俯卧撑，如六角哑铃、踏板、训练长凳、俯卧撑支架等）、钢索器械（可选）、史密斯训练器（可选）。

提示

第一周和第二周：每周2次。

第三周和第四周：每周1次（只适合高级训练者）。

表8.4 男性胸部计划4：老式超级组胸部计划

练习	照片	动作描述	训练周	组数 × 重复次数
1a. 器械坐姿夹胸（可用钢索器械或弹力绳代替）		坐于坐姿夹胸训练器上，双臂张开，手肘微屈，握住手柄。收缩胸部肌肉，让手柄相互靠拢。返回起始位置。重复所需次数后不休息，直接进行下面的复合练习	1	2 × 12~15
			2	3 × 10~12
			3	4 × 12~15
			4	5 × 10~15

117

练习	照片	动作描述	训练周	组数 × 重复次数
1b.器械坐姿胸部推举（可以用史密斯训练器代替）		选取胸部在满血状态下能完成20~25次动作重复的负重。坐于坐姿胸部推举训练器上，双肘微屈，直到胸部有拉伸感。向身前推起手柄直到手臂完全伸直，然后回到起始位置。重复所需次数，休息2~3分钟后再次进行1a和1b这个超级组练习	1	2 × 10~12
			2	3 × 10~12
			3	4 × 8~12
			4	5 × 8~12
休息5~10分钟				
2a.哑铃上斜飞鸟（可以用钢索器械代替）		仰卧于上斜训练长凳上，双手各持一只哑铃。在胸前伸出双臂，掌心相对。保持手肘微屈，侧向张开双臂，直到与身体一起形成T形，哑铃处于双肩两侧，上胸部有拉伸感。保持手肘微屈，收缩胸部肌肉，让哑铃回到胸部上方的起始位置。重复所需次数后不休息，直接进行下面的复合练习	1	2 × 12~15
			2	3 × 10~12
			3	4 × 12~15
			4	5 × 10~15
2b.杠铃上斜卧推（可以用史密斯训练器代替）		选取胸部在满血状态下能完成20~25次动作重复的负重。仰卧于上斜训练长凳上，双手握住杠铃，间距同肩宽，手臂伸直。朝上胸部方向下放杠铃，直到上胸部有拉伸感。胸部发力，伸展双肘，将杠铃推回起始位置。重复所需次数，休息2~3分钟后再次进行2a和2b这个超级组练习	1	2 × 10~12
			2	3 × 10~12
			3	4 × 8~12
			4	5 × 8~12
收尾练习：部分行程深度俯卧撑		将两个支撑物（如六角哑铃、踏板、训练长凳、俯卧撑支架等）放在地上，间距略大于肩宽。双手放于支撑物上，呈俯卧撑姿势。进行深度俯卧撑，让胸部获得充分拉伸。伸展双肘，起身至动作半程，然后下沉身体回到深度俯卧撑姿势。重复所需次数	1~4	2~3 × 力竭

男性胸部计划5：传统健美胸部计划

这是一个为期4周的传统胸部训练计划。过去我们想变得更强壮的时候，就是使用这一类计划。这一计划可以让你收获由高负载和低次数训练刺激带来的力量增长，同时还可以带来由高重复次数区间训练实现的塑形和充血效果。想要用简单却高效的计划训练胸部的人会爱上这个计划——它简单到你根本不用思考！这不是一个短时、高强度的计划，你可以以大负重、组间多休息的并联的形式完成训练组。第一次使用这个计划时，为了能推起大重量，我在组间休息花了大量的时间，完成整个计划大概花了2个小时。以我现在的年龄，第三周和第四周的训练量会让我感觉到过度训练了，所以一定要根据个人情况量力而行。对于大多数人来说，前两周的计划就已足够，只有已经打造出了大量训练基础的、更高水平的训练者才有能力尝试第三周和第四周的计划。

器械

上斜训练长凳、杠铃、平板训练长凳、哑铃、双杠、负重腰带和杠铃片、钢索交叉器械或弹力绳、坐姿胸部推举器（可选）。

提示

第一周和第二周：每周2次。

第三周和第四周：每周1次（只适合高级训练者）。

表8.5　男性胸部计划5：传统健美胸部计划

练习	照片	动作描述	训练周	组数 × 重复次数
1.杠铃上斜卧推 （器械上斜卧推）		仰卧于上斜训练长凳上，双手握杠铃，双手间距同肩宽，手臂伸直。朝上胸部方向下放杠铃，直到上胸部有拉伸感。胸部发力，伸展双肘，将杠铃推回起始位置。重复所需次数	1	2 × 10
			2	3 × 8
			3	4 × 8
			4	5 × 4~6
2.哑铃平板卧推 （器械胸部推举）		仰卧于平板训练长凳上，双手于胸部上方各持一只哑铃，掌心朝前。垂直下放哑铃，直到双肘屈曲至90度。胸部发力，伸展双肘，将哑铃推向天花板方向。重复所需次数	1	2 × 10
			2	3 × 8
			3	4 × 8
			4	5 × 4~6
3.负重双杠臂屈伸（器械臂屈伸）		站在平行双杠中间，将合适重量的杠铃片挂在腰间的负重腰带的锁链上以增加训练强度。双手撑住双杠，手肘伸直，将身体撑起。下放身体，直到上胸部和肩部有拉伸感。收缩肱三头肌，伸展双肘，将身体推回起始位置。重复所需次数	1	2 × 10
			2	3 × 12
			3	4 × 10
			4	5 × 8

练习	照片	动作描述	训练周	组数 × 重复次数
4.哑铃上斜飞鸟		仰卧于上斜训练长凳上，双手各持一只哑铃。在胸前伸出双臂，掌心相对。保持手肘微屈，侧向张开双臂，直到与身体一起形成T形，哑铃处于双肩两侧，上胸部和肩部有拉伸感。保持手肘微屈，收缩胸部肌肉，让哑铃回到胸部上方的起始位置。重复所需次数	1~2	2 × 10
			3~4	3 × 12
收尾练习：钢索器械3段式飞鸟（21次）		站在钢索交叉器械中间，将钢索固定在胸部高度。双手各持一只手柄，手臂在身体两侧伸展，形成T形，掌心朝前。将飞鸟动作分为3个动作幅度：启程点（手臂张开）至中间点、中间点至终点（双手并拢）及全程动作。保持手肘微屈，收缩胸部肌肉，双臂抱向身前，让手柄运动至中间点。还原至启程点，手臂张开，重复7次。然后从中间点运动到终点，直到双手互碰，重复7次。最后完成7次全程飞鸟动作。21次动作作为一组	1~2	2 × 21
			3~4	3 × 21

120

女性胸部计划1：弹力绳胸部紧实计划

这是一个为期4周的、只使用弹力绳的胸部训练计划。这一计划包含2个由2个练习组成的循环和1个收尾练习，以获得最大化的胸部训练效果。但如果你有更多的训练时间并想使用更高负载，以提升力量，你完全可以重新安排练习顺序，以并联的形式完成计划。这是一个兼顾核心训练和胸部训练的完美计划。对于大多数人来说，前两周的计划就已足够，只有已经打造出了大量训练基础的、更高水平的训练者才有能力尝试第三周和第四周的计划。

器械

带有手柄的弹力绳（如JC弹力绳运动版或迷你怪兽版）。

提示

每组练习都需要交换前后腿。

第一周和第二周：每周2次。

第三周和第四周：每周1次（只适合高级训练者）。

表8.6　女性胸部计划1：弹力绳胸部紧实计划

练习	照片	动作描述	训练周	组数 × 重复次数
1a.弹力绳交错站姿上斜推举		背对固定在低位锚点的两根弹力绳或钢索。双手在胸部位置各持一只手柄，掌心朝下，胸部有舒适的拉伸感。呈交错站姿或剪蹲站姿。手臂向身前上方约45度推出，直到完全伸直，然后下放至起始位置。重复所需次数。前后腿互换，完成另一组动作重复	1	2 × 10
			2	2 × 15
			3	4 × 10
			4	4 × 15
1b.弹力绳交错站姿上斜飞鸟		背对固定在低位锚点的两根弹力绳或钢索。双手在胸部位置各持一只手柄，张开双臂呈T形。屈肘，掌心朝前，胸部有舒适的拉伸感。呈交错站姿或剪蹲站姿，保持手肘微屈，手臂抱向身前上方约45度方向，直到双手互碰，然后还原至起始位置。重复所需次数。前后腿互换，完成另一组动作重复	1	2 × 10
			2	4 × 12
			3	4 × 15
			4	4 × 20
2a.弹力绳交错站姿推举		背对固定在胸部高度的锚点的两根弹力绳或钢索。双手在胸部位置各持一只手柄，掌心朝下，屈肘，胸部有舒适的拉伸感。呈交错站姿或剪蹲站姿，手臂朝身前胸部高度推出，直到完全伸直，然后还原至起始位置。重复所需次数。前后腿互换，完成另一组动作重复	1	2 × 10
			2	2 × 15
			3	4 × 10
			4	4 × 15

练习	照片	动作描述	训练周	组数 × 重复次数
2b.弹力绳交错站 姿飞鸟		背对固定在胸部高度的锚点的两根弹 力绳或钢索，双手在胸部位置各持一 只手柄，张开双臂呈T形。手肘微屈， 掌心朝前，胸部有舒适的拉伸感。呈 交错站姿或剪蹲站姿。保持手肘微屈， 手臂抱向胸前方向，直到双手互碰， 然后还原至起始位置。重复所需次数。 前后腿互换，完成另一组动作重复	1	2 × 10
			2	4 × 12
			3	4 × 15
			4	4 × 20
收尾练习				
1a.弹力绳交错站 姿交替下斜飞鸟		背对固定在高于头部的锚点的两根弹力 绳或钢索。双手各持一只手柄，双臂张 开呈T形，手肘微屈，掌心朝前。呈交 错站姿或剪蹲站姿，右臂抱向身体前 侧进行单臂飞鸟动作。右臂返回至起 始位置的同时左臂抱向身体前侧进行 单臂飞鸟动作。重复所需次数。前后 腿互换，完成另一组动作重复	1	2 × 每侧 10
			2	2 × 每侧 15
			3	4 × 每侧 10
			4	4 × 每侧 15
1b.弹力绳交错站 姿下斜飞鸟		背对固定在高于头部的锚点的两根弹力 绳或钢索，双手各持一只手柄，双臂张 开呈T形，手肘微屈，掌心朝前。呈交 错站姿或剪蹲站姿。双肘微屈，胸部 有舒适的拉伸感。保持手肘微屈，手 臂抱向身前下方，约45度方向，直到 双手互碰，然后还原至起始位置。重 复所需次数。前后腿互换，完成另一 组动作重复	1	2 × 10
			2	4 × 12
			3	4 × 15
			4	4 × 20
1c.部分行程俯冲 轰炸机式（眼镜 蛇式）俯卧撑		呈俯卧撑姿势，双手、双脚间距都与 肩同宽。将髋部向上顶起至高于肩部。 屈肘进行俯卧撑，让胸部轻缓地擦过 地面。保持双腿伸直，弓背并伸展双 臂，同时髋部朝地面下沉。反向动作， 回到髋部抬高的位置。重复所需次数	1	2 × 10
			2	4 × 12
			3	4 × 15
			4	4 × 20

女性胸部计划2：功能性胸部计划

这一为期4周的功能性训练计划适合所有想要获得结实身材并追求胸部的出色功能及核心力量的人。尽管计划以并联的形式呈现，但你完全可以用循环的形式完成它。如果你最终无法完成规定重复次数，千万不要感到惊讶。对于大多数人来说，前两周的计划就已足够，只有已经打造出了大量训练基础的、更高水平的训练者才有能力尝试第三周和第四周的计划。

器械

带有手柄的弹力绳、稳定球、悬吊设备。

提示

第一周和第二周：每周2次。

第三周和第四周：每周1次（只适合高级训练者）。

表8.7　女性胸部计划2：功能性胸部计划

练习	照片	动作描述	训练周	组数×重复次数
1.弹力绳交错站姿交替推举（每组完成后前后腿互换）		背对固定在胸部高度的锚点的两根弹力绳，双手在胸部两侧各持一只手柄，掌心朝下，胸部有舒适的拉伸感。呈交错站姿或剪蹲站姿，左手朝胸前方向推出，右手保持不动。将左手还原至起始位置的同时向前推出右手。如此完成交替推举。重复所需次数。前后腿互换，完成另一组动作重复	1	2×每侧10
			2	2×每侧15
			3	4×每侧12
			4	4×每侧15
2.稳定球俯卧撑（手撑球）		双手放在稳定球两侧，手指指向地面，呈俯卧撑姿势。屈肘，胸部朝球下沉。胸部轻触到稳定球后立刻伸展手肘，将身体推回至起始姿势。重复所需次数	1	2×10
			2	2×15
			3	4×10
			4	4×12
3.悬吊飞鸟		双手持悬吊设备（如SBT）手柄，面朝下，俯身，呈上斜俯卧撑姿势。保持手肘微屈，双臂向身体两侧张开形成T形。手柄到达身体两侧后立刻收缩胸肌，保持手肘微屈，将双臂抱向身前中线方向。重复所需次数	1	2×8
			2	2×10
			3	4×8
			4	4×10
4.部分行程俯冲轰炸机式（眼镜蛇式）俯卧撑		呈俯卧撑姿势，双手、双脚间距都与肩同宽。将髋部向上顶起至高于肩部。屈肘进行俯卧撑，让胸部轻缓地擦过地面。保持双腿伸直，弓背并伸展双臂，同时髋部朝地面下沉。反向动作，回到髋部抬高的位置。重复所需次数	1	2×10
			2	2×15
			3	4×12
			4	4×15

练习	照片	动作描述	训练周	组数 × 重复次数
5.钻石式俯卧撑 （可做双手高位动 作以重复所需次 数）		双手十指相碰，拇指相碰，摆出钻石 形状，进入俯卧撑姿势。双手可以放 在地面或高于地面的支撑物上。屈肘 下沉身体，直到胸部即将触碰手指。 伸展双肘返回起始姿势。重复所需次 数	1	2 × 10
			2	2 × 12
			3	4 × 10
			4	4 × 12

女性胸部计划3：单侧哑铃和钢索器械胸部计划

这一为期4周的计划非常适合健身三项赛（译者注：包含形体展示、运动特长表演、障碍赛跑3个项目）运动员。这一计划主要训练上胸部和肩部，使用较为常见的"复合到孤立"的形式进行预先疲劳刺激，这是传统的预先疲劳法的反向形式。我用过这一计划的其中一个版本训练男性健身模特客户，帮他们训练胸部肌肉，为拍摄做好准备。这一计划使用了双臂训练的形式，并把两个练习组合成了中间无休的超级组。即使这样，要完成计划还是需要花上一些时间，因为你要用右臂完成整个超级组后再换左臂完成这个超级组。第二个超级组就是让你在进行收尾练习前先进行简单的双臂练习。尽管单臂练习会让你的节奏变慢一些，但你如果能始终保持专注，不被干扰，一定能在60分钟内完成整个计划。对于大多数人来说，前两周的计划就已足够，只有已经打造出了大量训练基础的、更高水平的训练者才有能力尝试第三周和第四周的计划。

器械

上斜训练长凳、哑铃、钢索器械或手柄、弹力绳。

提示

第一周和第二周：每周2次。

第三周和第四周：每周1次（只适合高级训练者）。

表8.8　女性胸部计划3：单侧哑铃和钢索器械胸部计划

练习	照片	动作描述	训练周	组数 × 重复次数
1a.哑铃上斜单臂 推举（可用上斜 胸部推举器代替）		仰卧于上斜训练长凳上，右手持一 只哑铃，右臂伸直，手掌朝前。朝 右胸外侧下放哑铃，直到右胸有拉 伸感。伸展右臂推起哑铃。右臂重 复所需次数后不休息，立刻用右臂 进行1b练习	1	2 × 每侧10
			2	3 × 每侧12
			3	4 × 每侧10
			4	5 × 每侧12

练习	照片	动作描述	训练周	组数 × 重复次数
1b.钢索上斜单臂飞鸟		仰卧于上斜训练长凳上，身体右侧朝向低位钢索或弹力绳，右手在胸前握住手柄，掌心朝前，保持右肘微屈、躯干稳定，将右臂向身体右侧肩部高度张开。将右臂抱向身前，回到起始位置。右臂重复所需次数后，休息2~3分钟，用左臂完成1a和1b这个超级组	1	2 × 每侧 12
			2	3 × 每侧 15
			3	4 × 每侧 12
			4	5 × 每侧 15
休息5分钟				
2a.哑铃双臂上斜卧推（可用胸部推举器代替）		仰卧于上斜训练长凳上。双手各持一只哑铃，手臂屈曲，掌心朝前。朝肩部两侧下放哑铃，直到胸部有拉伸感。伸展双臂，将哑铃推起。重复所需次数后不休息，立刻进行2b练习	1	2 × 每侧 10
			2	3 × 每侧 12
			3	4 × 每侧 10
			4	5 × 每侧 12
2b.钢索双臂上斜飞鸟		背对固定于胫骨高度的锚点的钢索或弹力绳，双手各持一只手柄，掌心朝前，双臂张开，双手位于髋部高度。交错站姿。保持手肘微屈、躯干稳定，双臂抱向身前上方肩部高度。只靠肩关节运动。重复所需次数后，休息2~3分钟，再次进行2a和2b这个超级组	1	2 × 每侧 12
			2	3 × 每侧 15
			3	4 × 每侧 12
			4	5 × 每侧 15
收尾练习：哑铃上斜3段式推举（21次）		仰卧于上斜训练长凳上，双手各持一支哑铃，手臂朝胸前方向伸出，掌心朝前。将上斜胸部推举分为3个动作行程：下半程（手臂在底端分开至中间点）、上半程（中间点至手臂伸直）及全程动作。向肩部两侧下放哑铃，直到上胸部和肩部有拉伸感。收缩胸部肌肉，将哑铃推起至全程动作中间点，重复7次。然后从中间点推至双臂完全伸直，重复7次。最后是7次全程推举动作。2次动作为一个完整的训练组	1~4	2~3 × 21

女性胸部计划4：预先疲劳混合胸部计划

这一为期4周的计划使用了"孤立到复合"及"复合到孤立"两种预先疲劳法的混合训练形式。以防训练强度不够，我还加入了一个老式但非常好用的收尾练习作为充血组：仰卧直臂上拉。大概19年前，我训练女性健美运动员和男性职业摔跤运动员时用过这个计划。这一计划涵盖了从提升肌肉围度的健美训练到提升运动表现水平的功能性训练。我的私教客户都喜欢用这一计划训练胸部，即便我们通常只练到计划的第二周。这一计划还可以作为其他部位的补充训练计划。和前面的许多计划一样，对于大多数人来说，前两周的计划就已足够，只有已经打造出了大量训练基础的、更高水平的训练者才有能力尝试第三周和第四周的计划。

器械

坐姿胸部推举器、悬吊设备、钢索交叉器械、药球、训练长凳、哑铃。

提示

第一周和第二周：每周2次。

第三周和第四周：每周1次（只适合高级训练者）。

表8.9 女性胸部计划4：预先疲劳混合胸部计划

练习	照片	动作描述	训练周	组数 × 重复次数
1a.器械坐姿胸部推举		坐于胸部推举器上，双手各握住一只手柄于胸部两侧。伸展双臂，朝身前推起负重，直到双肘完全伸直。屈肘，下放手柄，直到胸部有拉伸感。重复所需次数	1	2×10
			2	2×8
			3	4×6
			4	5×6
1b.悬吊飞鸟－俯卧撑超级组		双手持悬吊设备（如SBT）手柄，面朝下，俯身，呈上斜俯卧撑姿势。保持手肘微屈，双臂向身体两侧张开，形成T形。双臂抱向身前，做出飞鸟动作。张开双臂回到起始T形姿势，重复所需次数。飞鸟练习结束后立刻进行俯卧撑练习。伸展、屈曲双肘。重复所需次数	1	2×（8+10）
			2	2×（8+12）
			3	4×（8~10+ 12~15）
			4	5×（10+15）
2a.钢索交错站姿飞鸟		背对固定在胸部高度的锚点的两根弹力绳或钢索，双手各持一只手柄于胸部位置，张开双臂呈T形。手肘微屈，掌心朝前，胸部有舒适的拉伸感。呈交错站姿或剪蹲站姿。保持手肘微屈，手臂抱向胸前方向，直到双手互碰，然后还原至起始位置。重复所需次数	1	2×10
			2	2×12
			3	4×15
			4	5×12

练习	照片	动作描述	训练周	组数 × 重复次数
2b. 双手撑球药球俯卧撑		双手撑在坚硬的药球上，呈俯卧撑姿势。屈肘，下沉身体至胸部离球约3厘米。伸展双肘将身体推起，回到起始姿势。重复所需次数	1	2×8
			2	2×8
			3	4×10
			4	5×12
收尾练习：哑铃仰卧直臂上拉		身体垂直于平板训练长凳，仰卧于训练长凳上，双手虎口持哑铃一端。将哑铃放于胸部上方位置，手肘微屈。朝头顶上方及后侧方向下放哑铃，直到上臂和躯干在一条直线上。将哑铃朝胸部上方上拉，还原至起始位置。重复所需次数。练习组间休息2~3分钟	1~4	3× 力竭（10~20）

女性胸部计划5：胸部撕裂计划

这个疯狂的计划可以帮助你突破胸部训练的平台期。一位职业女子健身运动员和我分享了这个计划。这是另一个我既用于男性又用于女性的训练计划。通常，这个计划只用一次或间隔7~10天后再用一次。这个计划会让你在接下来的几天中都"痛不欲生"，即使你在3~4天后感觉自己已经完全恢复了，但实际上并没有。你一定要再多休息2~3天。我不止一次地强调恢复的重要性——除非已经间隔了7~10天，否则永远不要再来一遍这个计划；还有，永远不要在3~4周内使用超过两次。计划中出现了"50次"的字样，这意味着你在每一个撕裂组中都要完成50次动作重复，而且要重复9组！实现这一目标需要花些时间，不过一旦你做到了，你就能完成了一个前所未有的疯狂计划。根据你使用的器械及杠铃片的重量和数量，你可以调节4~6次配重片或杠铃片来降低负重，以完成多组50次动作重复。

器械

史密斯训练器、坐姿胸部推举器、坐姿夹胸训练器、可调节训练长凳、哑铃。

提示

初级训练者在完成这一计划后需休息7~10天，再开始下一次胸部训练。高级训练者可以在完成这一计划后休息7~10天，然后再重复一次，再休息7~10天，然后再开始下一次胸部训练。

表8.10 女性胸部计划5：胸部撕裂计划

练习	照片	动作描述	组数 × 重复次数
史密斯训练器上斜卧推50次撕裂组		坐于史密斯训练器中间的上斜训练长凳上。双手握单杠，手臂向上伸直，垂直于地面。屈肘，下放负重，直到胸部有拉伸感。重复动作，以能够完成15次的负重开始动作直到力竭。然后减少15%~20%的负重，再推至力竭。再一次减少15%~20%的负重，继续推至力竭，直到总共完成50次重复。组间休息3~5分钟	3× 总计50

续表

练习	照片	动作描述	组数 × 重复次数
休息5分钟			
坐姿器械推举50次撕裂组		坐于坐姿胸部推举器上，双手在胸部两侧各持一只手柄。伸展双肘，将手柄向前推起，直到双臂完全伸直。屈肘，下放手柄，直到胸部有拉伸感。重复动作，以能够完成15次的负重开始动作，直到力竭。然后减少15%~20%的负重，再推至力竭。再一次减少15%~20%的负重，继续推至力竭，直到总共完成50次重复。组间休息3~5分钟	3 × 总计50
休息5分钟			
坐姿器械夹胸50次撕裂组		坐于坐姿夹胸训练器上，双手各握一只手柄，屈肘90度，张开手臂。双臂抱向胸前，直到双手互碰或胸部有最大挤压感。张开双臂，直到胸部有拉伸感。重复动作，以能够完成15次的负重开始动作，直到力竭。然后减少15%~20%的负重，再推至力竭。再一次减少15%~20%的负重，继续推至力竭，直到总共完成50次重复。组间休息3~5分钟	3 × 总计50
休息5分钟			
收尾练习：哑铃仰卧直臂上拉		身体垂直于平板训练长凳，仰卧于训练长凳上，双手虎口持哑铃一端。将哑铃放于胸部上方位置，手肘微屈。朝头顶上方及后侧方向下放哑铃，直到上臂和躯干在一条直线上。将哑铃朝胸部上方上拉，还原至起始位置。重复所需次数。练习组间休息2~3分钟	3 × 力竭 （10~20）

总　结

时刻牢记，使用大训练量并不意味着你必须使用会导致关节受损的、让你练到呕吐的高强度训练。不用着急，你可以放慢动作速度、收紧肌肉、放松关节。如果你不从事需要极端疯狂的力量和爆发力输出的运动项目，这就更为重要。如果你只是想变得更健康、看起来更好，请专注于动作的正确度和神经-肌肉控制，制造肌肉泵感，然后练完回家。一直待在健身房里消耗时间，进行无谓的训练并不是获得训练效果的正确方式，这样你只会受伤。相信我，疯狂的大训练量和高强度造成的问题会在你四五十岁的时候找上你，而那时候已经太晚了。以合理的方式训练胸部，别让肩部受伤，高高兴兴地享受训练、享受人生。

第9章

背　部

本章是形体转变训练计划的最后一章，因为背部十分独特。尽管背部是身体面积最大的部位，有着最大的肌肉结构，但背部训练通常会被我们忽视，被排在胸部、腹部、手臂和股四头肌训练之后。由于对背部，特别是中下背部训练的忽视，背部成了最容易受伤的部位之一，即使它能保护和稳定人体最重要的神经系统。背部为核心提供支持，是身体力量传导的最大桥梁。当力在髋部和肩部之间传导时，背部和前侧核心肌群的职责和做大重量的举重练习时一样。背部将四肢与躯干连接起来。背阔肌的斜向走向让背部成了制造旋转能量的关键结构。本章介绍了IHP训练这一重要肌肉系统的标志性方式。

从视觉上来讲，肩部是上半身的支撑骨架，展示了身体的宽度，而背部则可以塑造所有男性都在追求的扇子面体形及所有女性都在追求的沙漏形身材。然而，背部仅有宽度还不够。足够宽阔但不够厚实的背部看起来并不完整，尽管只有少数人能看出缺少了什么。因此，只追求扇子面体形却不注意其他方面的提升并不能为你带来足够漂亮的背部。女性可能不会像男性那样追求背部的宽度，她们追求的是肌肉结实、紧致，不会被背带勒出赘肉的背部。你很难看到自己的背部，除非站在特殊设计的镜子前，所以你也很难对背部做出分析和评判。因此，从形体美的角度出发，背部十分重要，尽管它总是被低估和忽视。

从体积上来看，背部最主要的肌肉是硕大的背阔肌。斜方肌和脊柱旁侧肌群也很大，并且同样是非常重要的肌群。传统的、简单化的背部训练方法是做大量的全程动作器械下拉、引体向上和划船练习。尽管这些方法会带来一些收益，但当代的健美运动员会用更专业化的方法来训练背部。本章的计划包含了老式的、能让你疲劳的有效方法，同样还涉及了一些全新的方法。下面我们来简单讲讲几个在当今健美界正当道的方法。

多年以来，健美运动员一直使用传统的全程动作训练方法。而近几年，我看到了越来越多的部分行程训练。尽管我认为这些方法适合所有身体部位，但在背部训练中它们尤为有效。如俯身划船，很多健美运动员都会将背部姿态保持在45度而不是90度倾斜，将杠铃划向腹部而不是胸部。另外，和其他部位相比，背部被分成了更多个部分，并且和其他肌肉系统相连。例如，三角肌后束参与了背部训练和肩部训练，因此，在肩部训练的时候，背部就被连带训练了。斜方肌也是一样，既参与了肩部训练，理论上来讲也还是背部的一部分（下斜方肌连接中背部）。下背部也是背部训练会涉及的部位，它在下背部训练中会和髋部一起发力，如硬拉、挺身，当然还有俯身划船。下背部的发达程度对整个背部的形体美至关重要，因为背阔肌的下端肌纤维和下背部是连接在一起的。下背部训练还是对腰椎损伤进行康复和预康复的重要一环。

最后，整个脊柱旁侧肌群为背部贡献了巨大的厚度，这也是我们在划船动作和部分行程硬拉动作中会看到大幅度的脊柱屈曲和肩胛运动的原因之一。

这些事实为我们说明了背部的复杂程度、背部能够承受什么程度的训练、我们如何把背部训练和其他部位的训练相结合，以及为什么我们会看到这些训练趋势。本章的计划考虑了所有的这些因素，你不用再去考虑它们了。

本章只介绍了3~4周的计划，而这些计划可以重新排列出无数个组合。你可以改变重复次数区间、将计划混搭或在不同的训练日重组计划，创造出自己独有的训练计划以满足自己的喜好和需求。你可以通过调节重复次数和张力时间来改变强度。例如，保持练习的负载不变，将重复次数减半，同时放慢动作速度，做到2秒向心收缩（举起负重）、2秒等长锁定（顶峰收缩）、2秒离心收缩（下放负重）。我们在第2章和第2部分（形体转变训练计划）开始的时候都提到过，对张力时间的控制能提高肌肉的发达程度，而且因为使用了更轻的负载，还能将关节磨损降至最低限度。除非要获得常人难以企及的高水平竞技表现（这必须要在训练中发展并在比赛中展现出极高的力量水平），否则提高肌肉的发达程度没必要以关节的高度损耗为代价。如果只是想看起来更好、更健康、更强健，就没有必要让身体承受磨损！

我在所有计划中都为初级训练者和高级训练者提供了不同的进阶建议。然而，如果你已经超过两个月没进行训练，并觉得自己需要重新打造一下训练基础或缺乏训练经验，我强烈建议你先完成下面这个为期两周的计划，然后再开始尝试本章的其他计划。

第一周：分别完成每个练习

周一、周三、周五

哑铃俯身划船（使用自身体重15%~25%的重量）：1~2组 × 10~15次。

钢索单臂高位划船（使用自身体重25%~35%的重量）：1~2组 × 10~15次。

第二周：分别完成每个练习

周一、周三、周五

哑铃俯身划船：2~3组 × 15~20次。

钢索单臂高位划船：2~3组 × 15~20次。

器械下拉（使用自身体重40%~60%的重量）：2~3组 × 15~20次。

男性背部计划1：公园背部训练计划

这一为期4周的计划可以在公园实施，它会让你变得强壮。年轻时，我和朋友们就在用这类计划进行训练。体操运动员使这类动作流行起来，看看他们的背部有多宽厚，手臂有多粗壮。如果你没办法很好地完成引体向上，甚至做不了引体向上，不用担心，这个计划会帮助你达成目标。在房门上固定一个家用引体向上架，你就可以打造出强壮的手臂和宽阔强壮的背部。对于大多数人来说，前两周的计划就已足够，只有已经打造出了大量训练基础的、更高水平的训练者才有能力尝试第三周和第四周的计划。

器械

单杠。

提示

第一周和第二周：每周2次。

第三周和第四周：每周1次（只适合高级训练者）。

表9.1 男性背部计划1：公园背部训练计划

练习	照片	动作描述	训练周	组数×重复次数（或持续时间）
1.中握距引体向上（可能需要弹力带或搭档提供辅助）		双手间距同肩宽，掌心朝前，悬垂于单杠上，手臂伸直。屈肘，将身体向上拉起，直到下巴高于单杠。将身体下放至起始位置。重复所需次数	1	2×8~12
			2	3×8~12
			3	4×8~10
			4	5×8~10
2.中握距引体向上顶端等长收缩（下巴高于单杠）		双手间距同肩宽，掌心朝前，悬垂于单杠上，手臂伸直。屈肘，将身体向上拉起，直到下巴高于单杠。在规定时间内保持这一顶端姿势。将身体下放至起始位置	1	2×5秒
			2	3×8~10秒
			3	4×12~15秒
			4	5×15~20秒
3.中握距引体向上下半程等长收缩		双手间距同肩宽，掌心朝前，悬垂于单杠上，手臂伸直。屈肘，将身体向上拉起直到手肘屈曲至90度。在规定时间内保持这一顶端姿势。将身体下放至起始位置	1	2×5秒
			2	3×8~10秒
			3	4×12~15秒
			4	5×15~20秒

练习	照片	动作描述	训练周	组数 × 重复次数 （或持续时间）
4.宽距离心收缩引体向上		双手间距略宽于肩宽，掌心朝前，悬垂于单杠上，手臂伸直。屈肘，将身体向上拉起，直到下巴高于单杠。下放身体回到起始位置，整个下放过程需持续规定时间	1	2×3秒
			2	3×5秒
			3	4×5秒
			4	2×5秒

男性背部计划2：弹力绳背部计划

这一为期4周的计划只使用弹力绳。我建议使用能够提供大负载的弹力绳，如JC弹力绳怪兽版和迷你怪兽版。这一计划包含两个由两个练习组成的循环，以带来最大化的背部训练效果。然而，如果想在练习组间休息更长的时间并使用更大的负载，你可以以并联的形式完成这一计划。这是一个完美的家庭或旅行训练计划，也非常适合想在家中进行力量训练的年轻人。以器械练习的强度练习这些动作，你会获得相同的效果：肌肉更结实，力量更大。对于大多数人来说，前两周的计划就已足够，只有已经打造出了大量训练基础的、更高水平的训练者才有能力尝试第三周和第四周的计划。

器械

能够提供大负载的弹力绳（如JC弹力绳怪兽版和迷你怪兽版）、用于固定弹力绳的坚固物体。

提示

第一周和第二周：每周2次。

第三周和第四周：每周1次（只适合高级训练者）。

表9.2　男性背部计划2：弹力绳背部计划

练习	照片	动作描述	训练周	组数 × 重复次数
1a.弹力绳交错站姿单臂复合划船		交错站姿，左腿在前。右手持固定于膝关节高度的弹力绳手柄，中立握姿。屈髋并向前移动肩部，直到躯干平行于地面，左侧腘绳肌有拉伸感。髋部伸展的同时右臂后拉，直到右手紧贴肋骨右侧。重复所需次数，然后交换双腿和双臂完成动作	1	2× 每侧8
			2	3× 每侧10
			3	4× 每侧12
			4	5× 每侧10

练习	照片	动作描述	训练周	组数 × 重复次数
1b.中位弹力绳平行站姿俯身划船		平行站姿，双脚间距同肩宽，双膝微屈。弹力绳固定在位于腰部高度的锚点上，双手各持一只手柄。掌心朝下。屈髋，肩部向前探出，直到躯干平行于地面，双臂在头顶上方伸直，腘绳肌有拉伸感。保持俯身姿势，后拉弹力绳，手肘拉向身体两侧（和引体向上的上肢动作一样），直到手肘在身体两侧完全屈曲。伸展双肘，伸直双臂。重复所需次数	1	2×10
			2	3×12
			3	4×15
			4	5×12
2a.弹力绳交错站姿单臂高–低划船		交错站姿，左腿在前。弹力绳固定在高于腰部的锚点上，右手以中立握姿持手柄。右臂先伸直，后屈曲，将手柄拉至肋骨右侧。重复所需次数，然后交换双腿和双臂完成动作	1	2×8
			2	3×10
			3	4×12
			4	5×10
2b.弹力绳游泳式下拉		平行站姿，双脚间距同肩宽，双膝微屈。面向固定在高位锚点的弹力绳，双手各握一只手柄。掌心朝下。动作全程保持双臂完全伸直，屈髋的同时向下拉弹力绳，直到双手接近臀部后侧，弹力绳接触肩部。返回起始位置。重复所需次数	1	2×10
			2	3×12
			3	4×15
			4	5×15

男性背部计划3：混合背部力量计划

这一为期4周的计划涉及了两个领域——功能和纯力量。如果你想在获得效果显著的肌肉增长的同时，还获得能够被应用于体育运动的核心力量，这个计划就非常适合你。虽然这一计划可以以循环的形式来进行，但我还是建议你将其作为典型的力量训练计划，在练习组间进行充分休息。这一方式会让你真正获得这一计划为你带来的最大化力量和肌肉增长。对于大多数人来说，前两周的计划就已足够，只有已经打造出了大量训练基础的、更高水平的训练者才有能力尝试第三周和第四周的计划。

器械

引体向上单杠、健腹轮、悬吊设备、钢索器械或带有手柄的弹力绳、哑铃。

提示

第一周和第二周：每周2次。

第三周和第四周：每周1次（只适合高级训练者）。

表9.3 男性背部计划3：混合背部力量计划

练习	照片	动作描述	训练周	组数 × 重复次数
1.宽距V式引体向上		悬垂于单杠上，双手间距宽于肩宽，掌心朝前，双臂伸直。屈肘，将身体向右上方拉起，直到下巴高于右手。下放至起始的悬垂姿势，然后将身体向左上方拉起，直到下巴高于左手。这是一次动作重复。重复所需次数	1	2×2
			2	3×3
			3	4×4
			4	5×5
2.跪姿健腹轮向外滚动		双膝跪地，双手持健腹轮手柄。动作全程保持腹部紧绷，双臂伸直。将健腹轮向外滚动至头顶上方，直到双臂过顶，身体完全平行于地面。将双臂拉回，让健腹轮回到起始位置。重复所需次数（可用稳定球或悬吊设备代替健腹轮）	1	2×5
			2	3×8
			3	4×10
			4	5×12
3.悬吊单臂划船		左手持悬吊设备的手柄，呈倾斜姿势。保持胸部始终朝向正前方，身体完全平直，屈左肘，上拉身体，直到左肘处于身体左侧。伸展手臂，回到起始姿势，重复所需次数。换另一侧完成动作。还可以使用JC大号和超大号握力手柄获得额外的握力刺激	1	2×每侧5
			2	3×每侧8
			3	4×每侧10
			4	5×每侧8
4.钢索交错站姿对侧手臂单臂复合划船		交错站姿，左腿在前。右手（对侧手）持低位钢索手柄（可用弹力绳代替），呈立握姿。屈髋，肩部向前探出，直到躯干平行于地面，左侧腘绳肌有拉伸感。髋部伸展的同时右臂后拉，直到右手紧贴肋骨右侧。重复所需次数，然后交换双腿和双臂完成动作	1	2×每侧8
			2	3×每侧10
			3	4×每侧12
			4	5×每侧10
5.哑铃45度俯身划船		直立姿势，双脚间距同肩宽。双膝微屈。屈髋，前倾身体至约45度。双手各持一只哑铃，手臂向下伸直，保持掌心朝前。朝肋骨两侧上拉哑铃。将哑铃下放至起始位置。重复所需次数	1	2×10
			2	3×12
			3	4×15
			4	5×12

男性背部计划4：大训练量计划

这一为期4周的大训练量计划的目的是获得最大化的肌肉增长。训练前最好准备好午餐，打包带到健身房，因为你会花费很长时间。我告诫所有人，千万不要用最大负重进行这一计划，否则你将筋疲力尽。你应该放慢节奏，专注于训练量，而非负载。用轻一些的负载，放慢训练节奏，这样你才能体会到每一次动作中肌肉的收缩感。如果按部就班地进行训练，你会在练习过程中充分感受到肌肉泵感；而如果节奏太快，你将很快体能不足并丧失泵感。如果想要进行节奏更快、效率更高的训练，你可以用将两个练习（1和2、3和4）组成一个训练组并将练习5作为收尾动作的形式来完成这一计划。对于大多数人来说，前两周的计划就已足够，只有已经打造出了大量训练基础的、更高水平的训练者才有能力尝试第三周和第四周的计划。

器械

坐姿下拉器（宽距下拉杠）、坐姿划船器（Ｖ形把手）、杠铃、可调节训练长凳、哑铃、钢索器械（直杠手柄）或弹力绳。

提示

第一周和第二周：每周2次。

第三周和第四周：每周1次（只适合高级训练者）。

表9.4 男性背部计划4：大训练量计划

练习	照片	动作描述	训练周	组数×重复次数
1.宽距器械下拉（还可以使用直杠或中立握姿杠）		将宽距训练杠固定在坐姿下拉器上。掌心朝前，双手间距略宽于肩宽。屈肘，下拉宽距训练杠，直到宽距训练杠碰到上胸部。伸肘还原到起始姿势。重复所需次数	1	2×8
			2	3×10
			3	4×10
			4	5×8
2.Ｖ形把手坐姿划船		将Ｖ形把手固定在低位钢索上。坐在训练长凳上，双脚踩住踏板。屈肘，将Ｖ形把手拉向肋骨，直到碰到身体。伸肘，将Ｖ形把手还原，直到手臂完全伸直。重复所需次数	1	2×10
			2	3×12
			3	4×12
			4	5×10
3.杠铃俯身划船		双手间距同肩宽，掌心朝向身体，握住杠铃。双膝微屈，躯干前倾，直到上身和地面平行。屈肘，向肋骨方向上拉杠铃。下放杠铃至手臂完全伸直。重复所需次数	1	2×8
			2	3×10
			3	4×10
			4	5×8

练习	照片	动作描述	训练周	组数 × 重复次数
4.哑铃仰卧直臂上拉		身体垂直于平板训练长凳，仰卧于训练长凳上，双手虎口持哑铃一端。将哑铃放于胸部上方位置，手肘微屈。朝头顶上方及后侧方向下放哑铃，直到上臂和躯干处于一条直线上。将哑铃朝胸部上方上拉，还原至起始位置。重复所需次数	1	2×10
			2	3×12
			3	4×10
			4	5×12
5.钢索直臂下拉撕裂组		面向钢索器械站立，双脚平行，间距同肩宽，双膝微屈，躯干屈曲约20度。掌心朝下，握住固定于高位钢索的直杠手柄。保持手臂完全伸直，将直杠下拉至大腿前侧。还原至起始位置，重复所需次数	1~2	2组超级组
			3~4	3组超级组

男性背部计划5：职业健美比赛背部训练计划

这一为期4周的职业健美计划将背部深度分化，对于从底端靠近髋部的区域，一直到肩胛骨以上的区域全部都能刺激到位。这个计划可以通过1/4行程硬拉等练习着重打造背部的厚度。跟前面的计划一样，我建议你在练习组间进行充分休息。然而，如果想要以效率更高的、循环训练的形式完成练习，你可以用将两个练习（1和2、3和4）组成一个训练组并将练习5作为收尾动作的形式来完成这一计划。我再次强调，这是一个职业运动员使用的训练计划，甚至其所用器械都是只有专业健身房才有的。但是，你可以根据自己所在健身房的情况来替换部分练习和器械。如果你没有足够的训练经验，完成前两周的计划就已经足够。如果你有多年的健身房训练经验，可以试试第三周和第四周的计划。

器械

杠铃、钢索器械（V形把手和手柄）、可调节训练长凳、哑铃、45度挺身训练器、弹力绳（如JC弹力绳怪兽版）、坐姿下拉器。

提示

第一周和第二周：每周2次。

第三周和第四周：每周1次（只适合高级训练者）。

表9.5 男性背部计划5：职业健美比赛背部训练计划

练习	照片	动作描述	训练周	组数 × 重复次数
		第一天		
1.杠铃俯身1/4 行程划船		掌心朝前，双手持杠铃，间距同肩 宽，双膝微屈，双脚间距同肩宽。 躯干前倾约45度。手臂伸直，朝 腹部方向上拉杠铃。以1/4行程下 放杠铃。重复所需次数	1	2×8
			2	3×10
			3	4×10
			4	5×8
2.V形把手下拉		将V形把手固定在高位钢索上。面 向钢索，坐于训练长凳上，屈膝， 双脚间距同肩宽，双手握住V形把 手，手臂伸直。屈肘，将V形把手 下拉至紧贴胸部。伸展双臂，回到 起始姿势。重复所需次数	1	2×10
			2	3×12
			3	4×10
			4	5×12
3.哑铃仰卧直臂 上拉		身体垂直于平板训练长凳，仰卧于 训练长凳上，双手虎口持哑铃一端。 将哑铃放于胸部上方位置，手肘微 屈。朝头顶上方及后侧方向下放哑 铃，直到上臂和躯干处于一条直线 上。将哑铃朝胸部上方上拉，还原 至起始位置。重复所需次数	1	2×12
			2	3×12
			3	4×10
			4	5×12
4.哑铃45度挺 身复合划船		双脚脚踝固定在45度挺身训练器 下端的靠垫下，大腿贴在靠垫上， 靠垫位于髋部位置。双手各持一只 哑铃，屈髋。伸髋的同时朝身体两 侧上拉哑铃。屈髋，同时将哑铃还 原至起始位置。重复所需次数	1	2×8
			2	3×10
			3	4×12
			4	5×12
5.弹力绳收尾练 习：弹力绳划船 +弹力绳俯身交 替划船+弹力 绳游泳式下拉（背 部代谢方案）		弹力绳划船：双手各持一只弹力绳 手柄，掌心相对；直立姿势，双脚 间距同肩宽，双臂伸直；屈肘，朝 身体两侧后拉弹力绳；伸肘还原； 重复所需次数。弹力绳俯身交替划 船：屈髋，直到躯干平行于地面； 双臂交替后拉弹力绳。弹力绳游泳 式下拉：直立姿势；动作全程保持 手臂伸直，屈髋的同时直臂下拉弹 力绳，直到双手处于髋部两侧，弹 力绳接触肩部前侧；返回起始姿 势；重复所需次数	1~2	2×（20+每 侧20+20）
			3~4	3×（20+每 侧20+20）

练习	照片	动作描述	训练周	组数 × 重复次数
第二天				
1.杠铃部分行程硬拉（杠铃放于训练架上）		面向杠铃站立，双脚间距与肩同宽。掌心朝向身体，屈髋屈膝，双手握杠，间距约肩宽。脚跟下压地面发力，拉起杠铃。以1/4行程下放杠铃，然后上拉杠铃，直到髋部再次碰到杠铃。重复这一1/4行程动作，重复所需次数	1	2×8
			2	3×10
			3	4×10
			4	5×8
2.交错站姿1/4屈曲单臂高－低钢索宽距下拉		交错站姿，左腿在前。右手握住固定于头顶上方高位锚点的钢索的手柄。保持手臂伸直，躯干屈曲45度。以宽距下拉手柄至手肘完全屈曲。伸展手臂，还原至起始姿势。重复所需次数后换另一侧手臂完成动作	1	2×每侧10
			2	3×每侧12
			3	4×每侧10
			4	5×每侧12
3.胸部支撑式杠铃划船		俯卧于上斜训练长凳上，上胸抵住训练长凳上方。掌心朝向身体，双手握住杠铃，双臂伸直。屈肘上拉杠铃，直到手肘完全屈曲。伸肘，回到起始姿势。重复所需次数	1	2×8
			2	3×10
			3	4×10
			4	5×8
4.单臂钢索下拉		面向高位钢索，右手持手柄，手臂完全伸直，坐于训练长凳上。屈肘，下拉手柄，直到其接近肩部位置。伸展手臂，还原至起始位置。重复所需次数后，换另一侧手臂完成动作	1	2×每侧10
			2	3×每侧12
			3	4×每侧10
			4	5×每侧12
5.哑铃收尾练习：哑铃俯身划船撕裂超级组		双手各持一只哑铃，掌心相对。双膝微屈，双脚间距同肩宽，屈髋，躯干前倾约45度。屈肘，朝身体两侧上拉哑铃，保持哑铃贴近身体。当哑铃处于肋骨下侧时，伸展双臂，将哑铃还原至起始位置。重复所需次数。每个超级组包含3个做到力竭的递减组。第一组使用能够完成15次重复的重量，每个递减组依次减少20%~25%的重量	1~2	2组超级组
			3~4	3组超级组

女性背部计划1：家中或公园背部计划

这一为期4周的计划可以在公园完成，也可以在房门上固定一个便携引体向上架，在家中完成。大多数女性都认为自己做不了引体向上，但通过系统的训练，我可以帮助身体状况不错的女性完成5~10次引体向上。如果你确实需要辅助，可以使用阻力较大的超级弹力带或寻求搭档的帮助。对于那些认为自己永远都做不了引体向上，又希望自己在不会变成大块头的同时变得更强壮的女性来说，这是一个绝佳的训练计划。只需要在房门上固定一个便携引体向上架，这一低训练量、高强度的计划就能帮你打造出强壮但并不过分宽阔的背部。对于大多数人来说，前两周的计划就已足够，只有已经打造出了大量训练基础的、更高水平的训练者才有能力尝试第三周和第四周的计划。

器械

单杠、浴巾、箱子、悬吊设备（可选）、健腹轮（可选）、超级弹力带（可选）。

提示

可以使用超级弹力带辅助完成正握引体向上和反握引体向上。

第一周和第二周：每周2次。

第三周和第四周：每周1次（只适合高级训练者）。

表9.6 女性背部计划1：家中或公园背部计划

练习	照片	动作描述	训练周	组数 × 重复次数
1.正握引体向上		手掌朝前，双手握住单杠，间距同肩宽，双臂伸直。屈肘，将胸部拉向单杠，直到下巴高于单杠。下放身体，直到双臂完全伸直（可以使用超级弹力带或依靠搭档的帮助完成动作）。重复所需次数	1	2×2~4
			2	3×3~5
			3	4×4~6
			4	5×5~8
2.反握引体向上		手掌朝向面部，双手握住单杠，间距同肩宽，双臂伸直。屈肘，将胸部拉向单杠，直到下巴高于单杠。下放身体，直到双臂完全伸直（可以使用超级弹力带或依靠搭档的帮助完成动作）。重复所需次数	1	2×2~3
			2	3×3~4
			3	4×4~5
			4	5×5
3.反握引体向上半程位置（短程震颤）		手掌朝向面部，双手握住单杠，间距同肩宽，双臂伸直。屈肘，将胸部拉向单杠，直到双肘屈曲至90度。保持这一悬吊姿势，以90~110度的屈肘区间完成短程震颤。重复所需次数	1	2×2~3
			2	3×3~4
			3	4×4~5
			4	5×5

练习	照片	动作描述	训练周	组数 × 重复次数
4.粗绳或毛巾后仰上拉		将一根粗绳或一条大浴巾绕在单杠上，双手分别握住其两个末端，掌心相对，呈后仰姿势。屈肘，上拉身体，直到双肘完全屈曲，双手处于胸部两侧。下放身体至起始位置，直到双臂完全伸直。重复所需次数（还可以使用悬吊设备完成练习）	1	2×8
			2	3×10
			3	4×12
			4	5×10
5.粗绳或毛巾向外滚动		将一根粗绳或一条大浴巾绕在单杠上，双手分别抓住其两个末端，掌心相对，前倾身体（约70度），呈俯卧撑姿势。保持双臂伸直，肩部屈曲，手臂向头部上方及外侧伸出，直到全身处于一条直线上。直臂拉回，还原至俯卧撑姿势。重复所需次数。当身体变得更加强壮，可以减小前倾角度（还可以使用健腹轮完成练习）	1	2×2~3
			2	3×3~4
			3	4×4~5
			4	5×5

女性背部计划2：钢索器械或弹力绳背部紧实计划

这一为期4周的弹力绳/钢索训练实施起来简单高效。因为这一计划要使用弹力绳或钢索器械，所以它可以在家中、旅途中或健身房中完成。这一计划中一半的练习使用了交错站姿，非常适合作为臀部训练的补充。如果时间有限，你可以将背部和臀部放在一起训练。因为这一计划可以为臀部带来充分的刺激，所以我建议你在臀部/髋部训练的两天后或在臀部/髋部训练的前一天进行这一计划。尽管这是背部计划，但臀部为一部分练习提供了稳定支撑。相信你并不希望由于臀部力竭导致无法继续动作的情况出现。对于大多数人来说，前两周的计划就已足够，只有已经打造出了大量训练基础的、更高水平的训练者才有能力尝试第三周和第四周的计划。

器械

钢索器械或弹力绳。

提示

第一周和第二周：每周2次。

第三周和第四周：每周1次（只适合高级训练者）。

表9.7 女性背部计划2：钢索器械或弹力绳背部紧实计划

练习	照片	动作描述	训练周	组数 × 重复次数
1.低位弹力绳/钢索平行站姿复合划船		将弹力绳或钢索固定于低位。直立姿势，双脚间距同肩宽，双膝微屈。双手各持一只手柄，掌心相对。动作全程保持背部挺直。手臂完全伸直，屈髋，直到腘绳肌有拉伸感。伸髋起身的同时向肋骨两侧后拉手柄。伸展双臂，屈髋，回到起始姿势。重复所需次数	1 2 3 4	2×8 3×10 4×12 5×10
2.弹力绳/钢索交错站姿俯身交替划船		将弹力绳或钢索固定在腰部到胸部的高度。交错站姿，左腿在前，双手持手柄，前臂内旋。髋部屈曲至感到左侧腘绳肌有适中的拉伸感。先左臂伸展，右臂屈曲90度并远离身体，然后保持俯身姿势双臂交替拉弹力绳或钢索。换另一条腿重复动作	1 2 3 4	2×每侧10 3×每侧12 4×每侧15 5×每侧12
3.弹力绳/钢索交错站姿对侧手臂划船		将弹力绳或钢索固定在腰部到胸部的高度。交错站姿，左腿在前。右手持手柄，掌心朝内，屈肘，将手柄拉向肋骨右侧。伸展右臂，还原至起始位置。重复所需次数后，双手、双脚互换，完成动作	1 2 3 4	2×每侧8 3×每侧10 4×每侧12 5×每侧10
4.弹力绳/钢索单臂游泳式下拉（直臂下拉）		将弹力绳或钢索固定在头顶上方的高度。双脚间距同肩宽，双膝微屈。右手持手柄，掌心朝下，屈髋，前倾躯干约45度。始终保持手臂伸直，直臂下拉手柄，直到右手到达髋部右侧。还原至起始位置。重复所需次数后，换另一侧手臂完成动作	1 2 3 4	2×每侧10 3×每侧12 4×每侧15 5×每侧12

女性背部计划3：功能性背部塑形计划

这一为期4周的充满趣味的功能性训练计划包含了一些独特的练习。尽管这是一个背部训练计划，但一些练习涉及的平板支撑姿势、侧向屈曲及俯身姿势也使核心获得了真正的刺激。大多数家庭都可以配置这一计划所需的所有功能性器械，所以这还是一个绝佳的家庭运动表现提升趣味计划。对于大多数人来说，前两周的计划就已足够，只有已经打造出了大量训练基础的、更高水平的训练者才有能力尝试第三周和第四周的计划。

器械

带有手柄的悬吊训练设备、带有手柄的弹力绳（如JC弹力绳旅行版或迷你怪兽版）、牢固的支撑物体（如房门）、稳定球、杠铃、哑铃（可选）。

提示

第一周和第二周：每周2次。

第三周和第四周：每周1次（只适合高级训练者）。

表9.8 女性背部计划3：功能性背部塑形计划

练习	照片	动作描述	训练周	组数 × 重复次数
1.悬吊式L形上拉（坐姿开始，双脚始终着地）		坐于地面，双腿伸直向前。双手握住悬吊设备手柄，手臂完全伸直。屈肘，将身体从地面拉起。保持双腿始终伸直，和躯干形成L形，双脚着地。手肘完全屈曲后，伸直双臂，将身体下放至起始位置。重复所需次数	1	2×8
			2	3×10
			3	4×12
			4	5×10
2.弹力绳单臂侧向屈曲下拉		将弹力绳固定于身体右侧的房门上端，右手持手柄，手臂伸直，掌心朝前。向右侧屈曲躯干的同时屈右肘下拉手柄，直到右肘完全屈曲并触碰到右髋。缓慢还原身体和右臂至起始姿势。重复所需次数后，换另一侧完成动作	1	2× 每侧8
			2	3× 每侧10
			3	4× 每侧12
			4	5× 每侧10
3.稳定球肘支撑向外滚动		双肘撑在稳定球顶端，呈平板支撑姿势，双膝或双脚着地。保持平板支撑姿势，将球向前滚动，保持无痛状态，在核心可以承受的幅度内尽可能伸展双臂。将双肘拉回起始位置。重复所需次数	1	2×8
			2	3×10
			3	4×12
			4	5×10

练习	照片	动作描述	训练周	组数 × 重复次数
4.哑铃俯身1/4行程划船		掌心朝向身体，双手各持一只哑铃，间距同肩宽，双膝微屈，双脚间距同肩宽。躯干前倾约45度。手臂伸直，朝腹部方向上拉哑铃。以1/4行程下放哑铃。重复所需次数	1	2 × 10
			2	3 × 12
			3	4 × 10
			4	5 × 12

女性背部计划4：职业健身运动员背部训练计划

这一为期4周的计划是两个职业水平计划的第一个。这是一个全面、大训练量的健身训练计划。这一计划没有任何花哨的动作，都是老式的经典练习。如果使用大重量训练，这一训练计划将耗时90~120分钟，但你可以使用更轻的负载、减少组数和重复次数。对于大多数人来说，前两周的计划就已足够，只有已经打造出了大量训练基础的、更高水平的训练者才有能力尝试第三周和第四周的计划。

器械

钢索器械（宽杠手柄及直杠手柄）、上斜训练长凳、可调节训练长凳、哑铃。

提示

第一周和第二周：每周2次。

第三周和第四周：每周1次（只适合高级训练者）。

表9.9 女性背部计划4：职业健身运动员背部训练计划

练习	照片	动作描述	训练周	组数 × 重复次数
1.中立握姿坐姿下拉		将宽杠固定在高位钢索上，以中立握姿，握住两端的手柄，掌心相对。伸展双肘，双臂过顶伸直。坐在训练长凳上，双脚着地，间距同肩宽。屈肘，下拉宽杠，直到轻触胸骨。还原至起始位置。重复所需次数	1	2 × 8
			2	3 × 10
			3	4 × 12
			4	5 × 10
2.上斜训练长凳俯姿哑铃划船		俯卧于上斜训练长凳上，胸部和腹部紧贴上斜训练长凳的椅背。双手各持一只哑铃，掌心相对，手臂完全伸直。屈肘，将哑铃上拉至肋骨两侧。下放哑铃至起始位置。重复所需次数	1	2 × 8
			2	3 × 10
			3	4 × 12
			4	5 × 10

练习	照片	动作描述	训练周	组数 × 重复次数
3.哑铃俯身划船 （手撑训练长凳）		右手持一只哑铃，中立握姿。双膝微屈，双脚间距同肩宽。屈髋约45度，躯干前倾。左手扶住训练长凳或其他牢固的支撑物。屈肘上拉哑铃至肋骨右侧。伸肘返回起始位置。重复所需次数后，换另一侧完成动作	1 2 3 4	2 × 每侧 10 3 × 每侧 12 4 × 每侧 15 5 × 每侧 12
4.钢索直臂下拉		将直杠固定在高位钢索上，掌心朝下握杠，手臂伸直，此时直杠位于肩部高度。屈髋，躯干前倾约45度，此时直杠位于头顶上方，双臂和躯干在一条直线上。直臂下拉，直到直杠碰到大腿前侧。将直杠还原到起始位置。重复所需次数	1 2 3 4	2 × 10 3 × 12 4 × 15 5 × 15
5.哑铃仰卧直臂上拉撕裂组		垂直仰卧于平板训练长凳上，只有肩部贴在训练长凳上。双腿弯曲，双脚着地，间距同肩宽。双手虎口握住哑铃的一端于胸部上方，手臂完全伸直。朝头顶上方及后侧方向下放哑铃，始终保持双臂伸直。胸部有拉伸感后，将哑铃朝胸部上方上拉，重复所需次数。每个超级组包含3个做到力竭的递减组。第一组使用能够完成15次重复的重量，每个递减组依次减少20%~25%的重量	1~2 3~4	2组超级组 3组超级组

144

女性背部计划5：职业健美背部计划

最后一个形体转变训练计划——为期4周，采用为期2天的职业级背部分化训练计划。这一计划主要训练的是很多计划都忽略了的下背部和背阔肌。这是另一个可以作为臀部补充训练的计划。你尽可以将练习1、2、3和练习4组成超级组（耗时约70分钟）或慢慢来，以并联的形式完成计划（耗时约90分钟）。对于大多数人来说，前两周的计划就已足够，只有已经打造出了大量训练基础的、更高水平的训练者才有能力尝试第三周和第四周的计划。

器械

哑铃、药球、钢索器械、训练绳、宽距直杠手柄、训练长凳、稳定球、坐姿下拉训练器、T杠划船器、坐姿划船器（宽距直杠手柄）、弹力绳（如JC弹力绳运动版或怪兽版）。

提示

第一周和第二周：每周2次。

第三周和第四周：每周1次（只适合高级训练者）。

表9.10 女性背部计划5：职业健美背部计划

练习	照片	动作描述	训练周	组数 × 重复次数
第一天				
1.哑铃俯身 1/4 行程划船		掌心朝向身体，双手各持一只哑铃，间距同肩宽，双膝微屈，双脚间距同肩宽。躯干前倾约45度。手臂伸直，朝腹部方向上拉哑铃。以 1/4 行程下放哑铃。重复所需次数	1 2 3 4	2×8 3×10 4×8 5×6
2.钢索跪姿单臂 划船		跪姿，面向低位钢索或弹力绳。右手持手柄，掌心朝下（或朝内）。左手在身前撑地保持稳定。屈曲右肘，向胸部右侧后拉手柄。伸肘返回起始姿势。重复所需次数后，换另一侧完成动作	1 2 3 4	2× 每侧8 3× 每侧10 4× 每侧12 5× 每侧10
3.钢索上斜仰卧 直臂下拉		将上斜训练长凳放于钢索前，将训练绳固定在髋部高度的钢索上。仰卧于上斜训练长凳上，头部朝向钢索，双脚着地，间距同肩宽。双臂伸直，在头部后侧握住训练绳的两端，背部有拉伸感。保持手臂伸直，直臂下拉训练绳，直到手臂和身体成90度。将双臂还原至起始位置。重复所需次数	1 2 3 4	2×10 3×10 4×12 5×12

练习	照片	动作描述	训练周	组数 × 重复次数
4.稳定球反向挺身（双脚负重）		俯卧于55厘米的稳定球上，骨盆位于稳定球顶端，双肘撑地。搭档将药球或哑铃放在双脚中间。双腿紧绷保证球不掉落。伸髋抬起双腿和负重。缓慢下放双腿，回到起始位置。重复所需次数	1	2 × 10
			2	3 × 12
			3	4 × 15
			4	5 × 12
5.收尾练习：钢索站姿宽距高位划船 – 中位划船 – 俯身直臂下拉		将宽距直杠固定在肩部高度的钢索上。面向钢索站立，双手握住直杠两端，掌心朝下，手臂伸直。高位划船：屈肘，朝下巴方向后拉直杠；手臂伸直，返回起始位置；重复20次。中位划船：再次屈肘，朝髋部后拉直杠；手臂伸直，返回起始位置；重复动作，直到力竭。俯身直臂下拉：髋部屈曲，躯干前倾约45度，保持手臂伸直，朝髋部方向直臂下拉直杠；将直杠还原至起始位置；重复动作，直到力竭。这是一个完整的超级组。练习之间不休息	1~2	2组超级组（20+力竭+力竭）
			3~4	3组超级组（20+力竭+力竭）
第二天				
1.钢索站姿划船		面向固定在腹部高度的钢索站立，掌心朝下握住固定在钢索上的宽距直杠，手臂完全伸直，双膝微屈。屈曲手肘，朝腹部方向后拉直杠。伸展双臂，返回起始位置。重复所需次数	1	2 × 8
			2	3 × 10
			3	4 × 10
			4	5 × 8
2.坐姿器械单臂下拉		坐于坐姿下拉训练器上，右手握住位于头顶上方的固定在钢索上的手柄，掌心朝内。手臂完全伸直。屈肘，朝肋骨右侧下拉钢索。伸展手臂，返回起始位置。重复所需次数后换另一侧完成动作	1	2 × 每侧 8
			2	3 × 每侧 10
			3	4 × 每侧 12
			4	5 × 每侧 10

续表

练习	照片	动作描述	训练周	组数 × 重复次数
3.T杠 1/4 行程硬拉 +T杠划船		站在T杠上方，掌心朝后，双手握住手柄，手臂伸直。做出45度硬拉动作（身体前倾45度）并保持这一姿势。屈肘上抬负重，直到杠铃片位于胸部下方。伸展双臂，将T杠下放到起始位置。重复所需次数	1	2×8
			2	3×10
			3	4×8
			4	5×6
4.钢索坐姿宽距高位划船		将宽杠手柄固定在低位钢索上。面向钢索坐在训练长凳上，双脚着地，间距同肩宽。掌心朝下，双手握宽杠，手臂伸直。屈肘后拉钢索，直到直杠几乎触碰到锁骨。伸展双肘，返回起始姿势。重复所需次数	1	2×8
			2	3×10
			3	4×12
			4	5×10
5.收尾练习：弹力绳划船+弹力绳俯身交替划船+弹力绳游泳式下拉（背部代谢）		将弹力绳固定在胸部高度。弹力绳划船：双手各持一只手柄，掌心相对，直立姿势，双脚间距同肩宽；屈肘，朝身体两侧后拉弹力绳；伸展双肘，回到起始姿势；重复所需次数。弹力绳俯身交替划船：双手各持一只手柄，掌心朝下；屈髋，直到躯干平行于地面；以交替方式后拉弹力绳。弹力绳游泳式下拉：直立姿势，双手各持一只手柄，掌心朝下；动作全程保持手臂伸直，屈髋，前倾躯干的同时直臂后拉弹力绳，直到双手位于臀部两侧，弹力绳触碰肩部前侧。回到起始姿势；重复所需次数	1~2	2组超级组（20+每侧20+20）
			3~4	3组超级组（20+每侧20+20）

总 结

我希望本章的内容能够让你认识到背部训练的重要性和复杂性，并简化你的训练方法。归根结底，你选择了哪个练习、用了多大负重都不是最重要的。是的，这些因素在训练中都会造成影响，但并不是这些因素本身造成了影响，而是它们产生的作用造成了影响——它们刺激了肌肉。然而，并不存在一个练习优于另一个练习的情况，因为练习对肌肉的刺激程度来自训练者在训练时的所想。本质上，能让训练者将神经和肌肉相连接并收缩（刺激）肌肉的练习就是最好的练习。我见过我认为没用的练习却让我的训练搭档充血到停不下来！所以，如果你感到某个练习能让你将神经和目标肌肉连接起来，那就继续练下去。本章提供了多种练习，你定能收获4~8个能让你控制肌肉并获得训练应有的出色泵感的练习。混搭组合各种练习，直到你创造出适合自己的完美计划，然后用这个计划训练4周。

第3部分

运动能力训练计划

第3部分的重点是运动能力训练，如弹跳爆发力、速度及敏捷性。弹跳训练的章节考虑了运动员跳跃的多种方式，但并未把所有形式的跳跃动作都归为一类。你还会发现我们没采用奥林匹克举重，深跳（译者注：从跳箱跳下落地后立刻起跳）或其他被高估的、效率低下、对体育运动中出现的跳跃方式并无针对性的训练方式。尽管IHP拥有总价值约40万美元的设备，但我们仍会以最简单的方式训练弹跳能力，而这种简单的弹跳训练方法使我们的客户提升了弹跳高度，同时还提升了其他能力。我将在本章和你分享这一简单的训练计划设计方法。

速度训练的章节涉及了体育运动中位移能力的不同方面，而位移能力通常会被归到速度训练中。尽管速度在体育运动中非常重要，但我有理由相信加速能力更为重要的。因此，我在本章介绍了速度和加速能力的训练计划。同理，尽管直线速度值得被我们充分关注，但通常变向是更为重要的运动能力。本章将讨论这两者。

最后，敏捷是另一个十分重要的运动能力，但并未获得应有的关注度。敏捷训练的章节涵盖了从锥筒练习到情景模拟式姿势变换的各种练习。有些锥筒敏捷练习需要训练者具有充足的体能储备，所以它们既可以作为敏捷训练计划，又可以作为体能训练计划。本章是本书篇幅最小的章节，但是内容十分丰富。我保证你会在完成了接下来介绍的一些训练计划后成为更具爆发力和更加敏捷的运动员。

第10章

弹　跳

在所有的运动能力中,弹跳能力位列榜首。无论是排球中的扣杀,还是篮球中的扣篮或美式橄榄球中的拦截动作,弹跳能力在很多体育运动中都是很重要的能力。各种跳跃动作看起来类似,但又不完全一样。尽管我可以深入阐述跳跃的物理原理,但我还是想坚持简单原则并从实践的角度分析。因此,我们把跳跃分为两大基础类别:站立和奔跑中的纵跳。这样,我们能够更好地理解如何对这两类跳跃动作进行针对性训练。

　　首先是平行站姿的纵跳。所有跳跃动作中,我认为这是最常见的、练习最多的,也是最依赖于力量的,但可能是对生活和体育项目最缺乏功能性的动作。我知道这听起来很奇怪,但我们需要从实践的角度出发来分析一下。生活中极少有从静止姿态开始的、需要双腿均等发力并让我们垂直向上弹出的起跳动作。除了篮球比赛开始时的跳球和排球中的一些拦网动作,绝大多数的跳跃动作都始于奔跑姿势——将水平能量转换为垂直能量,就像用石头打水漂。

　　站姿纵跳最大化地使用了腿部力量。这就是为什么从传统意义上来讲,下蹲练习是用来提升纵跳成绩的最常用练习。下蹲练习能提升肌肉收缩的能力和幅度。下蹲结合各种速度和爆发力练习有助于提升收缩速度。这些练习包括来自奥林匹克举重领域的部分行程举重动作,如高翻和高拉,还包括各种与跳跃相关的练习,如跳箱、纵跳、药球背抛等。毫无疑问,这些练习可以提升下身爆发力,并且在几乎所有弹跳能力提升训练计划中都占有一席之地。

　　其次,我们有奔跑中的纵跳。奔跑中的纵跳被划为两大类:双腿起跳和单腿起跳,不考虑落地姿势。因此,我们需要理解双腿纵跳使用的是A框架姿势起跳,而单腿跳跃则使用的是7框架起跳。如果我们要坚持训练的专项性原则,这一区别就必须被考虑到。双腿姿势的训练和单腿姿势的训练完全不一样,我们需要从功能的观点分析这两者,即便我们不得不对传统教条进行质疑。

　　无论是排球中的起跳发球、篮球中的单腿起跳扣篮,还是田径项目中的任何跳跃动作,都要通过肌肉收缩来实现。奔跑和身体的弹性特征结构(如骨骼、韧带、肌腱及其他非可收缩性组织)带来的水平能量制造了幅度巨大的纵跳。奔跑中的纵跳只需要极小的重心升降幅度,以及极少的腿部和髋部力量(我们通常认为的力量),却最大化地利用了弹性反冲。这些跳跃动作不需要腿部有大幅度的运动,反而需要腿部和髋部在极小的运动幅度内保持紧绷。如果看一下这些跳跃过程的慢动作回放，你会发现脚踝、膝和髋部在起跳动作中（将水平能量转化为垂直能量的瞬间）的运动幅度非常小。因此，本章包含了很多部分行程练习，用以提升进行弹性爆发式动作时保持下身紧绷的能力。

本章包含的简单易用的训练计划可以提升纵跳能力，从站姿到奔跑，从双腿到单腿。很多计划都是以并联的形式来进行的，也就是先完成一个练习的所有训练组，然后再开始进行下一个练习。我也应用了串联的形式，将一个力量练习和一个看起来与这个力量练习相似的爆发式练习（使用了相同的肌肉）配对，这种将力量练习和爆发式练习配对的方法被称为复合训练法或对比训练法。在复合训练法中，通过几次力量训练动作的刺激，中枢神经会兴奋起来，但没有疲劳。短时间的休息（大概1分钟）可以让肌肉恢复，同时中枢神经依然保持兴奋；紧接着进行轻负载爆发式练习。这样制造出的爆发力输出会远高于不通过前续大负重力量训练刺激而直接进行爆发式练习的情况。这一过程的原理和棒球击球手通过挥动额外增加了配重的球棍来热身，然后去掉配重再上场击球一样。

本章还提供了多样化的器械选择，让你能在任何田径场或健身房中进行训练。本章包含了可以在任何田径场上进行的药球和哑铃训练计划，还包含了可以在常规健身房中进行的杠铃、哑铃和药球训练计划。一部分计划需要使用特定的器械，如滑行板。如果你喜欢某个计划，但它需要使用你没有的器械，那你可以用已有器械能完成的相似练习替代。例如，如果你没有腿举器，无法进行双腿或单腿腿举，那就用杠铃下蹲或负重登阶分别替代。如果你没有阻力橇，无法进行拖拽、推或拉的练习，可以用轮胎来提供阻力。器械不应左右你的训练效率。可行的选项有很多，所以你没有借口放弃训练。你需要开动脑筋让训练得以实现。

爆发力训练不应在毫无训练基础的情况下进行。想要提升爆发力必须进行爆发式训练，这是一个习得性行为。这意味着每一次爆发式动作输出都应该是对打破个人记录的尝试，每次动作重复之间都必须有足够的休息时间（5~10秒），以确保能反复进行最大输出。这不是体能训练，是爆发力提升。别着急，你可以通过一次次的高质量爆发式动作重复来提升爆发力。

快速的、爆发式的动作会为整个跳跃机能结构（如骨骼、韧带、肌腱及肌肉）带来很大的压力。如果为跳跃制造动力的某一个特定结构没有做好准备，某种形式的伤病基本就会出现。因此，我建议每个人在进行跳跃训练前都应该先完成第4章的腿部和髋部训练计划，为跳跃训练打好基础。理想状况是，在力量训练和本章介绍的跳跃训练之间安排一个月的主动恢复期，但由于计划是进阶式的（从轻逐渐进阶到重），你也可以在完成腿部和髋部基础训练后小心谨慎地进行本章介绍的计划。如果脚踝、膝或髋部有痛感，你应该立刻停止训练或将训练量和训练强度降至最低。疼痛是关节受到了太大的训练压力以及你需要更多力量或者你不适合这样的训练的信号。造成疼痛的原因有很多，如身体结构承受了太大的负重、缺乏力量、训练基础不够或热身不当。别担心，我们总有办法绕开疼痛进行训练，并在不造成更多损伤的情况下提升运动表现。我们应聪明地进行训练。如果某个练习给你带来了不好的感觉，请停下来，换一个能让你感觉良好的练习。我们应始终坚持无痛训练。

热身对于弹跳训练的重要性要远高于其对增肌训练的重要性，可能是因为增肌训练并不是以全力输出作为计划的起始，但弹跳训练是。在增肌训练8~15次的动作重复过程中，肌肉有足够的时间做出调整；而在弹跳训练中，你在进行第一次跳跃动作时就要做好准备。下面提供了一个能让你为弹跳训练计划做好准备的基础热身训练方案。

双腿跳跃热身方案

　　药球三向伐木（药球垂直伐木、药球斜向伐木、药球有轴旋转水平伐木）3组 × 每侧10次 + 每侧10次 + 每侧10次。

　　纵跳3×3（1组 ×3个50%输出、1组 ×3个75%输出、1组 ×3个100%输出）。

单腿跳跃热身方案

　　单腿对侧手臂前触2组 × 每侧10次。

　　单腿短程下蹲2组 × 每侧5次。

　　单腿跳2组 × 每侧2~3次。

弹跳计划1：双腿原地跳跃田径场计划

　　这一为期4周的基础训练计划可以提升双腿原地跳跃能力。这一计划只需要简单的器械就可以完成，包括杠铃片、重药球和轻药球（重药球用于伐木，轻药球用于投掷）。对于年轻运动员或想要提升跳跃能力以更好地完成周末休闲运动（如沙滩排球或篮球）的人来说，这是个绝佳的训练计划。这一计划被安排成串联的形式：完成练习a，休息1分钟，再完成练习b，然后休息2~3分钟，再回到练习a。你应用最大输出进行练习b，每一次动作重复之间都休息5~10秒，以确保能获得最大训练强度和爆发力输出。你还可以用并联的形式实施计划，按规定组数和重复次数完成一个练习后，再开始下一个练习。两个练习之间休息1分钟。

器械

　　重杠铃片、药球、哑铃。

提示

　　每个复合训练组的练习a和练习b之间休息1分钟，每个复合训练组间休息2~3分钟。

表10.1　弹跳计划1：双腿原地跳跃田径场计划

练习	照片	动作描述	训练周	组数 × 重复次数
1a. 杠铃片快速 伐木		直立姿势，双脚间距同肩宽。双手过顶持重杠铃片。双臂伸直。下蹲并将重杠铃片下放至双腿之间，肩部向前运动，背部挺直。起身回到起始姿势。动作全程保持双臂伸直。重复所需次数。使用能够完成8~10次动作重复的重杠铃片	1~2	2×5
			3~4	3×5

练习	照片	动作描述	训练周	组数 × 重复次数
1b. 药球背抛		双手持一药球，手臂伸直，双脚间距同肩宽。下蹲，将药球下放到双腿之间。用爆发力快速挺髋，将药球经头顶上方向身后抛出。重复所需次数。使用能够让你快速抛出的轻药球	1~2	2×5
			3~4	3×5
2a. 哑铃下蹲跳		直立姿势，双脚间距同肩宽。双手于身体两侧各持一只哑铃。下蹲至大腿平行于地面。脚趾蹬地垂直起跳，轻缓落地。重复所需次数。使用能够完成8~10次动作重复的较大重量	1~2	2×5
			3~4	3×5
2b. 纵跳		直立姿势，双脚间距同肩宽。下蹲的同时后摆双臂。使用爆发力快速起跳并向前摆臂，双臂尽可能往高处伸展。双脚轻缓落地。重复所需次数	1~2	2×5
			3~4	3×5
3a. 药球波比蹲		将药球放于身前地面上，下蹲并将双手撑于药球上，同时双脚向后蹬，身体成平板支撑姿势。快速将双脚朝药球方向蹬回，然后手持药球起身站直。将药球下放至起始位置。重复所需次数。使用能够完成8~10次动作重复的重药球	1~2	2×5
			3~4	3×5
3b. 药球跳跃上推		双手在身前持一药球，放于胸部高度，呈直立姿势，双脚间距同肩宽。下蹲，然后起跳，同时手持药球向头顶上方伸展上推。回到起始姿势。重复所需次数。使用能够完成8~10次动作重复的重药球	1~2	2×5
			3~4	3×5

弹跳计划2：双腿原地跳跃健身房计划

这一为期4周的基础训练计划可以提升双腿原地跳跃能力，非常适合在健身房中进行，因为它需要杠铃、举重架、跳箱等器械。这一计划适合中级水平的运动员或已经有了一定的训练基础的、想要提升原地纵跳能力的训练者。这一计划使用了串联的形式：完成练习a，休息1分钟，再完成练习b，然后休息2~3分钟，再回到练习a。你应以最大化输出完成练习b，两次动作重复之间休息3~5秒，以确保能获得最大训练强度和爆发力输出。尽管我喜欢以串联的形式进行爆发力训练，但你也可以用并联的形式实施这一计划，按规定组数和重复次数完成一个练习后，再开始下一个练习。两个练习之间休息1分钟。

器械

杠铃、跳箱、药球。

提示

每个复合训练组的练习a和练习b之间休息1分钟，每个复合训练组间休息2~3分钟。

表10.2 弹跳计划2：双腿原地跳跃健身房计划

练习	照片	动作描述	训练周	组数 × 重复次数
1a.杠铃高拉		直立姿势，双脚间距同肩宽，掌心朝向身体握杠铃，双手位于髋部外侧。保持背部挺直，后移髋部并屈膝。保持双臂伸直，同时伸展踝关节、膝关节、髋部，耸肩，将杠铃提至腹部高度。将杠铃还原至起始位置。重复所需次数。使用能够完成7~8次动作重复的大负重	1~2 / 3~4	2×5 / 3×5
1b.纵跳		直立姿势，双脚间距同肩宽。下蹲的同时后摆双臂。使用爆发力快速起跳并向前摆臂，双臂尽可能往高处伸展。双脚轻缓落地。重复所需次数	1~2 / 3~4	2×5 / 3×5
2a.杠铃下蹲		直立姿势，双脚间距同肩宽。将杠铃置于颈后的斜方肌上。髋部向后坐，直到大腿平行于地面。脚跟蹬地发力，起身回到起始姿势。重复所需次数。使用能够完成7~8次动作重复的大负重	1~2 / 3~4	2×5 / 3×5

练习	照片	动作描述	训练周	组数 × 重复次数
2b.跳箱		直立姿势，面向跳箱。下沉髋部至1/4行程下蹲，同时后摆双臂。跳上箱子，同时前摆双臂。从跳箱上走下来。重复所需次数	1~2	2×5
			3~4	3×5
3a.杠铃硬拉		直立姿势，双脚间距同肩宽，掌心朝向身体握杠铃，双手间距略宽于髋宽。保持背部挺直，后移髋部，同时屈膝。下蹲至胫骨几乎贴住杠铃。收紧肩胛骨，脚跟蹬地发力，同时将髋部向前移，回到直立姿势。下蹲，下放杠铃。重复所需次数。使用能够完成7~8次动作重复的大负重	1~2	2×5
			3~4	3×5
3b.药球波比蹲跳		双手在身前持一药球，下蹲，将球放于地面，双手撑球，同时双脚向后蹬，身体呈平板支撑姿势。快速将双脚朝药球方向蹬回，然后手持药球起身站直，同时纵跳。将药球下放至起始位置。重复所需次数	1~2	2×5
			3~4	3×5

弹跳计划3：跑动双腿起跳家庭训练计划

这一为期4周的基础训练计划可以提升奔跑中的双腿跳跃能力。这一计划适合需要在家里用哑铃、药球和自重进行简单训练的客户。尽管这一计划非常适合初级训练者，但如果增加了抗阻练习的负载和跳跃动作的幅度，这一计划同样适合高水平运动员。这一计划使用了串联的形式：完成练习a，休息1分钟，再完成练习b，然后休息2~3分钟，再回到练习a。你应以最大化输出完成练习b，两次动作重复之间休息3~5秒，以确保能获得最大训练强度和爆发力输出。尽管串联的方法是首选，但你也可以用并联的形式实施这一计划，按规定组数和重复次数完成一个练习后，再开始下一个练习。两个练习之间休息1分钟。

器械

哑铃、药球、篮筐（或墙壁）、杠铃、站姿提踵训练器、史密斯训练器、踏板。

提示

每个复合训练组的练习a和练习b之间休息1分钟，每个复合训练组间休息2~3分钟。

表10.3 弹跳计划3：跑动双腿起跳家庭训练计划

练习	照片	动作描述	训练周	组数 × 重复次数
1a.哑铃侧向下触弓步		直立姿势，双脚间距同肩宽。双手于身体两侧各持一只哑铃。右腿向右跨步，屈髋，用哑铃触向右脚。右脚蹬地发力回到起始姿势，换左侧进行练习。使用能够完成7~8次动作重复的大负重	1~2	2×每侧5
			3~4	3×每侧5
1b.药球侧向跨步摸篮筐		站在篮筐下方，双手持一药球于胸前。右脚向右侧跨步。落地后立刻爆发力跳至半空，并试着用药球触碰篮筐。落地后向左侧跨步起跳。如果无法碰到篮筐，可以碰墙。使用能够让你跳得足够高的轻药球（1千克左右）	1~2	2×每侧5
			3~4	3×每侧5
2a.哑铃旋转下触弓步		直立姿势，双脚间距同肩宽。双手于身体两侧各持一只哑铃。左脚向身体右后方（135度方向）跨出，屈髋，用哑铃触向右脚。右腿蹬地发力回到起始姿势，换左侧进行练习。使用能够完成7~8次重复的大负重	1~2	2×每侧5
			3~4	3×每侧5
2b.药球旋转跨步摸篮筐		背对篮筐站立，双手于胸部高度持一药球。右脚向身体右后方跨出，落地后应正好面向篮筐。立刻用爆发力跳至半空，并试着用药球触碰篮筐。落地后向左侧跨步起跳。如果无法碰到篮筐，可以碰墙。使用能够让你跳得足够高的轻药球（1千克左右）	1~2	2×每侧5
			3~4	3×每侧5
3a.负重短程提踵		使用站姿提踵训练器、史密斯训练器或杠铃负载进行这个练习。直立姿势，双脚间距同肩宽，将杠铃（或肩托）放于颈后的斜方肌上。站于地面或将双脚前脚掌放于踏板上。进行快速短程震颤式提踵动作，双膝和脚踝不发生屈曲。将双腿作为强有力的弹簧。使用能够完成10~15次动作重复且两次动作重复之间不需要休息的大负重	1~2	2×5~10
			3~4	3×5~10

练习	照片	动作描述	训练周	组数 × 重复次数
3b.自重跳绳		这一练习就像跳绳。直立姿势，双脚间距同肩宽。只靠脚踝将身体蹬离地面，腾空，和跳绳一样。在脚跟不落地的情况下尽可能地往高处跳。两次动作重复之间不休息	1~2	2×5~10
			3~4	3×5~10

弹跳计划 4：跑动双腿起跳训练计划

这一为期 4 周的基础训练计划可以提升奔跑中双腿起跳的爆发力。这是 IHP 最常用的计划之一，因为我们有特别棒的腿举训练器和多种爆发力训练器械。跟前面的计划一样，这个计划可以通过低强度的练习来满足初学者的需求或通过增加负载和跳跃幅度满足职业运动员的需求。这一计划使用了串联的形式：完成练习 a，休息 1 分钟，再完成练习 b，然后休息 2~3 分钟，再回到练习 a。你应以最大化输出完成练习 b，两次动作重复之间休息 3~5 秒，以确保能获得最大训练强度和爆发力输出。在 IHP，我们更喜欢以串联的方式完成计划，但你也可以用并联的形式实施这一计划，按规定组数和重复次数完成一个练习后，再开始下一个练习。两个练习之间休息 1 分钟。

器械

杠铃、史密斯训练器、站姿提踵训练器、腿举器、跳箱、哑铃。

提示

每个复合训练组的练习 a 和练习 b 之间休息 1 分钟，每个复合训练组间休息 2~3 分钟。

表10.4 弹跳计划 4：跑动双腿起跳训练计划

练习	照片	动作描述	训练周	组数 × 重复次数
1a. 1/4 行程杠铃下蹲		可以用杠铃、史密斯训练器或某些站姿提踵训练器来完成这一练习。直立姿势，双脚间距同肩宽，将杠铃置于颈后的斜方肌上。下蹲至 1/4 行程，控制动作，确保双膝不会超过脚尖。脚跟发力蹬地直到回到起始姿势。重复所需次数。使用能够完成 7~8 次动作重复的大负重	1~2	2×5
			3~4	3×5

练习	照片	动作描述	训练周	组数 × 重复次数
1b.跨步双腿起跳		直立姿势，双脚间距同肩宽，向前跨出2~3步，然后垂直起跳至最大高度，如同起跳扣篮动作。轻缓落地，然后重复动作	1~2	2×5
			3~4	3×5
2a.半程器械腿举		坐于腿举器上，双脚蹬踏板，间距同肩宽。手握身体两侧的手柄，通过脚跟发力蹬起踏板，直到双膝微屈。下放踏板，直到双膝屈曲至90~110度。快速将踏板蹬出。重复所需次数。使用能够完成7~8次动作重复的大负重。由于某些跳跃动作需要通过前脚掌蹬地起跳，你还可以通过前脚掌发力蹬起踏板	1~2	2×5
			3~4	3×5
2b.跨步双腿跳箱		直立姿势，双脚间距同肩宽，向前跨出2~3步，跳上身前的跳箱，轻缓着陆。从跳箱上走下，重复动作。跳箱高度需保证能让你在落地瞬间双膝微屈。还可以尝试从不同的角度跳上跳箱	1~2	2×5
			3~4	3×5
3a.哑铃侧向下触弓步		直立姿势，双脚间距同肩宽。双手于身体两侧各持一只哑铃。右腿向右跨步，屈髋，用哑铃触向右脚。右脚蹬地发力回到起始姿势，换左侧进行练习。使用能够完成7~10次动作重复的大负重	1~2	2×每侧5
			3~4	3×每侧5
3b.药球侧向跨步摸篮筐		站在篮筐下方，双手于胸部高度持一药球。右脚向右侧跨步。落地后立刻用爆发力跳至半空，并试着用药球触碰篮筐。落地后向左侧跨步起跳。如果无法碰到篮筐，可以碰墙。使用能够让你跳得足够高的轻药球（1千克左右）	1~2	2×每侧5
			3~4	3×每侧5

弹跳计划5：跑动单腿起跳训练计划

这一为期4周的基础训练计划可以提升奔跑中单腿起跳的爆发力。这一简单、高效的计划使用了自重、药球和哑铃。但不要被这一计划的简单程度所迷惑。我将这一训练计划应用于出色的高中生运动员和大学生运动员，结果产生了魔法一样的训练效果。这一计划使用了串联的形式：完成练习a，休息1分钟，再完成练习b，然后休息2~3分钟，再回到练习a。你应以最大化输出完成练习b，两次动作重复之间休息5~10秒，以确保能获得最大训练强度和爆发力输出。在IHP，我们更喜欢以串联的方式完成复合训练组，但你也可以用并联的形式实施这一计划，按规定组数和重复次数完成一个练习后，再开始下一个练习。两个练习之间休息1分钟。

器械

哑铃、跳箱、药球、低跨栏。

提示

每个复合训练组的练习a和练习b之间休息1分钟，每个复合训练组间休息2~3分钟。

表10.5 弹跳计划5：跑动单腿起跳训练计划

练习	照片	动作描述	训练周	组数 × 重复次数
1a.哑铃单腿登阶		直立姿势，双手各持一只哑铃，面朝跳箱。左脚放于跳箱上，通过左脚跟发力蹬箱，带动身体上升，将右脚落在跳箱上。右脚先抬离跳箱，落地，然后左脚回到起始位置。先以左脚先登阶重复所需次数，然后再以右脚先登阶完成动作。使用能够完成7~8次动作重复的大负重	1~2	2 × 每侧5
			3~4	3 × 每侧5
1b.单腿跳		右脚撑地站立，左脚始终悬空。右腿发力，以从脚跟离地过渡到脚尖离地的方式蹬离地面，沿直线进行单腿跳跃。重复所需次数后，换左腿完成动作。每次动作都要跳得尽可能远，并且尽可能缩短脚和地面的接触时间	1~2	2 × 每侧5
			3~4	3 × 每侧5
2a.药球单腿伐木		右脚撑地站立，双手在头顶上方持一药球。动作全程需保持双臂伸直，单腿下蹲，同时将药球下放至脚的上方。回到起始姿势，药球过顶。先以右腿支撑重复所需次数，然后换左腿完成练习。使用能够完成7~8次动作重复的大负重	1~2	2 × 每侧5
			3~4	3 × 每侧5

续表

练习	照片	动作描述	训练周	组数 × 重复次数
2b. 跨步跳		直立姿势，双脚间距同肩宽，保持双肘屈曲至90度。提起右膝的同时前摆左臂，将身体向前上方弹出。左脚落地后右脚立刻向前跨步。换另一侧进行跨步跳动作。继续以交替的动作形式进行跨步跳，保持对侧上下肢同时动作。每次动作都要跳得尽可能远，并且尽可能缩短脚和地面的接触时间	1~2	2 × 每侧5
			3~4	3 × 每侧5
3a. 哑铃后向弓步		直立姿势，双脚间距同肩宽。双手于身体两侧各持一只哑铃。右腿向后跨步，弓步下蹲。返回起始位置后重复动作。重复所需次数后换左腿向后跨步，完成动作。使用能够完成7~8次动作重复的大负重	1~2	2 × 每侧5
			3~4	3 × 每侧5
3b. 单腿跳跃跨栏		将5个低跨栏一字排开，跨栏间距15~20厘米，总距离约1米。右脚撑地，面向第一个跨栏。右腿通过脚跟和脚趾蹬地发力，跳过每个跨栏。转身换左脚撑地，单腿跳回。尽可能缩短脚和地面的接触时间	1~2	2 × 每侧5
			3~4	3 × 每侧5

总　结

　　本章涵盖了过去20多年里我在IHP使用过的几个最有效的弹跳训练计划。尽管很多计划看起来很简单，但我们对执教和对完美实施的坚持让这些训练计划变得极其有效。无论是双脚跳还是单脚跳，这些计划都会以安全、高效的方式快速为训练者带来收益。我们并不需要用高水平的超等长练习来完成高效的爆发力训练，这些计划就是证明。本章介绍的复合式训练方法不仅可以提升爆发力训练的效率，而且可以结合力量训练动作——这也是我喜欢用这种方法来提升爆发力的原因。尝试本章的训练计划后，你将大大提升自己的纵跳能力。

第**11**章

速 度

如果说有哪个运动能力的训练的流行程度能够大于弹跳，那一定就是速度了。毫无疑问，速度是IHP运动员非常渴望得到的运动能力。无论运动员从事什么项目，美式橄榄球、足球、篮球、英式橄榄球、长曲棍球、田径，甚至铁人三项，他们都想获得更快的速度。传统来说，位移速度的提升是通过传统举重动作（如下蹲、高翻、硬拉、腿举）提升腿部爆发力和各种奔跑训练（如跨步跳、单腿跳、双腿跳及双腿交替跳跃）来实现的。兰迪·史密斯在20世纪80年代晚期和20世纪90年代早期将速度、敏捷和脚步移动训练（SAQ）推广开来，并将其纳入了速度训练领域。美国田径界进行的速度训练为如何打造速度更快的运动员贡献了知识体系。近些年，功能性训练为我们带来了更多的训练选择，同时迫使我们以更加实事求是和更具实践性的眼光来分析训练计划并质疑传统，也让我们敢于尝试全新的训练方法。本章为功能性速度训练带来了全新的成分，你可以将其与传统速度训练结合起来。

人体位移的最重要特征是，每一次位移动作都是单腿主导的。如果专项性原则是训练的主要原则，那我们必须从实践的角度出发，质疑为何以提升奔跑速度为目的进行的腿部力量练习都是双腿动作。我不知道为什么会这样，但原因根本不重要。在IHP，我们很早就打破了传统，在2001年发表于*NSCA Strength and Conditioning Journal*名为"提升双腿运动项目的单腿训练：力量提升训练在竞技表现中的效力"的文章中，我就概述了我们的方法。在那篇文章中，还有《功能性训练：提升运动表现的动作练习和方案设计》一书中，我都介绍了奔跑是如何完全依赖单腿（7框架）的力量和爆发力的。事实上，变向和所有的旋转运动技能都高度依赖单腿力量、爆发力及大量的旋转。

功能性训练运动特别注意到了这一单腿现象。然而，有时我们却迷失在柔韧性、平衡及所有被冠以"本体感受"的晦涩名词里。在IHP，我们通过在脚踝、膝和髋关节只发生很小屈曲的状态下发展单腿稳定性来提升奔跑能力。仔细观察一下奔跑动作，你绝不会看到重心过度下沉，绝不会看到这些关节展现出非常大的运动幅度。你会发现这些关节像弹簧一样制造出了巨大的力：关节在很小的动作幅度内传导了巨大的爆发力（能量）。因此，在本章中，你会发现很多部分行程力量训练动作和大量的单腿训练动作。

本章所用器械和训练方式非常多样，从自重到常见的功能性训练工具，如药球、稳定球、弹力绳和哑铃。不过本章的训练计划会使用更多的特定器械，如腿举器、阻力橇，甚至是卡车和小轿车。是的，我说的是卡车和小轿车！如果想要了解一下为了提升奔跑速度，IHP从2001年就开始进行的训练，请登录YouTube，搜索"truck push at IHP"，你会看到我们是如何用越野车为每一个人专门地提升奔跑所需的腿部力量和推进爆发力的。别担心，我会和前面一样为你提供替代方案，以防你无法找到某些特定器械。

本章训练计划的完成形式包括针对弹跳训练的复合式训练方法及用于力量和功能性练习的标准并联形式。然而，由于奔跑速度是每一个人都梦寐以求的运动能力，所以我在本章增加了一个内容。我为准备实施本章的训练计划的每个人都带来了一个补充训练方案。2001年，

三连击训练方案

三连击训练方案是3个稳定球练习串联起来的组合，包含稳定球起桥（图11.1），稳定球腿弯举（图11.2）及稳定球挺髋（图11.3）。这一训练方案通过让髋部在整个练习过程中始终向上高抬离开地面为腘绳肌带来了持续的张力。

图11.1　稳定球起桥

从双腿同时进行动作的版本开始进阶。第一周，以串联的形式进行训练，每个练习完成1组，每组重复5次，练习之间无休息，即每组重复15次——5次起桥，5次腿弯举，然后用双脚控制球，让球稍微远离身体，完成5次挺髋（这是一个完整的三连击训练组）。在每个完整的三连击训练组之间休息1~2分钟。接着每一周都为每个练习增加2次重复。到了第十周，你会将每个练习重复15次，每个三连击组共计45次持续重复，总共3组。在第十一周，进阶就变得更有意思了：该到单腿训练了。重复次数和组数安排和第一周一样。每侧腿每组重复15次——5次起桥，5次腿弯举，然后用双脚控制球，让球稍微远离身体，完成5

图11.2　稳定球腿弯举

图11.3　稳定球挺髋

次挺髋（这是一个完整的三连击训练组）。然后以另一侧腿完成一样的串联训练。接着每一周都为每个练习增加2次重复。由于单腿训练时，另一侧腿在休息，所以练习组间没有休息时间。到了第二十周，每侧腿都会将每个练习重复15次，每个三连击组共计45次持续重复，总共3组。这一训练方案每周可以进行2次或3次，持续一段时间后，你会打造出结实的腘绳肌！自从将三连击训练方案和其他单腿训练方案结合使用，IHP的客户和运动员就再也没出现过任何腘绳肌拉伤问题。

我在*NSCA Strength and Conditioning Journal*上发表的名为"钢铁腘绳肌：腘绳肌拉伤的预防，第2部分——'三连击'训练方案（第23卷，第1期，18页）"的文章及我的《功能性训练：提升运动表现的动作练习和方案设计》一书中都提到了三连击训练方案。

我为大家带来了两个有助于提升奔跑速度的超级热身计划。这两个热身计划能让中枢神经兴奋起来，为脚踝和膝关节增加更多弹性。所有运动员都能用这两个简单的热身计划做好速度训练的准备并提升奔跑速度。这些计划比在跑步机上慢跑或拉伸5~10分钟更加高效。

线性速度热身

双腿加重跳绳（跳绳重量1千克）2组 × 20~30次。

单腿加重跳绳（跳绳重量0.2~1千克）2组 × 每侧10~20次。

单腿前触2组 × 每侧10次。

单腿弹力绳负载提膝2组 × 每侧10次。

仰卧两头起2组 × 10次。

侧向速度和变向热身

双腿加重跳绳（跳绳重量1千克）2组 × 20~30次。

单腿加重跳绳（跳绳重量0.2~1千克）2组 × 每侧10~20次。

药球三平面下触弓步2组 × 6次（每侧3次）：6次前向，6次侧向，6次旋转。

侧向滑冰跳2组 × 10次（每侧5次）。

单腿弹力绳负载提膝2组 × 每侧10次。

仰卧交叉两头起2组 × 10次。

只用这两个热身方案和三连击训练方案就足以提升所有人的速度了。将这3个方案和本章的训练计划组合起来实施以后，毫无疑问，你将获得奔跑速度的提升。在IHP训练的很多高中生运动员都将自己能被全国范围内的顶尖高校以全额奖学金录取归功于这些计划。我想，这足够让你感到兴奋了吧。试试下面这几个计划，感受一下速度的提升。

速度计划1：运动技能速度训练计划

这一为期4周的计划专注于通过较为轻缓的超等长练习提升运动技能。在打造出了坚实的训练基础（完成4周的计划）后，你甚至可以将这一计划的训练量减少，作为跑动练习和技能训练的热身。对于所有想要提升奔跑技能和速度的人来说，如休闲跑者和场地项目运动员，这都是一个绝佳的训练计划。对于大多数人来说，前两周的计划就已足够，只有已经打造出了大量训练基础的、更高水平的训练者才有能力尝试第三周和第四周的计划。

器械

墙壁。

提示

每周完成2~4次。

表11.1 速度计划1：运动技能速度训练计划

练习	照片	动作描述	训练周	组数 × 重复次数 （或移动距离）
1.脚跟弹震跑		这是一个只使用前脚掌的、快速、低振幅奔跑练习。直立姿势，双脚间距同肩宽。只依靠脚踝做出小幅度足背屈和足背伸，脚跟始终离地，双脚交替向前跑动	1	2×14米
			2	3×18米
			3	4×18米
			4	4×23米
2.直腿高抬腿跑		直立姿势，双脚间距同肩宽，双臂前伸。保持双腿伸直，每跨出一步后都用跨出腿踢向前侧手掌。将跨出腿下放回地面，换另一侧腿重复动作	1	2×14米
			2	3×18米
			3	4×18米
			4	4×23米
3.原地顶墙跑		双手顶墙，身体前倾45~70度。快速原地跑，双膝交替向前顶向墙面。重复所需次数	1	2×每侧3
			2	3×每侧5
			3	4×每侧7
			4	4×每侧9
4.跨步跳		直立姿势，双脚间距同肩宽。开始进行跨步跳，确保通过脚趾发力蹬地，每次跨步都需向上提膝，以跳过最大距离。重复所需距离	1	2×14米
			2	3×18米
			3	4×18米
			4	4×23米
5.单腿跳		直立姿势，单腿保持平衡。用支撑腿进行单腿跳，完成所需距离。换另一侧腿完成动作	1	2×9米
			2	3×14米
			3	4×18米
			4	4×18米
6.45度短程快速提踵		双手推墙，身体前倾45~70度，双脚脚跟离地。左脚前脚掌撑地，上提右膝，保持右脚踝足背屈。左腿进行快速短程提踵，脚跟始终不触地。换另一侧腿完成动作	1	2×每侧10
			2	3×每侧20
			3	4×每侧30
			4	4×每侧40

速度计划2：奔跑爆发力健身房训练计划

这一为期4周的计划主要训练奔跑爆发力。正如计划的名称所示，你需要在有足够奔跑空间的地方使用器械。完成练习a，休息1~2分钟，再完成练习b。如果你所在的健身房不具有这一布局，那就在器械区域完成练习1a、2a、3a和3b，然后到空地上完成练习1b和2b。这一计划能有效提升最大速度，同时非常适合耐力跑运动员，特别是需要在山地奔跑的运动员。对于大多数人来说，前两周的计划就已足够，只有拥有多年训练经验的、有大学校队水平的运动员和职业运动员才有能力尝试第三周和第四周的计划。

器械

阻力橇、杠铃片、跑步机（可选）、腿举器、起跑器、弹力绳（如JC弹力绳运动版或怪兽版）、悬吊带、哑铃。

提示

在前脚掌单腿腿举、原地弹力绳阻力跑、跑者式弯举练习中，重复次数或时间逐周递减。同时，练习所用负重必须逐渐增加，以确保练习具有足够的挑战，并带来持续的力量增长。

第一周和第二周：每周2次。

第三周和第四周：每周1次（只适合高级训练者）。

表11.2　速度计划2：奔跑爆发力健身房训练计划

练习	照片	动作描述	训练周	组数 × 重复次数 （或移动距离）
1a.阻力橇冲刺跑		在阻力橇上装载可以让你跑动起来的负重。将阻力橇和固定于腰间的悬吊带相连，背对阻力橇站立。全力冲刺跑，拖着身后的阻力跑动所需距离。可以用小轮胎代替阻力橇	1	2×14米
			2	3×18米
			3	4×18米
			4	4×23米
1b. 27米跑		如果喜欢，你也可以使用跑步机。第一个9米为慢跑，第二个9米需提速，最后的9米需冲刺至全速，以提升你的最大速度	1	2×27米
			2	3×27米
			3	4×27米
			4	4×27米
2a.前脚掌单腿腿举		坐于腿举器上，将一只脚的前脚掌蹬在踏板上，脚跟离开踏板，伸展膝关节，推起踏板。不要完全锁紧膝关节。腿蹬直后，屈膝，下放踏板，直到膝关节屈曲至90度。动作全程脚踝都需保持极小的运动幅度。重复所需次数后，换另一侧腿完成动作	1	2× 每侧10
			2	3× 每侧8
			3	4× 每侧6
			4	4× 每侧4

练习	照片	动作描述	训练周	组数 × 重复次数 （或移动距离）
2b. 9米起跑		在起跑器上做好起跑准备。保持重心下沉，向前驱动膝关节，将身体蹬出。在整个9米的冲刺过程中都保持重心下沉	1	2
			2	3
			3	4
			4	4
3a. 原地弹力绳阻力跑		将固定在身后髋部高度的弹力绳绕在腰间，确保处在起始姿势时有足够的阻力。原地跑，每跨出一步都用力向上提膝。动作全程保持前脚掌落地	1	2×15秒
			2	3×15秒
			3	4×10秒
			4	4×10秒
3b. 跑者式弯举		直立姿势，双脚间距同肩宽，双手各持一只哑铃。前后摆臂，就像在原地奔跑，保持下身紧绷。注意控制推拉的速度	1	2×15秒
			2	3×15秒
			3	4×10秒
			4	4×10秒

速度计划3：侧向速度和侧向变向训练计划

这一为期4周的计划可以提升侧向速度和侧向变向能力。和速度计划1类似，你可以将这一计划的训练量减小，将其作为侧向速度训练日中跑动练习的热身训练方案。这一计划可以完美提升场地项目中（如网球和篮球）侧向变向所需的脚步移动速度。对于大多数人来说，前两周的计划就已足够，只有拥有多年训练经验的、有大学校队水平的运动员和职业运动员才有能力尝试第三周和第四周的计划。

器械

无。

提示

第一周和第二周：每周2次。

第三周和第四周：每周1次（只适合高级训练者）。

表11.3　速度计划3：侧向速度和侧向变向训练计划

练习	照片	动作描述	训练周	组数 × 重复次数（或移动距离）
1.交叉步		直立姿势，双脚间距同肩宽，双膝微屈。将右脚放于起跑线后侧，左脚在起跑线前侧。右脚向左脚前方跨出，在左脚上方交叉穿过左脚，同时双臂摆向右侧。然后左脚向左侧跨出，同时跨出右脚，在身后交叉穿过左脚。继续侧向运动，直到完成所需距离。然后换方向、换脚重复动作	1	1×每侧14米
			2	1×每侧18米
			3	2×每侧18米
			4	3×每侧23米
2.侧向滑步		直立姿势，双脚间距同肩宽，双膝微屈。将右脚放于起跑线后侧，左脚在起跑线前侧。左脚向左侧跨出一大步。保持重心下沉的同时，右脚向左跨出一步，回到起始站姿。以自己能控制的最大速度重复动作。然后换另一侧完成动作	1	1×每侧14米
			2	1×每侧18米
			3	2×每侧18米
			4	3×每侧23米
3.侧向跨步跳（无交叉步）		直立姿势，双脚间距同肩宽，双膝微屈。将右脚放于起跑线后侧，左脚在起跑线前侧。开始进行原地跨步跳，找到自己的节奏。找到节奏后，右脚蹬地将身体向左侧腾空推进，每一次跨步跳都由右腿发力向左推进。完成所需距离后，换左腿蹬地将身体向右侧推进	1	1×每侧14米
			2	1×每侧18米
			3	2×每侧18米
			4	3×每侧23米
4.交叉步侧向跨步跳		直立姿势，双脚间距同肩宽，双膝微屈。将右脚放于起跑线后侧，左脚在起跑线前侧。开始进行原地跨步跳，找到自己的节奏。找到节奏后，右脚蹬地在身前交叉穿过左脚，然后左脚向左侧跨步跳。继续以侧向跨步跳的方式向左移动，右脚总是在身前跨过左脚。手臂像奔跑时一样摆动。完成所需距离后，换方向向右侧推进	1	1×每侧14米
			2	1×每侧18米
			3	2×每侧18米
			4	3×每侧23米
5.侧向滑冰跳		半蹲姿势，双脚间距同肩宽。向左侧跳出，左脚落地，同时右腿摆向左侧，在左腿后方交叉穿过且不落地。稳定住动作后，跳向右侧，以右脚落地，同时左腿在右腿后侧交叉穿过。重复所需次数	1	1×每侧5
			2	1×每侧7
			3	2×每侧10
			4	3×每侧12

169

速度计划4：侧向速度和变向训练计划

这一为期4周的计划可以提升侧向速度和侧向变向能力。你需要在有足够奔跑空间的地方使用器械。完成练习a，休息1~2分钟，再完成练习b。如果你所在的健身房不具有这一布局，那就在器械区域完成练习1a、2a、3a和3b，然后到空地上完成练习1b和2b。这一计划能有效提升最大速度，同时还非常适合耐力跑运动员，特别是需要在山地奔跑的运动员。对于大多数人来说，前两周的计划就已足够，只有拥有多年训练经验的、有大学校队水平的运动员和职业运动员才有能力尝试第三周和第四周的计划。

器械

弹力绳、滑行板、阻力橇、杠铃片、铁链、绳索或高质量的尼龙带、悬吊带（如JC弹力悬吊带）、低跨栏、墙壁、稳定球。

提示

第一周和第二周：每周2次。

第三周和第四周：每周1次（只适合高级训练者）。

表11.4　速度计划4：侧向速度和变向训练计划

练习	照片	动作描述	训练周	组数 × 重复次数 （或移动距离）
1a.弹力绳负载 单侧侧滑		弹力绳的阻力应大到使你不能到达滑行板的另一侧。站在滑行板上，身体右侧面对锚点，将弹力绳固定于腰间。进入1/4下蹲姿势，右脚蹬离阻挡块，向左抗阻滑行至你能到达的最远距离，全程保持宽距运动员准备姿势，然后向右滑回阻挡块，重复规定的次数，换另一侧完成动作	1	2 × 每侧8~10
			2	3 × 每侧10
			3	4 × 每侧5~7
			4	4 × 每侧8~10
1b.弹力绳负载 侧滑步跑动		将固定在髋部高度的弹力绳固定于腰间，身体右侧面向锚点。进入1/4下蹲姿势，右脚蹬离地面，向左侧滑步3~4米。回到起始位置，重复动作。换另一侧完成动作	1	2 × 3~4米
			2	3 × 3~4米
			3	4 × 3~4米
			4	5 × 3~4米
2a.侧向阻力橇 拖拽行走		可以使用大重量的轮胎或其他重物。用所需配重负载阻力橇，将铁链、绳索或尼龙带连接于腰间的悬吊带。身体左侧面向阻力橇，进入1/4下蹲姿势，左脚发力蹬地，右脚向右侧跨出一大步。继续向右侧跨步，完成所需距离。换另一侧完成动作	1	2 × 每侧5米
			2	3 × 每侧5米
			3	4 × 每侧6米
			4	5 × 每侧9米

练习	照片	动作描述	训练周	组数 × 重复次数（或移动距离）
2b.双跨栏侧向单腿跳接5米冲刺跑		用右腿支撑身体，在身体左侧放两个低跨栏。右腿侧向单腿跳过两个跨栏，注意控制动作。右腿跨过第二个跨栏落地后，立刻进行5米前向冲刺跑。换另一侧完成动作	1	2×每侧5米
			2	3×每侧5米
			3	4×每侧5米
			4	5×每侧5米
3a.稳定球单腿侧向顶墙下蹲（内侧腿＋外侧腿）		直立姿势，身体左侧朝向墙面，将稳定球挤在身体和墙面中间，固定于腋下。左手扶墙保持平衡。向右侧走动以获得舒适的倾斜度。以右腿（外侧腿）支撑身体，用右腿完成短程下蹲（1/4到半程幅度）。然后换左腿（内侧腿）支撑身体，再次完成短程下蹲（1/4到半程幅度）。转身，换右侧朝向墙壁，重复动作	1	2×每侧5
			2	3×每侧7
			3	4×每侧10
			4	5×每侧10
3b.侧向滑冰跳接冲刺跑		用右腿支撑站立。以滑冰跳跳向左侧，然后跳回右侧，再跳向左侧。最后一跳左脚落地后，立刻向右侧冲刺跑。完成5米冲刺。换另一侧完成动作	1	2×每侧5米
			2	3×每侧5米
			3	4×每侧5米
			4	5×每侧5米

速度计划5：加速度训练计划

这一为期4周的计划可以提升加速能力。这一计划需要一些特殊的器械，但你依然能根据自己的情况对器械进行替换。例如，你所在的健身房没有史密斯训练器供你做后撤弓步，那就可以使用哑铃或较重的药球。你需要在有足够奔跑空间的地方附近使用器械。完成练习a，休息1~2分钟，再完成练习b。如果你所在的健身房不具有这一布局，那就先完成练习1a和2a，然后到空地上完成练习1b，2b，3a和3b。对于大多数人来说，前两周的计划就已足够，只有已经打造出了足够训练基础的、高水平的训练者才有能力尝试第三周和第四周的计划，如大学校队运动员和职业运动员。

器械

史密斯训练器、跑步机、腿举器、小轿车或卡车、起跑器。

提示

第一周和第二周：每周2次。

第三周和第四周：每周1次（只适合高级训练者）。

表11.5　速度计划5：加速度训练计划

练习	照片	动作描述	训练周	组数 × 重复次数 （或持续时间、 移动距离）
1a.史密斯训练器后撤弓步		直立姿势，双脚间距同肩宽，将史密斯训练器的杠铃扛于肩上。右腿向后跨步，进入弓步姿势，同时下沉身体。将右腿跨回起始位置，换左腿进行后撤步。重复所需次数	1	2× 每侧10
			2	3× 每侧8
			3	4× 每侧6
			4	5× 每侧6
1b.跑步机上斜冲刺		将跑步机的上斜度调为30~50度，并调节至合适的速度。以你的最快速度冲刺5秒。每组休息时，双手扶住扶手，双脚踩两侧踏板离开跑带。重复所需组数	1	2×5秒
			2	3×5秒
			3	4×5秒
			4	5×5秒
2a.前脚掌单腿腿举		坐于腿举器上，将一只脚的前脚掌蹬在踏板上，脚跟离开踏板，伸展膝关节推起踏板。不要完全锁紧膝关节。腿蹬直后，屈膝下放踏板，直到膝关节屈曲至90度。动作全程脚跟都需保持极小的运动幅度，膝关节不锁死。重复所需次数后，换另一侧腿完成动作	1	2× 每侧10
			2	3× 每侧8
			3	4× 每侧6
			4	5× 每侧6
2b.单腿跳接5米冲刺		右腿支撑站姿。右腿发力单腿向前跳跃，注意控制动作。落地后立刻向前冲刺，完成5米的距离。换另一侧完成动作	1	2× 每侧5米
			2	3× 每侧5米
			3	4× 每侧5米
			4	5× 每侧5米
3a.小轿车或卡车推行启动		站在小轿车或卡车后侧。双手握住后保险杠，身体前倾约45度。右脚向前跨出，右膝屈曲至约90度，左腿在后侧几乎完全伸直。双腿用力蹬地发力，让汽车行进5米	1	2×5米
			2	3×5米
			3	4×5米
			4	5×5米
3b.5米起跑		在起跑器上准备好。保持重心下沉，通过前脚掌发力将身体蹬出。在整个5米的冲刺过程中始终保持重心下沉	1	2×5米
			2	3×5米
			3	4×5米
			4	4×5米

总 结

我希望你能喜欢这种全新的分析和提升奔跑速度的方式。我确信本章的练习会让所有人都跑得更快。已经有超过3000名运动员证实了这些练习的高效性。无论是提升起跑速度、加速能力，还是最大速度，本章的这些计划都会帮助你实现速度提升的目标。这些计划对伤痛预防同样有效，特别是腘绳肌和膝关节伤病。所以你可以在跑得更快的同时保持健康。同你的朋友和队友分享这些计划吧，让速度训练成为团队项目。这对每个人来说都会是一次极好的体验。

第**12**章

敏　捷

敏捷是快速并流畅变向或改变身体姿势的简单能力。在所有展现竞技水平的能力中，敏捷不可或缺。敏捷需要加速、减速、肌肉运动知觉、本体感受、脚步移动速度、爆发力和力量的组合。运动员在任意姿势中都可能随时需要以上各种能力，这使得敏捷成了所有运动员必不可少的一项运动能力。我认为，敏捷通常是决定比赛胜负的关键。

　　和人体位移的7框架（单腿主导）不同，敏捷并没有能被关注并训练的唯一特征、姿势或能力。它是众多能力的混合，从意识（如肌肉运动）到生理特性（如爆发力）。因此，敏捷训练需要混合脚步速度练习、加速度练习、速度练习及反应练习。本章提供的训练计划混合了从反应式的重心升降练习到针对高强度运动意识及全身爆发力训练的翻滚练习，还增加了常见的绕锥筒练习，以训练变向能力和体能，还有针对脚步移动速度的敏捷梯练习。

　　具有讽刺意味的是，敏捷训练的两个最大优势也是它的主要劣势：练习的多样性和专项性。是的，多样性和专项性让敏捷训练很有趣、高效。然而，由于动作变化太多，计划不当的敏捷训练可能会导致训练者产生疑惑及看起来更像杂要表演的无用练习。因此，你可以调整任何需要的动作使它成为更适合你的、高效的训练。无论是比赛中的动作转换，如美式橄榄球中后卫被撞倒后起身，然后跑向中场抱摔对手；还是网球运动员在截击时脚下一滑，然后重新获得对球的控制并得分的情况，你都可以模拟或尽可能地贴近，并将不断的重复演练作为自己专项性敏捷训练的一部分。这就是敏捷训练的有趣之处：你可以根据自己的特定需求设计训练计划。

　　敏捷训练所需的器械绝对可以非常复杂，但我们认为对身体的控制才是最重要的、最简单的训练要点，而且这几乎不需要什么器械。因此，本章的大多数练习和计划都依靠自重完成，有几个训练计划使用了简单的器械，如敏捷梯。有些练习使用粉笔或胶带就能完成。如果在露天球场中或水泥地面上训练，你可以使用粉笔或胶带来画出或贴出五点站位、六边形和敏捷梯。

　　很多流行的练习并不在本章范围内，但我选择的练习包含了一部分流行练习的主要部分或体现出了其显著特征。例如，很多敏捷梯练习都包含了六边形练习的部分内容，很多跨栏和绕锥筒练习都包含了绕假人练习的部分内容。敏捷练习的另一个应用是作为训练热身。这种用敏捷练习作为热身的训练计划不仅可以让身体做好训练准备，还可将敏捷练习作为训练计划的补充。通常，热身动作的选择缺乏逻辑，当然热身动作本身也缺乏强度：热身就像训练开始前不得不进行的一项例行公事。由于一堂训练课的时间就像本书的篇幅一样有限，所以我们不得不让热身和整理运动体现出价值。我们在这一部分加入了几个可以用来热身的敏捷练习。你应以慢速开始动作，然后快速提升到最大速度。在温暖的环境中这个过程可以特别快，如IHP总部所在地——佛罗里达州，只要在阳光下走一走，人们就会出汗。你可以将速度较快的练习作为热身运动，将速度较慢的练习作为整理运动。

在更高级的训练阶段，我们会在整理运动阶段进行不停歇的快速训练，专注于在疲劳状态保持动作的精度。这一方法可以训练疲劳状态下的专注度和完美执行动作的能力。想要应用这一方法，你必须预先完全掌握在疲劳状态下需要执行的练习。我们还经常在训练的最后阶段使用短促的代谢训练，并让客户在训练后通过走动恢复常态。通过这种方法，运动员能在极度疲劳的情况下依然不断地推进练习。训练课最后阶段的高强度训练就是在磨炼人的意志品质。

下面的两个练习可以作为训练计划或敏捷热身运动的一部分被独立使用或组合使用。它们都是运动技能训练或敏捷梯训练前的绝佳的热身动作。

六边形练习

用粉笔或胶带在地上画出或贴出一个六边形。每一边长应为61厘米，每个内角应为120度（图12.1）。双脚并拢站于六边形中央的起点位置，面向1号线方向。听到"开始"指令后，双脚跳过1号线，然后向后跳回起点位置。然后保持双脚并拢，面向1号线，跳过2号线后再跳回起点位置。继续这一动作形式，完成3个完整的环绕为一组。然后沿逆时针方向跳跃，再完成一组。每个方向各完成3~4组。

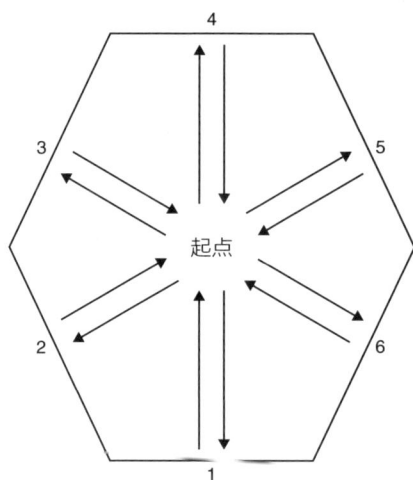

图12.1 六边形练习

交叉旋转跳跃练习

用粉笔或胶带在地上画出或贴出十字：2条垂直的相交线段（图12.2）。双脚位于1条线的两侧，交叉点和其他3条线位于身前；左脚位于区块1中，右脚位于区块2中。双脚间距同肩宽，双膝微屈。双脚向右跳跃的同时身体朝左旋转，左脚落于区块2中，右脚落于区块3中。双脚再次向右跳跃，同时身体朝左

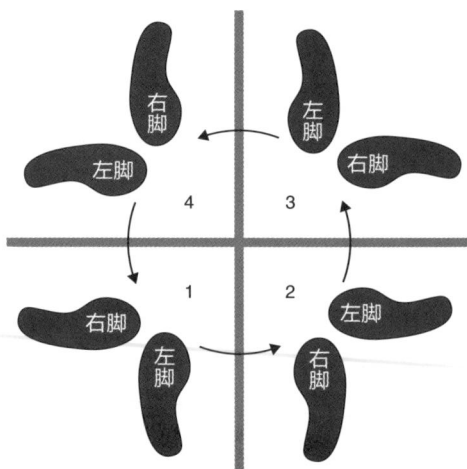

图12.2 交叉旋转跳跃练习

旋转，左脚落于区块3中，右脚落于区块4中。此时你应面朝和起始位置相反的方向。再完成两次跳跃，直到返回起始位置。再以逆时针重复练习，再次回到起始位置时算一次完整的动作重复。每组完成2~4次重复，共完成3~4组。

下一个系列的练习适合初级训练者，同样可以作为高级训练者的热身或整理运动。这些练习组成了我最喜欢的、应用于运动员的热身训练。很多动作都适用于各种与奔跑相关的运动技能训练。你可以在完成这些动作后进行速度更快的练习，为后续更具爆发性的训练做好准备。当将这些练习作为整理运动时，你可以选择较低的训练量，以较慢的速度完成练习。例如，只进行5分钟的整理运动，但维持2秒姿势以增强整理运动的柔韧性训练。这一应用让我最喜欢的一点是，它和我们主张的柔韧性和力量合一的理念一致。

前向下触弓步接过顶上举

右脚向前跨出一大步，双手下触右脚（图12.3）。左脚向前跨步至右脚旁，双臂过顶上举。前行9米。然后换左脚向前跨步，双手下触左脚，右脚向前跨步至左脚旁，双臂过顶上举。前行9米。

图12.3　前向下触弓步接过顶上举

侧向下触弓步接过顶上举

左脚向左侧跨出一大步，双手下触左脚（图12.4）。右脚向左侧跨步至左脚旁，双臂过顶上举。行进9米。然后换右脚向右侧跨步，双手下触右脚，左脚向右侧跨步至右脚旁，双臂过顶上举。行进9米。

图12.4　侧向下触弓步接过顶上举

弓步接转体

右脚向前跨步，进行前向弓步，同时向右转体（图12.5）；然后左脚向前跨步，进行前向弓步，同时向左转体。持续进行左右交替的弓步接转体动作，前进9米，然后再进行9米距离的后撤弓步接转体。

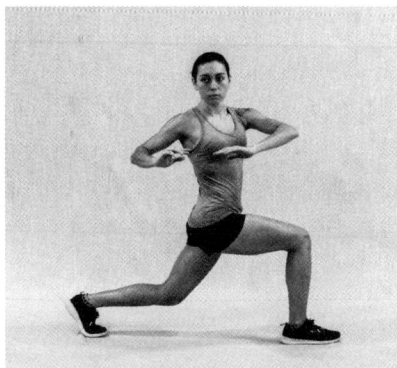

图12.5 弓步接转体

低位姿势侧向行走

身体左侧面向起跑线，左脚位于起跑线上，呈宽距运动员准备姿势（图12.6）。左脚向左侧跨出一大步，拉伸内收肌群。保持低位姿势，右脚向左侧跨出一大步，回到起始的宽距运动员准备姿势。行进9米，然后向相反方向行进9米。

图12.6 低位姿势侧向行走

低位姿势交叉步行走

身体左侧面向起跑线，左脚位于起跑线上，呈宽距运动员准备姿势。右腿从左腿前侧向左交叉，跨出一大步（图12.7）。保持低位姿势，左脚向左侧跨出一大步，回到起始的宽距运动员准备姿势。右脚从左腿后侧向左交叉，跨出一大步。行进9米，然后向相反方向行进9米。

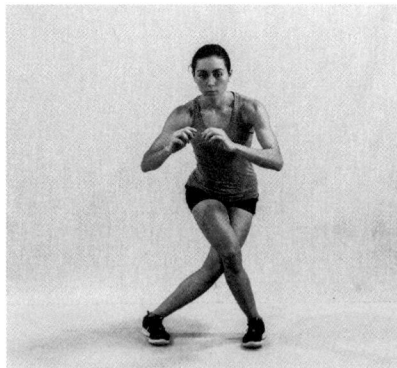

图12.7 低位姿势交叉步行走

蜘蛛侠爬行

以双手前后交错的俯卧撑姿势作为起始姿势，右手比左手更接近髋。将右膝提起，放于右肘外侧，右脚落地（图 12.8）。用右手向前爬出，同时将左膝提起，放于左肘外侧。继续用左手向前爬出，并将右膝提起，放于右肘外侧。向前爬行 9 米，然后向后爬行 9 米。

图 12.8 蜘蛛侠爬行

熊爬

双脚并拢站立，双膝伸直。在保证不屈膝的同时将双手手掌平放于身前，尽可能地接近双脚。保持膝关节锁定，双腿完全伸直，双脚平放于地面，臀部抬起，像熊一样向前爬行（图 12.9）。向前爬行 9 米，然后向后爬行 9 米。

图 12.9 熊爬

虫爬

以熊爬姿势作为起始姿势（双脚平放于地面，双膝伸直，双手放于双脚前）。只靠双手向前爬行，保持核心紧绷，从双脚平放于地面逐渐过渡到以前脚掌撑地（图 12.10）。在核心力量允许、腰背部无压力或无疼痛的幅度内向前爬行。一旦达到了最大爬行幅度，就只靠双脚向前行走，保持双腿伸直，直到腘绳肌无法再被拉伸。向前爬行 9 米，然后向后爬行 9 米。

图 12.10 虫爬

T式俯卧撑

完成一次俯卧撑，然后将身体翻滚到一侧支撑，同时将对侧手臂抬起，指向天花板。此时进入T形姿势（图12.11）。此时姿势看起来应像一个侧仰撑地的十字。每侧完成5~10次。

我用以上这些练习进行10分钟的热身、5分钟的整理运动及30分钟的训练，并且都获得了出色的效果。另外，一旦将有效的热身和整理运动与本章介绍的强度更大的训练计划有机结合，你会感到更加如鱼得水。在IHP，我们训练了很多本地的高中生运动

图12.11　T式俯卧撑

员，这些训练计划使他们获得了巨大的收益。我们发现，年轻运动员面临的一个问题是过早地参与体育训练，这导致他们在少年时期自由玩耍的时间不足。因此，我们发现一些在运动场上表现特别出色的运动员却不会做跨步跳、侧滑步或其他简单的练习动作。对于这些运动员，本章的训练计划能完美改善这一情况。即使你的协调能力很好或只是想为训练增添些花样，这些计划都会为你带来难以置信的运动能力提升，帮助你预防伤病，并在趣味训练中消耗大量的能量。

对于本章计划的最后一个提示是，它们是耗时25~30分钟的训练计划，不是耗时5~10分钟的热身。这些计划的高阶版本训练量很大，这样的设计是有原因的。我认为，敏捷训练不应将各种练习混乱组合。在实施这些耗时并不短的计划时，你的状态应该不断提升。这些计划不仅能有效提升敏捷度，还能提升疲劳状态下保持敏捷的能力，这是精英级运动员和普通运动员的最大区别之一。这种高强度、大训练量的训练法是IHP版本的身体刚硬度训练，与格斗训练中的刚硬度提升方式不同的是，这一方式不会对身体造成任何损伤。绝大多数教练分析和看待训练的方式与IHP不一样，我们的敏捷训练计划就是证明。我们开始训练吧。

敏捷计划1：全身意识翻滚训练计划

这一为期4周的计划专注于提升全身翻滚敏捷性。一旦打造出了良好的训练基础（完成3~4周的训练计划），你就可以将这一计划的第一周或第二周的练习作为格斗项目或其他对抗项目的热身运动。因为在这些项目中，运动员摔倒后必须快速起身。我用这一计划训练过对抗性项目和格斗项目运动员。我还认为所有的孩子都必须学习基础的翻滚练习。对于大多数人来说，前两周的计划已经足够，第三周和第四周的计划适合已打造出高水平耐力的高级训练者。这些练习同样还能以指定距离作为完成标准，通常是9米。然而，如果你受场地限制，无法完成长距离的动作，每组、身体每侧重复2~3次（总共重复4~6次）就好。

器械

小型标志物或搭档。

提示

第一周和第二周：每周3次或4次。

第三周和第四周：每周2次或3次（只适合高级训练者）。

表12.1 敏捷计划1：全身意识翻滚训练计划

练习	照片	动作描述	训练周	组数 × 重复次数
1.前滚翻		以四点支撑姿势（双膝双手）作为起始姿势，直到可以从站立姿势开始动作。交错站姿，右脚在前。俯身，向前跌出。用右肩落地并向前滚动。双脚落地后起身。重复所需次数后换另一侧完成动作	1	1×2
			2	2×2
			3	3×2
			4	2×4
2.后滚翻		以坐姿作为起始姿势，直到可以从站立姿势开始动作。交错站姿，右脚在前，屈膝坐向身后的地面。即将接触地面时，用右肩落地并向后滚动。继续滚动，双脚落地后起身。重复所需次数后换另一侧完成动作	1	1×2
			2	2×2
			3	3×2
			4	2×4
3.后手翻		以交错站姿作为起始姿势，屈膝坐向身后的地面。即将接触地面时向后翻滚，双手撑地。继续向后翻滚，直到双脚位于头部上方。继续向后滚动，同时用双手将身体推离地面，双脚落地后起身。重复所需次数	1	1×2
			2	1×3
			3	2×2
			4	2×3

练习	照片	动作描述	训练周	组数 × 重复次数
4.跨障碍前滚翻		在身前设置一个高度在膝髋之间的障碍物，或搭档以双手双膝四点撑于身前。向前跨出几步后右脚蹬地，身体飞过障碍物。右肩落地并向前滚动，直到双脚落地。重复所需次数后换另一侧完成动作	1	1× 每侧2
			2	2× 每侧2
			3	3× 每侧2
			4	2× 每侧4
5.侧手翻		宽距站姿，向左侧屈曲身体，左手撑地，继续翻滚，在双脚离地时将右手撑于地面。双脚指向天花板。右脚落地，然后左脚在旁边落地。重复所需次数后换另一侧完成动作	1	1× 每侧2
			2	2× 每侧2
			3	3× 每侧2
			4	2× 每侧4
6.侧手翻向内转体		交错站姿，向左侧屈曲身体，左手撑地，继续翻滚，在双脚离地时将右手撑于地面。双脚指向天花板，旋转身体，面向起始位置，双脚落地。重复所需次数	1	1× 每侧2
			2	2× 每侧2
			3	3× 每侧2
			4	2× 每侧4

敏捷计划2：奔跑敏捷训练计划

这一为期4周的敏捷训练计划专注于提升奔跑中的敏捷性，同时还是一个高阶的体能训练计划。这一计划包含了过去15年中我使用过的、最流行的敏捷测试和练习。这一计划应从较低的训练量开始，这样你就能够有足够的时间来学习并完善练习，但它最终会变成提升运动员体能的大训练量计划。这一计划已经帮助了很多高中生运动员以高分进入优秀的大学，他们的教练坚信IHP提供的体能保障是运动员们成功的重要因素。对于大多数人来说，前两周的计划就已足够，只有已经打造出了大量训练基础的、更高水平的训练者才有能力尝试第三周和第四周的计划。

器械

粉笔或胶带（用来画线或做标记）、锥筒。

提示

两次动作重复间休息60~120秒，两组间休息2~3分钟。

第一周和第二周：每周3次或4次。

第三周和第四周：每周2次或3次（只适合高级训练者）。

表12.2　敏捷计划2：奔跑敏捷训练计划

练习	动作描述	训练周	重复次数
1. 20米折返敏捷跑	画出3条两两间隔5米的线。交错站姿，双脚横跨起跑线（中线）。朝右侧冲刺跑，用右手触碰5米以外的边线。转向左侧冲刺10米，用左手触碰远端边线。然后向右侧冲刺5米，回到起始位置。重复所需次数	1	1
		2	2
		3	2
		4	3
2. T形敏捷练习	将3个锥筒两两间隔5米一字排开，在距离中间的锥筒10米远的位置放第四个锥筒。交错站姿，背对第四个锥筒。冲刺10米至中间锥筒的位置，然后向左侧滑步5米，用左手触碰左边的锥筒。向右侧滑步5米回到中间锥筒的位置，用右手触碰锥筒。然后后撤小跑10米回到第四个锥筒前的起始位置。然后再跑向中间锥筒，再跑向右侧，再跑回，形成完整的T形路线	1	1
		2	2
		3	2
		4	3
3. 环绕变向跑	交错站姿，向前冲刺5米；然后转身360度，再冲刺5米；再次转身360度，冲刺5米；接着向左侧冲刺10米。回到起点后继续向前冲刺，并向右冲刺	1	1
		2	2
		3	2
		4	3
4. 40米敏捷梯练习	画出3条线：起跑线，5米外画出第一条线，距离第一条线5米处画出第二条线。交错站姿，在起跑线前准备好。冲刺5米至第一条线，右手碰线，跑回起点，左手碰起跑线。然后冲刺10米至第二条线，右手碰线，跑回起点，左手碰起跑线。继续冲刺5米，右手碰第一条线，然后回到起点。重复动作	1	1
		2	1
		3	1
		4	2

敏捷计划3：敏捷梯训练计划

这一为期4周的计划使用敏捷梯来提升脚步速度和敏捷性。如果没有敏捷梯，可以用粉笔在水泥地上画出来或用胶带在其他类型的地面上贴出来。请确保在训练之后，我们能够把地面清理干净，使其恢复原样。一开始可以选择10米长的全梯，以使我们完成学习和体能适应所必需的重复次数。一旦运动员掌握了正确的动作形式，我们就可以使用5米长的半梯，然后尽全力完成每一次动作。我们甚至在半梯练习中增加了反应冲刺，以进行更具针对性的反应训练和体能训练。对于大多数人来说，前两周的计划就已足够，只有已经打造出了大量训练基础的、更高水平的训练者才有能力尝试第三周和第四周的计划。

器械

敏捷梯。

提示

两次动作重复间休息15~30秒，两组间休息2~3分钟。进行敏捷梯训练时，试着朝前看，不要朝地面看。

第一周和第二周：每周2次。

第三周和第四周：每周1次（只适合高级训练者）。

表12.3　敏捷计划3：敏捷梯训练计划

练习	动作描述	训练周	重复次数
1.快跑通过	尽可能快地跑过敏捷梯，每个阶梯中间只有一只脚落地。强调高抬腿及快速弹地反应。重复所需次数	1	全梯×2
		2	全梯×3
		3	半梯×4
		4	半梯×6
2.侧向跑	侧向面对敏捷梯。尽可能快地侧向跑过敏捷梯，每个阶梯中间只有一只脚落地。强调高抬腿及快速弹地反应。重复所需次数	1	全梯×2
		2	全梯×3
		3	半梯×4
		4	半梯×6
3.内-外跳步行进	站在敏捷梯的一端。双脚并拢，跳入第一个方格。原地起跳，双脚分开，落在方格外。跳入第二个方格，落地时双脚并拢，落在方格内。以双脚并拢、分开的交替形式沿敏捷梯跳跃前进	1	全梯×2
		2	全梯×3
		3	半梯×4
		4	半梯×6
4.斜向跳	敏捷梯的一端位于身体左侧，直立姿势，面朝敏捷梯另一端。双脚并拢，向左跳进敏捷梯，然后再向左跳出敏捷梯，此时敏捷梯位于你的右侧。向右跳入敏捷梯，跳进下一个方格，然后向右跳出敏捷梯，此时敏捷梯位于你的左侧。继续以之字形前进，重复所需次数。训练经验提升后，你还可以用单腿进行这一练习	1	全梯×2
		2	全梯×3
		3	半梯×4
		4	半梯×6
5.半滑步行进	站在敏捷梯左侧，右脚向右侧跨步，踏入第一个方格，然后将左脚也踏入第一个方格。右脚向右侧跨步，跨出方格，然后左脚向前跨步，踏入第二个方格。接着右脚踏入第二个方格，然后左脚向左跨出方格，右脚向前跨入第三个方格。以此形式重复动作	1	全梯×2
		2	全梯×3
		3	半梯×4
		4	半梯×6
6.单腿前向跳	单腿依次前向跳进每一个方格，将脚和地面的接触时间减至最短。可为练习增加其他技能组分以增加难度。重复所需次数后换另一侧腿进行练习	1	全梯×每侧1
		2	全梯×每侧2
		3	半梯×每侧4
		4	半梯×每侧6
7.单腿侧向跳	单腿侧向依次跳进每一个方格，将脚和地面的接触时间减至最短。可为练习增加其他技能组分以增加难度。重复所需次数后换另一侧腿进行练习	1	全梯×每侧1
		2	全梯×每侧2
		3	半梯×每侧4
		4	半梯×每侧6
8.单腿斜向跳	单腿站姿，站于敏捷梯一端。敏捷梯位于身体左侧，面向敏捷梯另一端。向左跳跃，跳进第一个方格，然后再向左跳出，此时敏捷梯位于你的右侧。向右跳入敏捷梯，跳进下一个方格，然后再向右跳出，此时敏捷梯位于你的左侧。继续以之字形前进，重复所需次数	1	全梯×每侧1
		2	全梯×每侧2
		3	半梯×每侧4
		4	半梯×每侧6

敏捷计划4：反应敏捷训练计划

这一为期4周的敏捷计划可以提升反应和姿势敏捷性。根据运动员在各自的项目中的需要，这一计划可以使用声音、战术或视觉指令，让运动员做出相应反应。你可以将此练习作为竞赛，让几位运动员排成一列，看谁最先起跑或最先抵达终点（如5米远），看谁的反应最快。运动员都喜欢比赛，你可以参考自行车环法赛，将领骑衫授予用时最短或获胜最多的运动员。这个计划非常适合接触性场地项目的运动员。对于大多数人来说，前两周的计划就已足够，只有已经打造出了大量训练基础的、更高水平的训练者才有能力尝试第三周和第四周的计划。

器械

发出起跑令的搭档。

提示

两次动作重复间休息60~90秒，两组间休息2~3分钟。

第一周和第二周：每周2次。

第三周和第四周：每周1次（只适合高级训练者）。

表12.4 敏捷计划4：反应敏捷训练计划

练习	动作描述	训练周	重复次数
1.四点支撑起身站立	以双手、双膝撑地作为起始姿势。按如下顺序爆发式地快速起身：双手抬起，一只脚抬起，然后另一只脚抬起。重复所需次数	1	1~2
		2	2~3
		3	3
		4	3~4
2.四点支撑起身转体站立	以双手、双膝撑地作为起始姿势。按如下顺序爆发式地快速起身并进行180度转体：双手抬起，一只脚抬起，然后另一只脚抬起，转体。重复所需次数	1	1~2
		2	2~3
		3	3
		4	3~4
3.坐姿起身站立	以坐于地面的姿势作为起始姿势。爆发式地快速起身。练习多种起身方法，直到找到最适合自己的，然后在另一侧重复。重复所需次数	1	1~2
		2	2~3
		3	3
		4	3~4
4.坐姿起身转体站立	以坐于地面的姿势作为起始姿势。爆发式地快速起身，并进行180度转体。练习多种起身策略，直到找到最适合自己的，然后在另一侧重复。重复所需次数	1	1~2
		2	1~2
		3	2~3
		4	2~3
5.下蹲后蹬起身	直立站姿，进行下蹲后蹬动作，然后滚向任意一侧，接着以最快速度起身站立。重复所需次数。继续翻滚向另一侧	1	1~2
		2	1~2
		3	2~3
		4	2~3
6.前向跌倒冲刺	直立站姿，双脚并拢，前倾身体，直到丧失平衡。全速冲刺以避免跌倒。跑动18~27米。重复练习	1	1~2
		2	1~2
		3	2~3
		4	2~3

敏捷计划5：锥筒练习计划

这一为期4周的计划可以提升敏捷性和体能。一旦打造出良好的训练基础（完成4周的训练计划），你就可以用这一计划中的2个或3个练习作为技能训练的热身动作。对于所有想要提升运动敏捷性和获得比赛所需体能储备的人，这都是一个绝佳的训练计划，特别是第三周和第四周的计划。对于大多数人来说，前两周的计划就已足够，只有已经打造出了大量训练基础的、更高水平的训练者才有能力尝试第三周和第四周的计划。

器械

锥筒。

提示

两次动作重复间休息60~90秒，两组间休息2~3分钟。

第一周和第二周：每周2次。

第三周和第四周：每周1次（只适合高级训练者）。

表12.5　敏捷计划5：锥筒练习计划

练习	动作描述	训练周	重复次数
1. 15米绕筒练习	以起跑姿势做好准备。朝前方5米处的第一个锥筒冲刺，然后快速从锥筒右侧绕过。朝第二个锥筒冲刺5米，然后从左侧绕过锥筒。继续冲刺5米。重复所需次数	1	1
		2	2
		3	2~3
		4	3
2. 20米方形跑动练习	以起跑姿势做好准备。朝前方5米处的第一个锥筒冲刺，然后快速向右变向，侧滑步至右侧5米处的锥筒，然后快速向后变向，后退5米至下一个锥筒，然后快速向左变向，侧滑步至左侧5米处的起始位置。重复所需次数后换另一个方向进行练习	1	每个方向1
		2	每个方向2
		3	每个方向2~3
		4	每个方向3
3. X式多方位跑动	以起跑姿势做好准备。朝前方冲刺9米至第一个锥筒处，然后向右后方45度变向，冲刺13米至第二个锥筒处。然后向左后方转45度，后退9米至第三个锥筒处。接着继续向右前方45度变向，冲刺13米至第四个锥筒处。重复所需次数后，换另一个方向进行练习	1	每个方向1
		2	每个方向2
		3	每个方向2~3
		4	每个方向3
4. 之字形跑动	以起跑姿势做好准备。面朝前方一列排开的5~10个锥筒，每个锥筒间隔1米。右脚向右前方快速跨步，到第一个锥筒右侧，然后将左脚跨至右脚旁。紧接着左脚向左前跨步，到下一个锥筒的左侧，然后将右脚跨至左脚旁，以之字形快速、爆发式地绕过所有锥筒。重复所需次数	1	1
		2	2
		3	2~3
		4	3
5. 之字形急停变向	你需要4个锥筒。第一个锥筒位于身前，在右（左）前方45度处放置第二个锥筒，间隔5米。第三个锥筒位于第二个锥筒的左（右）前方45度处，间隔9米。第四个锥筒位于第三个锥筒的右（左）前方45度处，间隔18米。冲刺至第一个锥筒，外侧脚蹬地急停变向，冲刺至下一个锥筒。绕过所有锥筒后，走回起点，重复所需次数	1	1
		2	2
		3	2~3
		4	3

总 结

我相信本章涵盖的各种敏捷练习可以为你带来一些全新的训练思维，并能帮助你提升敏捷性。希望这些计划还能让你意识到敏捷是运动能力的重要组成，并启发有关敏捷训练的全新灵感。记住，敏捷是运动员实现成功所需的最重要的生理和运动能力之一。你需要大量的重复训练才能实现敏捷性的提升。因此，你应该确保你的运动能力提升计划中已经包含了一些敏捷训练。

和前面一样，我鼓励你应用本章介绍的计划和练习，定制出属于自己的敏捷训练计划。例如，从每一个计划中拿出一个练习，创造一个全新的计划。我确信你将创造出一个独一无二的出色计划。当你开始掌控训练计划设计时，你将获得巨大的运动表现提升。时间和尝试会让你走向完美。最重要的是，和身边的人分享你的全新敏捷训练计划，他们一定会感激你的。

第4部分

运动耐力训练计划

即便你掌握了力量、爆发力、速度和敏捷性，甚至已经成了优秀的运动员，可一旦耐力不足，你将一无是处。事情就这么简单。这样的情况出现过多次：一个更优秀的运动员一直领先，但到了关键时刻却由于疲劳而输掉了比赛。第4部分是被我称为代谢训练的部分。之所以用"代谢"这个词语命名这种类型的训练是为了将其和心肺训练区分开。尽管这种训练包含心肺部分，但心肺并不是决定性因素。基本上来说，这和著名的最大摄氧量（VO₂max）无关。我们只是称其为代谢，并将这个名称沿用了下来。但请记住，这只是个名字而已。我会介绍针对全身所有部位的代谢训练计划。

我不会讲解这一类训练的生物化学原理，因为即使深入探讨生物化学以及所有关于乳酸阈值和肌纤维的研究，依然无法解释我们见到的、出现在各种水平的人群身上的运动表现巨变是如何发生的，从休闲体育爱好者到职业体育运动员都是如此。我只会告诉你，这种训练会让你变得坚不可摧，它改变的不只是身体和运动表现。这种训练会重新定义人的意志品质，并从内而外地彻底改变你。我们在前言部分讨论了刻苦训练能促进精神升华，我建议你在研究本章的训练前重新阅读那部分内容。请牢记，当你开始意识到代谢加速（如代谢训练）所带来的感受，即将由于疼痛而退缩时，请放松你的面部，因为你感觉到的根本不是疼痛，你感觉到的不过是代谢加速。事情就这么简单！这种类型的练习越多，如果你愿意，你就能越大幅度地打破屏障。意识和感受可以在瞬间发生改变并产生重大影响。

下身代谢训练计划介绍了来自维恩·甘贝塔的超级腿部训练计划及于20世纪90年代被研发出来的JC侧向腿部快速代谢方案。本部分还为大家提供了使用独特器械的训练方案，如我们著名的绕着IHP停车场推林肯领航员越野车的训练方案。上身代谢训练计划详述了我在职业生涯早期设计的胸部训练方案和JC胸部代谢方案。你能轻而易举地找到这些计划使用的器械，这些器械可以让你的上身代谢训练成为训练计划中的亮点。最后，全身代谢这一部分介绍了我用来训练格斗运动员和特种部队成员的方案。

如今，众多训练流派都在使用代谢训练创建训练计划，甚至包括各种竞技项目，如CrossFit和障碍赛跑。《功能性训练：提升运动表现的动作练习和方案设计》一书介绍了我创建的最受欢迎的方案，如JC腿部快速代谢方案、胸部代谢方案及盖瑞·格瑞的哑铃矩阵组。我不想再重复介绍这些方案了，建议大家参考《功能性训练：提升运动表现的动作练习和方案设计》一书，深度了解这些代谢训练方案。另外，我在本部分加入了其他效果极佳的方案。请准备好，开始训练！

第13章

下身代谢

腿部开始疲劳的时候，一般比赛就结束了，无论你是在进行奔跑、格斗，还是任何需要在站立时保持强壮的运动项目。因此，在身体已经疲惫不堪时却依然能够不停运转的双腿几乎是所有运动员都想拥有的。在格斗比赛的最后一个回合依然能够持续跳动的双腿、在跑步赛事后期赶超已经被你追累了的选手或在攻防转换中挤开对方球队的球员，这些都是下身代谢耐力极强的标志，而它来自专项性训练。所以这种训练，和其他所有训练一样，开始得越早，收益越持久。

针对下身的代谢训练受到了我十几岁时的功夫师父和空手道老师的启发。我们当时做过各种各样的训练，从1000次扫踢训练到持续1小时进行各种格挡动作和出拳训练，从扎马步到在深及大腿的水中快速跑3.2~4.8千米。维恩·甘贝塔在20世纪90年代中期和我们分享了他的"超级腿部"训练计划（20次下蹲、20次弓步、20次交替登箱跳及10次下蹲跳）。这个计划启发了整整一代教练，他们在他的计划的基础上进行研发和扩展。现在，我们来看看会将你的腿部耐力提升至全新高度的下身代谢训练方案。

腿部代谢计划1：JC侧向腿部快速代谢方案

　　这一为期6周的计划用JC侧向腿部快速代谢方案作为侧重于提升侧向移动能力的爆发式耐力训练计划。对于绝大多数人来说，没有必要完成全部6周的计划，但如果你是越野超级马拉松运动员或障碍跑运动员，完整的6周计划能帮助你以自己的最快速度冲过终点线。大多数运动员（如篮球和网球运动员）只需间无休地完成两组——最多再加上第三组。你应按照进阶指导进行训练，逐周将练习间隔时间减少15秒，直到你能实现练习间无休息。

器械

　　药球、跳箱。

提示

　　第一周（初级训练者）：练习间休息45秒。

　　第二周（初级训练者）：练习间休息30秒。

　　第三周（中级/高级训练者）：练习间休息15秒。

　　第四周（中级/高级训练者）：练习间无休息。

　　第五周和第六周（精英级别运动员）：练习间无休息。

表13.1　腿部代谢计划1：JC侧向腿部快速代谢方案

练习	照片	动作描述	训练周	组数 × 重复次数
1. 药球ABC下蹲		直立姿势，双脚间距同肩宽，双手握一药球或哑铃/杠铃片。下蹲，同时将药球向右侧推出。回到直立姿势。下蹲，同时将药球向身前推出。回到直立姿势。再次下蹲，同时将药球向左侧推出	1	1 × 每侧15
			2	2 × 每侧15
			3	3 × 每侧15
			4	4 × 每侧15
			5	4 × 每侧15
			6	4 × 每侧15
2. 交替侧向弓步		直立姿势，双脚间距同肩宽。左脚向左侧跨出，同时将重心转移至左腿并尽可能低地下蹲。下蹲的同时保持右腿伸直，右脚掌平稳落地。将左腿推离地面，回到起始位置。换右腿完成动作	1	1 × 每侧10
			2	2 × 每侧10
			3	3 × 每侧10
			4	4 × 每侧10
			5	5 × 每侧10
			6	6 × 每侧10
3. 交替侧向跨箱跳		右脚踩于20~30厘米高的跳箱上，左脚落地。上摆双臂的同时向右侧跳跃。左脚落于跳箱上，右脚落地。向左侧跳回，左脚落地，右脚落于跳箱上。快速重复动作	1	1 × 每侧10
			2	2 × 每侧10
			3	3 × 每侧10
			4	4 × 每侧10
			5	5 × 每侧10
			6	6 × 每侧10

练习	照片	动作描述	训练周	组数 × 重复次数
4.滑冰跳		双脚并拢，一侧腿侧向蹬离地面。落地后立刻用另一侧腿反向发力，蹬离地面，快速完成交替形式的动作。如需提升脚步速度，可在限定时间（10秒或更短时间）内尽可能多地重复动作。重复所需次数	1	1×每侧10
			2	2×每侧10
			3	3×每侧10
			4	4×每侧10
			5	5×每侧10
			6	6×每侧10

腿部代谢计划2：推卡车

这一为期7周的推卡车/小轿车计划是我们在21世纪初就开始使用的计划之一。我们最终将推卡车纳入了很多循环计划中，但在此之前，我们已经开始推着卡车绕IHP的停车场满场飞奔了（每次共74米，包含23米下坡+14米上坡+23米下坡+14米上坡）。我姐姐在脑部手术7周后开始用这个计划进行训练，并最终完成了一次完整的推卡车训练。能力允许且已经有了出色健身训练基础的人可以从第二周或第三周的计划开始。我们的运动员会将这一计划作为预先疲劳训练方案，完成特定次数的推行。因此，尽管将林肯领航员越野车推行73米听起来是个不可能完成的任务，但最终我们会在一节训练课上完成好几次。IHP的精英级推卡车计划是在停车场内推行5圈，每一圈之间休息2~3分钟，总耗时约20分钟，包含800~1000次动作重复（每侧400~500）。如果用小一些的汽车，在IHP停车场内推行两圈差不多相当于推行林肯领航员越野车一圈——当然这只是我们的估测。你可以用阻力橇代替汽车，但是我更偏爱卡车。这让我想起了20世纪70年代训练柔道时用道服拉动一辆小轿车。

将推卡车作为预先疲劳方案的应用之一是完成一轮推卡车后进行你通常为备赛所进行的各种爆发式训练。这适合格斗运动员和特种部队队员。其具体应用如下。

- 1分20秒内推卡车一圈。
- 绕停车场空击，全程只有前脚掌着地。
- 2次全敏捷梯练习或旋转跳，全程只有前脚掌着地。
- 10次低跨栏侧向跳跃。
- MMA格斗运动员可选：每侧腿进行10次重击沙袋低扫踢。

器械

卡车或小轿车。

提示

在IHP，停车场的地形让这一计划变得十分特别。由于排水系统的设计，推行将从轻微的下坡开始，然后经过上坡再下坡，最后以上坡加转弯作为结束。最后的阶段前轮紧咬沥青，推行速度相当缓慢——你将推到怀疑人生！

动作描述

非常简单：站在卡车身后将卡车推向前方（图13.1）。确保卡车挂空挡且驾驶室坐人（好让你不至于口鼻冒烟），双手抵住保险杠（将毛巾放在保险杠上，用于保护双手和汽车，并预防手滑），前脚掌着地推进，试着不要用全脚掌着地。

图13.1 推卡车

初始计划

第一周：2组×5米，每周3次，组间休息1分钟。

第二周：2组×9米，每周3次，组间休息1分钟。

第三周：3组×23米，每周3次，组间休息1~2分钟。

第四周：2组×37米，每周3次，组间休息1~2分钟。

第五周：1组×60米，每周3次。

第六周：2组×60米，每周3次，组间休息2~3分钟。

第七周：1组×74米，每周3次。

精英级IHP推卡车计划

第八周：2组×74米，每周2次，组间休息3~4分钟。

第九周：3组×74米，每周2次，组间休息3~4分钟。

第十周：4组×74米，每周1次，组间休息2~3分钟。

第十一周：5组×74米，每周1次，组间休息2~3分钟。

第十二周（额外训练周）：2组×74米，每周1次，组间无休息。

腿部代谢计划3：补充性下身耐力计划

这一计划用到了专用器械。当然，如果没有这些设备，你依然可以进行轮胎拖拽或爬楼梯/爬山。我在这一部分介绍这些器械，目的是让你了解市面上有哪些有用的器械，以及在寻找心仪的健身房时你应该特别关注的器械。

维萨攀爬机：下身代谢

维萨攀爬机（图13.2）可能是我们在IHP用得最多的一件器械了。用合适的阻力训练下身能让你在不去体育场的情况下感到在体育场跑步带来的刺激。你先登上36~46厘米高的跳箱，感受腿部受到的阻力，然后在攀爬机上调节至尽可能接近登箱时感到的阻力水平。你应用双腿尽力完成15秒的攀爬冲刺。你需要记录下15秒内完成的总里程。你需要在每一个训练组中都完成这一里程。组间休息1~1.5分钟，每周完成2~3次，每次3~5组。你可以将这一练习作为充血组，在腿部训练日后完成2~3组冲刺。

上斜跑步机冲刺

在IHP，我们一般会将我们的老旧上斜跑步机的倾斜度调节为50%，速度设置成每小时9.6千米。新的跑步机很难实现50%的倾斜度。如果你无法找到这样的上斜跑步机，那就将跑步机调节到最大倾斜度，提高速度，完成这一训练方案。例如，使用20%~30%的倾斜度，将速度提高至12.8~19千米/小时。首先选择一个你仅能冲刺7~10秒的速度和上斜角度。冲刺10秒，然后抓住扶手，跳到侧面的脚踏上，休息50秒，这是一个完整的训练组。每周完成2~3次，每次5~10组。4周之内，你就可以进行其他项目了。

应用这一方案的案例是，杰夫·蒙森和其他UFC精英级别格斗运动员在一节体能课上完成了20组上斜度为50%、速度为9.6千米/小时的冲刺。

图13.2 维萨攀爬机

腿部代谢计划4：MVP穿梭机下身代谢计划

很多高水平运动员都是在受伤后却仍然需要高强度训练时来到IHP的。这个计划还适合想要获得高强度下身训练但身体存在一些状况的人群。这些状况使他们无法承受太多压力，特别是在站立姿势下（如神经受压或椎间盘问题）。多种原因让MVP穿梭机（图13.3）成了我们最喜欢的器械之一。它可以为腿部和髋部严重损伤的人群提供康复训练，还可以为腿部训练提供预先疲劳刺激。我曾经用这一方案训练那些由于椎间盘问题无法推卡车或进行腿部快速代谢训练的格斗运动员。这个方案非常简单：70~90秒内完成100次动作重复。我们会将靠垫固定好，这样运动员几乎是在做全程深蹲动作。我们会辅助运动员将双腿伸直，以开始练习。我们会先做50次下蹲（蹲至大腿平行于脚踏板），然后立刻开始50次1/4行程下蹲跳（膝关节微屈，进行1/4行程下蹲），动作全程只靠前脚掌蹬踏板。我尝试过50次1/4行程下蹲跳。如果使用合适的阻力，只需3~5组，你就会体验到双腿极度疲劳的感觉。你可以连续4周使用这一方案，每周完成2~3次即可。

图13.3 MVP穿梭机

总　结

本章介绍的方案让IHP的训练独树一帜，使我们的运动耐力训练计划赢得了口碑。当我们的运动员设定好目标后，他们的双腿一定会带着他们实现目标。我们可以用本章的训练计划打造具有超级运动耐力的腿部。记住，一开始用来为腿部进行体能训练的动作，最终都会成为技术训练前的预先疲劳训练。预先疲劳训练策略是我们用来降低训练量的方法。无论你如何使用这些计划，我都100%确信，你都会发现自己的腿部形态和功能发生了惊人的变化。请记住，当你感受到腿部获得了新生后，请和朋友们分享这份喜悦。

第14章

上身代谢

第13章讨论了下身耐力在体育运动中的重要性，它能让我们不断前行，坚持完成整场比赛。但提升下身耐力后你还需要什么？通常，这时候就该关照一下上身了。即使运动项目本身并不需要上身耐力，但我们依然需要上身有足够的耐力来完成几十分钟或数小时的高水平训练。例如，棒球运动员并不需要依靠上身耐力在3~4小时的比赛中击球3~5次。然而，每周进行3次或4次击球训练，每次训练都要击球50~100次却需要大量的上身耐力。如果你不相信这样的重复性训练能奏效，只需要观察一下拥有出色击球率的职业棒球运动员的前臂肌肉——你会被其震撼到。

《功能性训练：提升运动表现的动作练习和方案设计》一书介绍了几个上身代谢训练方案，如胸部代谢和背部代谢。我建议你阅读这本书，以获得关于功能性训练、训练计划设计及能够将你的运动表现提升至全新水平的100多个训练计划的深度讲解。本章将为你提供额外的上身耐力训练方案。本章还提供了一些补充计划，这样你就能详细了解其他的高效训练计划。这样做的目的是为你提供更多的参考内容，激励你设计和创造自己的代谢训练方案。记住，如果我能通过实践、成功和失败的经验写出为本书的内容，为什么你不可以呢？你为什么不能创造出满足自己特定需求的私人定制计划呢？你当然可以，我也希望你能成功。

本章的训练计划所用的器械简单易得。我喜欢使用自重、弹力绳、药球，因为我们很容易就能找到这些器械或实现这些训练，甚至在旅途中也可以进行训练。即使你没有办法带着药球旅行，也能在绝大多数健身房里找到它们。因此，实施这些训练计划并不是难事。和前面一样，如果没办法找到某件器械，你可以多做几次动作重复或用已有器械代替。让计划得以实施是一个很有意思的过程，也是一个学习的过程。

设计代谢训练计划的要点是避免动作之间出现时间过长的转换，即使是几秒的转换过程都会让局部肌肉得到休息和恢复。整个训练计划的所有练习之间没有休息，不能破坏动作节奏。这一类训练的重点是持续地快速动作。另一个重要特征是训练身体双侧时的动作顺序通常是先双侧同时动作再交替动作。我们先进行简单的、速度相对较慢的动作，然后再进行能量消耗更大的快速动作。这一常规形式的一个代表就是我非常喜欢的腿部快速代谢方案，具体内容如下。

- 24次自重双腿下蹲。
- 24次自重交替弓步（每侧12）。
- 24次交替剪短跳（每侧12）。
- 12次下蹲跳。

当应用这一形式对进行上身训练时，我们以慢速、双侧同时动作开始，如弹力绳推举或弹力绳划船，然后以爆发式的双侧动作结束，如爆发式俯卧撑或爆发式弹力绳游泳式下拉。上身代谢循环可以持续50~70秒。

当然，这并不意味着不能打破这个规则，我们确实打破过规则。然而，这一基本的形式能够教我们学会如何设计代谢训练计划。一旦掌握了这一设计形式，你就可以开始尝试设计自己的独有方案了。

我们最流行的推代谢训练计划是胸部雕刻计划，我建议你登录IHP官网获得更多有关胸部代谢训练的信息。本章还提供了几个只需要自重和弹力绳就能实现的胸部代谢训练计划。不过我要提醒你：代谢训练计划是高级训练，在尝试进行代谢训练前你需要先打造出坚实的训练基础。任何涉及俯卧撑的训练计划都需要训练者有能力连续完成30~40个俯卧撑。对于暂时还没有这样的力量水平，但仍想尝试代谢训练的人，我的建议是先实施弹力绳代谢训练计划，这样就可以根据个人力量水平更好地调节训练强度。

上身代谢推计划1：JC弹力绳胸部代谢方案

这一为期4周的计划需要用一套JC弹力绳来提供阻力。我建议女性使用122厘米长的橙色运动版弹力绳，男性使用122厘米长的绿色运动版弹力绳。你应依照产品使用指导设置好弹力绳。你需要找到并适当地固定好锚点间的距离，让弹力绳为整个方案提供合适的阻力。这一方案可以作为胸部训练日最后的充血组，在短时间内为胸部带来训练刺激，也可以作为竞技项目技术训练前的预先疲劳训练组，如用在拳击速度球训练前。这一计划要求动作节奏非常快，大概每秒2~3次动作重复，所以整个方案在大约1分钟内完成。对于大多数人来说，前两周的计划就已足够，只有精英级运动员或有多年训练经验的训练者才有能力尝试第三周和第四周的计划。

器械

弹力绳。

提示

两组间休息90~120秒。

第一周：每次1组，每周2次或3次，使用负载较轻的弹力绳，练习之间充分休息；只完成前3个练习。

第二周：每次2组，每周2次或3次，使用负载较重的弹力绳，练习之间不休息；只完成前3个练习。

第三周：每次2组，每周1次或2次，使用负载较重的弹力绳，练习之间不休息；完成全部的4个练习。

第四周：每次3组，每周1次或2次，使用负载较重的弹力绳，练习之间不休息；完成全部的4个练习。

精英级：连续无休地完成2组（4个练习）。

表14.1 上身代谢推计划1：JC弹力绳胸部代谢方案

练习	照片	动作描述	重复次数
1.弹力绳交错站姿推举		将弹力绳固定在胸部高度。双手各握一只手柄，背对锚点。找到合适的阻力水平后进入交错站姿，左脚在前，右脚在后。手柄放置于胸部两侧，伸展双臂，进行双臂胸部推举。屈肘返回起始姿势。重复所需次数；双脚互换位置后继续完成动作	每侧脚20（总计40）
2.弹力绳交错站姿交替推举		将弹力绳固定在胸部高度。双手各握一只手柄，背对锚点。找到合适的阻力水平后进入交错站姿，左脚在前，右脚在后。伸展左臂，右手保持在胸部右侧不动。伸展右臂推出手柄的同时屈曲左肘，将左手放置胸部左侧。重复所需次数；双脚互换位置后继续完成动作	每侧脚20（总计40）
3.弹力绳交错站姿飞鸟		将弹力绳固定在胸部高度。双手各握一只手柄，背对锚点。找到合适的阻力水平后进入交错站姿，左脚在前，右脚在后。张开双臂，掌心朝前，手肘微屈。双臂抱向身前，直到双手几乎接触。张开双臂回到起始姿势。重复所需次数；双脚互换位置后继续完成动作	每侧脚10（总计20）
4.爆发式俯卧撑（可选）		呈俯卧撑姿势，双手间距略宽于肩宽。屈肘，下沉身体，直到双肘屈曲至约90度，爆发式地伸肘，将身体推起，将双手推离地面。重复所需次数	10

上身代谢推计划2：胸部雕刻方案

这一为期8周的计划包含2个强度很高的训练计划，其中一个被*Men's Health*杂志收录过。你可以将每一个为期4周的计划作为一个独立的计划，如果你愿意，甚至可以尝试精英级的版本。能够以练习间只做短时休息甚至全程无休的方式完成任意一个计划就已经是一项成就了。有科研成果证实了这种胸部代谢训练策略的科学性。2009年，拉迪·弗格森博士在自己的博士论文中分析了药球超级胸部训练计划对美国职业橄榄球大联盟（NFL）102千克最大次数卧推测试成绩提升的有效性。这是他为满足卡佩拉大学博士学位的部分要求而提交的论文。论文中介绍了他对本方案的3周版本的研究发现：在不进行任何负重练习的情况下，经过3周的训练，精英级别美式橄榄球运动员的102千克最大次数卧推测试成绩提升了5.2%！他们的动作节奏非常快，大概每秒1~2次，所以完成整个方案需要50~60秒。对于大多数人来说，前两周的计划就已足够，只有精英级运动员或有多年训练经验的训练者才有能力尝试第三周和第四周的计划。

器械

小但坚硬的药球（或10~20厘米的台阶）。

提示

两组间休息90~120秒。

第一周：每次1组，每周2次或3次，练习之间充分休息。

第二周：每次2组，每周2次或3次，练习之间稍作休息。

第三周：每次2组，每周1次或2次，练习之间不休息。

第四周：每次3组，每周1次或2次，练习之间不休息。

精英级：连续无休地完成2组。

表14.2　上身代谢推计划2：胸部雕刻方案

练习	照片	动作描述	重复次数
第一周至第四周			
1.自重俯卧撑		呈俯卧撑姿势，双手间距略大于肩宽。屈肘，下沉身体，直到胸部离地5~8厘米。伸直手臂，将身体推回起始姿势。重复所需次数	20
2.自重侧滑步式俯卧撑		呈俯卧撑姿势，双手间距略大于肩宽。将右手移动至左手旁，紧挨左手。左手向左进行侧向滑步，落在左肩外侧。完成一次俯卧撑。左手向右侧滑步回到起始位置，右手向右进行侧向滑步，继续完成一次俯卧撑。重复所需次数	每侧10（总计20）

练习	照片	动作描述	重复次数
3.钻石式俯卧撑		呈俯卧撑姿势，双手紧靠（双手大拇指相碰），完成一次俯卧撑。重复所需次数	10
4.爆发式俯卧撑		呈俯卧撑姿势，双手间距略宽于肩宽。屈肘，下沉身体，直到双肘屈曲至约90度，爆发式地伸肘，将身体推起，将双手推离地面。重复所需次数	10
第五周至第八周			
1.药球（或台阶）单臂推离式俯卧撑		左手撑于地面，右手撑于小药球或10~20厘米的台阶上。双手间距同肩宽。完成一次俯卧撑。快速将身体推起，直到右臂完全伸直，左手离开地面。一侧重复所需次数后换另一侧重复动作	每侧10（总计20）
2.药球（或台阶）交叉式俯卧撑		在药球上完成一次单臂推离式俯卧撑。当左臂在药球上伸直时，将右手放于左手旁，撑在药球或台阶上。左手向左滑步，撑在地面，双手间距同肩宽。完成一次俯卧撑。一侧重复所需次数后换另一侧重复动作	每侧10（总计20）
3.药球（或台阶）窄距俯卧撑		双手撑于药球或台阶上，呈俯卧撑姿势，双手紧靠（双手大拇指相碰）。屈肘，在药球或台阶上完成俯卧撑。重复所需次数	10
4.药球（或台阶）俯卧撑跳		双手撑于药球或台阶上，呈俯卧撑姿势，双手紧靠（双手大拇指相碰）。双手快速跳离药球或台阶，然后落于药球或台阶两侧的地面上。再立刻跳回药球或台阶上。重复所需次数	10

上身代谢拉计划1：弹力绳和药球背部代谢方案

这一为期4周的计划依靠一套JC弹力绳提供阻力，是代谢推计划1的镜像方案。我建议女性使用122厘米长的橙色JC弹力绳运动版，男性使用122厘米长的绿色JC弹力绳运动版。请依照产品使用指导设置好弹力绳。你需要找到并适当地固定好锚点间的距离，让弹力绳为整个方案提供合适的阻力。这一方案可以作为背部训练日最后的充血组，在短时间内为背部带来训练刺激，也可以作为竞技项目技术训练前的预先疲劳训练组，如用在游泳训练前。这一计划要求动作节奏非常快，大概每秒2~3次动作重复，所以整个方案要在大约1分钟内完成。对于大多数人来说，前两周的计划就已足够，只有精英级运动员或有多年训练经验的训练者才有能力尝试第三周和第四周的计划。尽管这一方案中使用了平行站姿，但你完全可以使用交错站姿完成计划，以让更多后侧核心肌群参与其中（如，在完成训练组一半次数后换脚，或一个站姿连续完成所有练习组，每组重复次数减半，然后换脚从头重复动作）。

器械

JC弹力绳运动版（男性用绿色，女性用橙色）、坚硬的药球（1~2千克）。

提示

两组间休息90~120秒。

第一周：每次1组，每周2次或3次，使用负载较轻的弹力绳，练习之间充分休息；只完成前3个练习。

第二周：每次2组，每周2次或3次，使用负载较重的弹力绳，练习之间不休息；只完成前3个练习。

第三周：每次2组，每周1次或2次，使用负载较重的弹力绳，练习之间不休息；完成全部的4个练习。

第四周：每次3组，每周1次或2次，使用负载较重的弹力绳，练习之间不休息；完成全部的4个练习。

精英级：连续无休地完成2组（4个练习）。

表14.3 上身代谢拉计划1：弹力绳和药球背部代谢方案

练习	照片	动作描述	重复次数
1.弹力绳划船		将弹力绳固定在胸部高度。双手各握一只手柄，面对锚点。找到合适的阻力。屈肘，将手柄拉向肋骨两侧。伸展双肘，回到起始位置。重复所需次数	30
2.弹力绳俯身交替划船		将弹力绳固定在胸部高度。双手各握一只手柄，面对锚点。屈髋至躯干平行于地面，找到合适的阻力。右臂过顶伸直，右手指向锚点，左手放于胸部左侧。向胸部右侧后拉右臂，同时过顶伸展左臂。重复所需次数	30

练习	照片	动作描述	重复次数
3.弹力绳游泳式下拉		将弹力绳固定在胸部高度。双手各握一只手柄，面对锚点。找到合适的阻力。直立姿势，双臂朝锚点伸出。屈曲躯干，同时双臂直臂下拉，将双手放于髋部两侧，此时弹力绳和肩部接触，大拇指接近后裤兜。还原至起始姿势。重复所需次数	30
4.药球过顶砸墙		双脚间距同肩宽，直立站姿。双手持一只1~2千克的药球。将球举过头顶，然后朝身前的墙面抛出。（如果没有承重墙可用，可以将药球砸向身前的地面。）将球捡起（接住）。重复所需次数	10

上身代谢拉计划2：稳定球和引体向上方案

这一为期4周的计划会使用稳定球（或健腹轮）和引体向上架。如果想尝试这一计划，你需要能完成15个引体向上和10个稳定球（或健腹轮）向外滚动。我不得不从我们的训练方案库中拿出这个计划，因为我们已经很长时间没用过它了，但是我意识到，我们应该更频繁地使用它，这是个强度很高的方案。这个计划曾经流行于我们的格斗运动员训练中，后来可能是因为出现了使用特殊握力训练器械的、更新版本的方案而被替代了。这一方案要求动作节奏尽可能地快，但由于这一方案对力量有更高的要求，所以动作速度会比其他方案慢一些。将器械的位置（或站位）设置为互相靠近，这样你就能从一个练习尽快过渡到下一个练习。依据自己的能力，选择所需的组间和动作间的休息时间，以保证顺利完成整个方案。对于大多数人来说，前两周的计划就已足够，只有精英级运动员或有多年训练经验的训练者才有能力尝试第三周和第四周的计划。

器械

引体向上架、健腹轮或稳定球、弹力绳、药球（1~2千克）。

提示

两组间休息90~120秒。

第一周：每次1组，每周2次或3次，根据需要充分休息；只完成前3个练习。

第二周：每次2组，每周2次或3次，练习之间不休息，组间休息1~2分钟；只完成前3个练习。

第三周：每次2组，每周1次或2次，练习之间不休息，组间休息1~2分钟；完成全部的4个练习。

第四周：每次3组，每周1次或2次，练习之间或组间不休息；完成全部的4个练习。

精英级：连续无休地完成2组（4个练习）。

表14.4 上身代谢拉计划2：稳定球和引体向上方案

练习	照片	动作描述	重复次数
1. 3段式引体向上（21次）		悬吊于引体向上架上，双手间距同肩宽。从下巴高于单杠的位置开始，完成7次上半程引体向上（从下巴高于单杠到双肘屈曲90度）。下放身体，直到双臂完全伸直，然后完成7次下半程引体向上（从双臂完全伸直到双肘屈曲90度）。最后完成7次全程引体向上	7+7+7（总计21）
2. 稳定球（或健腹轮）向外滚动		双手放于健腹轮手柄上或撑于稳定球上，双脚着地（如果核心强壮度不够则双膝跪地），呈平板支撑姿势。向外滚动健腹轮或稳定球，直到上臂过顶伸直。将健腹轮或稳定球向回滚动，回到起始姿势。重复所需次数	10
3. 弹力绳游泳式下拉		将弹力绳固定在胸部高度。双手各握一只手柄，面对锚点。找到合适的阻力。直立姿势，双臂朝锚点伸出。屈曲躯干，同时双臂直臂下拉，将双手放于髋部两侧，此时弹力绳和肩部接触，大拇指接近后裤兜。还原至起始姿势。重复所需次数	30
4. 药球过顶砸墙（可选）		双脚间距同肩宽，直立站姿。双手持一只1~2千克的药球。将球举过头顶，然后朝身前的墙面抛出。（如果没有承重墙可用，可以将药球砸向身前的地面。）将球捡起（接住）。重复所需次数	10

补充性上身代谢方案

下面介绍的方案用到了一些IHP独有的器械。我们知道，不是每个人都能找到这些器械，并且不是每个健身房都配备了这些器械。然而，我在周游世界时发现，越来越多的健身房在努力跟上器械更新的步伐，为自己的客户提供越来越多有趣的器械。我还注意到越来越多的小型工作室为了和大型健身房竞争，配备了竞争对手没有的各种独特的器械。下次在找新的健身房或工作室训练时，可以看看那里是不是配备了本章提到的这些器械：这表明这家健身房是跟得上时代。

液压阻力360训练器计划

液压阻力360训练器（请登录IHP官网观看动作演示）是一件效果惊人的上身训练器械。这是一件上手简单、易于掌握的高效器械，它适合所有训练水平的训练者。训练者可以用双臂或单臂完成总共7种不同的动作模式，达到规定的次数或时间。以下是我们特别喜欢的两个应用。

- 在器械上完成140次交替出拳，然后立刻进行30秒的拳击速度球、沙袋击打训练或打靶训练。这是一个标准预先疲劳应用。
- 完成表14.5中的各种动作，每个动作都需在30秒内尽可能多地重复。从每个练习15秒、总共完成1~2组的节奏开始，然后组间休息60~90秒。这个计划基本适合所有训练者。你可以每周增加1组练习，同时增加每组的持续时间，直到你能达到每个练习都坚持30秒、总共完成5组的训练量。没错，在40~50分钟内完成35组就是我们的超级训练计划，每周完成2次。

提示

第一周：2组 × 每个练习15秒，组间休息1分钟。

第二周：3组 × 每个练习20秒，组间休息90秒。

第三周：4组 × 每个练习30秒，组间休息1分钟。

第四周：5组 × 每个练习30秒，组间休息30~60秒。

表14.5　液压阻力360训练器计划

练习	照片	动作描述
1. 同时出拳		平行站姿或交错站姿，双手各持一只手柄。双臂同时前推，再同时后拉
2. 交替出拳		平行站姿或交错站姿，双手各持一只手柄。右臂前推，同时左臂后拉。以交替推拉形式完成动作

练习	照片	动作描述
3. 飞鸟		平行站姿或交错站姿，双手各持一只手柄。保持双肘微屈，张开双臂，然后在身前抱住，直到两只手柄几乎相碰。重复所需次数
4. 侧向摆		平行站姿或交错站姿，双手各持一只手柄。保持两只手柄互相靠近，双臂几乎伸直。尽可能远地右摆两只手柄，然后尽可能远地左摆手柄。重复所需次数
5. 交替交叉		平行站姿或交错站姿，双手各持一只手柄。将右臂向左侧斜向推出。将右臂拉回的同时将左臂向右侧斜向推出。重复所需次数
6. 向内画圈		平行站姿或交错站姿，双手各持一只手柄。保持两只手柄互相靠近，双臂微屈，双臂同时画出大圈：右臂沿逆时针方向，左臂沿顺时针方向。重复所需次数
7. 向外画圈		平行站姿或交错站姿，双手各持一只手柄。保持两只手柄互相靠近，双臂微屈，双臂同时画出大圈：右臂沿顺时针方向，左臂沿逆时针方向。重复所需次数

等长收缩接战绳（等长收缩代谢）训练方案

等长收缩接战绳训练方案是另一个训练上身的超级计划。这一方案使用了等长收缩的训练方式，战绳练习或一种被称为惯性波的、可作为战绳替代品的器械训练紧随其后。尽管我们在战绳练习中选择了上下甩动的动作形式，但是你可以使用其他自己喜欢的形式。这只是我们用来实施这一方案的方式之一，还有很多其他可行的变体。选择重量为体重的15%~20%的一对哑铃。在引体向上架附近将一根12~15米长的战绳两端等长地绕在一个牢固物体上（如哑铃架）。表14.6详述了这一方案。你可以从自己能够顺利完成的任意一周开始实施计划，可以每周完成2次或3次。

器械

哑铃、战绳或惯性波训练绳、引体向上架。

提示

第一周：2组。

第二周：3组。

第三周：4组。

第四周：5组。

第五周：5组。

第六周：5组。

表14.6 等长收缩接战绳（等长收缩代谢）训练方案

练习	照片	动作描述	训练周	持续时间
1.哑铃缠抱等长持握		双手各持一只哑铃，屈肘90度。原地站立或走动，双臂始终保持屈曲姿势	1	5秒
			2	10秒
			3	15秒
			4	20秒
			5	25秒
			6（强度很高）	30秒
2.战绳交替上下甩动		双脚间距同肩宽，核心紧绷，双手握住战绳两端。双臂交替上下甩动（右臂上，左臂下），创造出肩部高度的振动波	1	10秒
			2	20秒
			3	30秒
			4	30秒
			5	30秒
			6（强度很高）	30秒
组间休息时间			1	30秒
			2	30秒
			3	60秒
			4	60秒
			5	60秒
			6（强度很高）	60秒

续表

练习	照片	动作描述	训练周	持续时间
3.等长半程引体向上		屈肘90度，悬垂于引体向上架上，保持这一姿势	1	5秒
			2	10秒
			3	15秒
			4	20秒
			5	25秒
			6（强度很高）	30秒
4.战绳交替上下甩动		双脚间距同肩宽，核心紧绷，双手握住战绳两端。双臂交替上下甩动（右臂上，左臂下），创造出肩部高度的振动波	1	10秒
			2	20秒
			3	30秒
			4	30秒
			5	30秒
			6（强度很高）	30秒
组间休息时间			1	30秒
			2	30秒
			3	60秒
			4	60秒
			5	60秒
			6（强度很高）	60秒

总　结

　　我相信本章会为你带来一些关于如何让上身的状态更好、为所有运动做好准备的全新观点。无论你是想要在传统训练计划的最后以充血组收尾获得更多泵感，还是想为出战UFC做好准备，这些计划都能给予你帮助。我们使用本章介绍的方案成功处理过以上情况，所以它们一定也适合你。让创造力的火焰继续燃烧，将不同计划中的各种动作重新组合，创造出属于自己的计划。向你的朋友发起挑战，让他们跟你一起进步。让周六变成IHP训练日，在健身房实施这些计划。用全新的训练方式度过你的周末！

第15章

全身代谢

本章是前面两章的结合——全身代谢。这是我训练特种部队队员和格斗运动员时会使用的方案。你的全身就是一台代谢机器，训练整个身体以应对由高浓度的氢离子造成的酸性环境［由乳酸（HLA）分解成乳酸盐（LA–）和氢离子（H+）造成］是极其重要的。这种高强度的训练不仅加快了代谢，还使无法被量化的心理和精神因素得到升华。正如我在前面的章节中提到的，我相信高强度训练带来的最大的和最快的训练适应是意志品质被提升到了全新的高度，这是一种精神升华，而不是生理适应。这些全身代谢训练方案并不花哨，但能打造出超级强壮、似乎不知疲倦的运动员。

以前，周五是IHP的勇气检测日，我们会将所有代谢方案组成一个训练计划。下面就是这个"惨无人道"的计划。

- 6组JC快速腿部代谢［24次自重双腿下蹲、24次（每侧12次）自重交替弓步、24次（每侧12次）交替剪蹲跳、12次下蹲跳］，全程无休，总计540次动作重复，耗时大概9分钟。
- 休息5~10分钟。
- 3组胸部雕刻方案（表14.2）。第一周~第四周，方案包含20次自重俯卧撑、20次（每侧10次）自重侧滑步式俯卧撑、10次钻石式俯卧撑及10次爆发式俯卧撑，总计60次动作重复。第五周~第八周，方案包含20次（每侧10次）药球单臂推离式俯卧撑、20次（每侧10次）药球交叉式俯卧撑、10次药球窄距俯卧撑及10次药球俯卧撑跳，总计60次动作重复。无论用哪种方案，你都需要在一个训练组内无休地完成60次胸部训练，训练组间休息2~3分钟。
- 休息5分钟。
- 3组背部代谢方案［20次弹力绳划船、20次（每侧手臂/腿10次）弹力绳交错站姿俯身交替划船、20次弹力绳游泳式下拉、10次药球过顶砸击］，训练者需要在一个训练组内无休地完成70次背部训练，训练组间休息2~3分钟。
- 休息5分钟。
- 3组腹部代谢方案（10~20次仰卧举腿，10~20次卷腹，10~20次仰卧两头起），练习间无休息，组间休息2~3分钟。进行仰卧举腿练习时，将双腿伸直并抬离地面20~30厘米。完成举腿练习后，保持双脚离地30厘米，同时进行卷腹。卷腹结束后，直接进行仰卧两头起。

客户如果想完成这一计划，通常需要1~2个月的刻苦训练。一般客户每次练完这个计划后都会直接回家，一天的训练就这样结束了：任何人在完成了这个计划后都不想再练别的了。从那时开始，我们就已将这些训练方案的不同版本组合成了不同的计划。现在，我们通常只用耗时30~360秒的高强度方案，具体取决于我们的最终目标。

全身训练通常由高强度和持续不停的上身和下身训练串联组成。除非拥有专用器械，如风阻单车或维萨攀爬机，否则你需要将一系列的徒手动作串联起来。《功能性训练：提升运动表现的动作练习和方案设计》一书介绍了盖瑞·格瑞的哑铃矩阵组，这是一个总计72次动作重复的哑铃训练方案。你还可以用较重的药球或沙袋完成矩阵组方案。我们首推的全身训练方案，实际上也是海豹突击队队员和格斗运动员使用过的测试，是IHP格斗状态测试。这一测试已经成了一个训练计划，它包含了一系列的、可以单独使用的代谢训练方案和测试。就像我们一直强调的，你的想象力是进行训练计划设计时的唯一局限。现在，我们一起进行全身代谢训练吧！

全身代谢计划1：IHP格斗备战测试

这是所有测试中最棒的一个。这是用于测试IHP格斗运动员和特种部队队员的工具。这一测试不仅是检测运动员备赛状态的出色方法，同时还是一个几乎对器械零需求的出色训练计划——你只需要一个秒表、一条23米长的跑道以及一个愿意拼搏的身体。这一测试被用于评估格斗运动员的体能储备状况。练习的选取原则是每个人都能不依靠任何器械，在任何环境下完成动作。简单来说，重复练习是做好一个动作的最佳方式。因此，练习IHP测试动作就是获得最佳体能储备的最优方式。这为我们带来了巨大的优势：测试就是训练，训练也是测试！表15.1中所列时间是最初参加测试的绝大多数运动员的完成时间。这能让你能大概了解自己的运动表现与最初参加这一测试的IHP客户相比处于什么水平。

表15.1　全身代谢计划1：IHP格斗备战测试

练习耗时	练习
70秒	23米折返跑12次（总里程276米）
5秒	2~5秒动作转换
20秒	腹部代谢：10次仰卧举腿、10次卷腹、10次仰卧两头起
5秒	2~5秒动作转换
60秒	下蹲后蹬腿地狱（10次蛙式宽蹲、10次下蹲后蹬腿、10次下蹲后蹬腿起身跳）
5秒	2~5秒动作转换
20秒	20次俯卧撑
5秒	2~5秒动作转换
90秒	JC快速腿部代谢（24次自重双腿下蹲、24次自重前向弓步、24次交替剪蹲跳、12次下蹲跳）
5秒	2~5秒动作转换
80秒	23米折返跑12次（总里程276米）
总耗时：365秒	

各体重级别精英级运动员完成测试所需参考时间

轻量级（77千克以下）：4分30秒以内。

第一级（77千克~86千克）：5分钟以内。

第二级（86千克~95千克）：5分30秒以内。

第三极（95千克~104千克）：6分钟以内。

第四级（104千克以上）：6分30秒以内。

需要帮助才能实现目标时间吗？按这个8周计划进行训练就可以实现。

第一周和第二周：每个测试练习完成1组，练习间充分休息；每周训练3次。

第三周和第四周：每个测试练习完成2组，练习间充分休息；每周训练3次。

第五周和第六周：每个测试练习完成2组，练习间休息90秒；每周训练3次。

第七周：完成1组循环，每周训练2次。

第八周：创造循环完成时间的个人记录。

23米折返跑12次（总里程276米）

在地上做出2个相隔23米的标记，分别作为起点和折返点。从起点开始，跑向23米外的折返点，用左手触碰折返点。重复12次（6次往返跑），完成276米的折返跑总里程。

腹部代谢

仰卧于地面，双腿伸直，双脚离地20厘米，双手抱头（就像保护头部免遭击打的动作一样）。完成10次举腿，将双脚从20厘米高度上抬至约60厘米高度。保持双脚离地20厘米，头部抬向天花板，带动肩部离开地面，完成10次卷腹。双脚始终不落地（最低点离地20厘米），完成10次仰卧两头起，在柔韧性允许的范围内用双手尽力触碰双脚。

下蹲后蹬腿地狱

直立姿势，双脚间距同肩宽（或稍大于肩宽）。完成10次蛙式宽蹲，在每一次动作底端用双手在双脚之间触碰地面（蛙式姿势——格斗运动员必须触地）。完成下蹲后，立刻进行10次下蹲后蹬腿：双手在双脚中间撑地，后蹬双腿呈俯卧撑姿势，双腿快速跳回起始位置。然后立刻进行10次下蹲后蹬腿起身跳（在下蹲后蹬腿完成后进行一次跳跃）。

俯卧撑

以平板支撑姿势作为起始姿势。屈肘，下沉胸部。发力将身体推回平板支撑姿势。

JC快速腿部代谢

完成24次自重双腿下蹲。接着完成24次自重前向交替弓步（每侧12次），在动作底端保持后侧膝盖离地15~20厘米。然后立刻进行24次（每侧12次）交替剪蹲跳，在动作底端保持后侧膝盖离地30~46厘米。最后完成12次下蹲跳，在动作底端90度屈膝。

全身代谢计划2：格斗循环

这一为期5周的计划被我们用于众多UFC格斗运动员，如塞萨尔·费雷拉。这是用到了各种器械和一系列代谢训练动作的组合，我们用它们打造出了多个训练回合，每个回合耗时小于6分钟。这种训练比任何一种形式的实战都更艰苦，却更安全。如果你找不到特定的器械，可以参照我们建议的替代练习。尽可能将器械位置（站位）设置得互相靠近，每一次使用的循环练习动作和顺序都要完全相同，这样你就能够精确对比不同训练日的循环实际完成时间。两个动作之间的转换需要双手护头跑动完成。每次训练课完成3~5次循环。根据你的周度训练计划和训练量，每周进行1次或2次训练课。循环总耗时应该低于6分钟。

器械

维萨攀爬机、低跨栏（15~20厘米高）、杠铃、哑铃、药球、液压阻力360训练器、引体向上架、弹力绳。

提示

如果每周执行这一计划两次，为其中的一次计时，以此作为测试；另一次作为训练（不用计时）。

第一周：回合间休息3分钟。

第二周：回合间休息2分钟。

第三周：回合间休息1分钟。

第四周：回合间休息1分钟，训练时穿上重量为自身体重3%~5%的负重背心。

第五周：回合间1分钟休息，无负重背心。

表15.2 全身代谢计划2：格斗循环

练习	照片	动作描述	次数和时间
1.维萨攀爬机或波比蹲		踏上维萨攀爬机，将双脚固定在踏板上，将手柄调节至合适的高度。双手双脚同时发力爬动，保持210~250英尺/分（64~76米/分）的速度	以大于220英尺/分（约67米/分）的速度保持30秒
2.JC快速腿部代谢		24次自重双腿下蹲、24次（每侧12）自重前向交替弓步、24次交替剪蹲跳、12次下蹲跳	总计84

练习	照片	动作描述	次数和时间
3.低跨栏侧向跳跃		侧向跳跃，跨过15~20厘米高的跨栏，双脚落地，然后立刻反向跳跃，跨过跨栏	总计10（每侧5）
4.杠铃硬拉（或拉起搭档）		将杠铃重量调节至自身体重的110%~120%。将杠铃置于身前的地面，和胫骨接触。掌心朝向身体，握住杠铃，保持背部挺直，将杠铃拉起，直到全身完全伸展	10
5.哑铃缠抱等长持握行走（或抱起搭档）		双手各持一支重量为自身体重的15%~20%的哑铃，屈肘90度行走，双臂始终保持屈曲姿势	30秒
6.下压防摔		格斗运动员版本的波比蹲。双脚分开，呈运动员准备姿势，下蹲，双手在双脚间撑地，双腿后蹬跳，呈俯卧撑姿势，然后立刻跳回起始站姿	10
7.药球起身		仰卧于地面，左手抱一重量为自身体重的3%~5%的药球。右手撑地辅助，起身至站立姿势。躺下回到起始姿势，重复所需次数后，换另一侧手完成动作	每侧5（总计10）
8.上身代谢推计划2		20次自重俯卧撑、20次侧滑步式俯卧撑（每侧10）、10次钻石式俯卧撑、10次爆发式俯卧撑	总计60

213

练习	照片	动作描述	次数和时间
9. 液压阻力360训练器（或弹力绳）交替出拳		平行站姿或交错式格斗站姿，站于训练器平台上。双手各持一只手柄，交替出拳	每侧70
10.弹力绳交替向下砸拳		将JC弹力绳迷你怪兽版（每侧3根、5厘米长）固定于引体向上架上。双手各持一只手柄，交替向下砸拳。可以骑乘在沙袋上，将其作为目标	每侧25

补充性全身耐力方案

一些全身训练方案要用到专用器械。一些器械在MMA循环中使用过，不过值得将其独立用于完整的训练计划。曾经，专用器械并不常见，但时代变了。你可以找到拥有这些器械的健身房，可以用其进行最前沿的训练。如果你所在的健身房没有这些器械，跟老板聊聊，告诉他/她这些器械能为训练者带来什么。老板可能会听取你的意见，为健身房添置相应器械。

维萨攀爬机（全身攀爬）

这里，我们再一次用到了维萨攀爬机（请登录相关网站观看动作演示）。我第一次见到这个器械是在20世纪90年代，当时我正在一家健身房参加私人教练认证。我从1994年开始使用它，然后就彻底爱上了它。我当时梦想着，如果我拥有了自己的健身房就要装备上好几台。现在，它成了IHP全身力量和心肺训练的必备器械。以下是我们最喜欢的两个应用。

进行HIIT（高强度间歇）训练时，完成10组练习。每组耗时30秒，单组里程超过110英尺（约34米），平均速度超过了220英尺/分（约67米/分）。组间休息60~90秒。这是一个每周2次、为期4周的进阶训练。

- 第一周：每组30秒，共4组，尽力完成90~100英尺（27~30米），组间休息2分钟。
- 第二周：每组30秒，共6组，尽力完成95~105英尺（29~32米），组间休息2分钟。
- 第三组：每组30秒，共8组，尽力完成100~110英尺（30~34米），组间休息90~120秒。
- 第四组：每组30秒，共10组，尽力完成110英尺（约34米），组间休息60~90秒。

格斗酷刑（自重）

我创造这个方案的初衷是让患有胫部疼痛的摔跤运动员在其他队友在跑道上跑400米时还能继续训练。只一节训练课我就"治好了"所有人的胫部疼痛。现在这一方案的其中一个版本成了格斗备赛循环的一部分。还有一个扩容后的版本值得获得特别提名。显然，小个子的运动员的完成时间会比大个子的运动员更短。体重为61~66千克的小个子男性运动员可以最终接近95秒的成绩。104~113千克的大个子男性运动员可能会耗时165~180秒。但看着一个大个子男性运动员不停地训练3分钟也足够震撼了。

- 20次蛙式宽蹲（下蹲，双手在双脚间触地）（20~30秒）。
- 20次自重俯卧撑（20秒）。
- 10次波比蹲（20秒）。
- 10次下蹲跳（10~15秒）。
- 10次俯卧撑式波比蹲跳（25~35秒）。

整个方案耗时105~135秒，包括动作转换时间。因为要持续不停地运动，所以它的难度和高中摔跤课上最艰苦的阶段类似。完成3次方案，两次之间休息30~60秒。

- 第一周：2组（不限时），组间休息3分钟，每周3次。
- 第二周：3组（不限时），组间休息2分钟，每周3次。
- 第三周：3组（每组在150秒内完成），组间休息60秒，每周2次。
- 第四周：3组（每组耗时105~135秒），组间休息30~60秒，每周2次。

战绳酷刑

这个计划将格斗酷刑和战绳结合起来。因为格斗酷刑包含了大量的下身练习和重心升降动作，战绳则出色地补充了上身旋转动作。如果没有战绳，可以用哑铃缠抱持握或搭档持握作为上身耐力训练动作。对于障碍赛跑运动员和想要报考消防学院或警校的训练者来说，这是一个绝佳的训练计划。你还可以将这一计划以30秒的训练时间间歇作为体能训练的一部分。你可以按计划完成多个训练组，也可以将一组计划作为为整个训练课收尾的充血组或体能冲刺方案。你完全可以尝试将战绳等长收缩练习作为上身代谢训练并将其纳入这一方案，这两个训练可以完美搭配、协同工作。

表15.3展示了一个为期6周的进阶方案。你可以将你能完成的任何一周计划作为起始。每周完成1次或2次。

器械

战绳。

提示

第一周：2组，练习间休息15秒，组间休息2分钟。

第二周：2组，练习间休息15秒，组间休息1分钟。

第三周：3组，练习间无休，组间休息1分钟。

第四周：3组，练习间休息15秒，组间休息30秒。

第五周：4组，练习间休息15秒，组间休息15秒。

第六周：5组，练习间休息15秒，组间休息15秒。

表15.3 战绳酷刑

练习	照片	动作描述	训练周	持续时间
1. 蛙式宽蹲		双脚间距同（或大于）肩宽。下蹲，每次动作底端都用双手在双脚间触地（所有手指都需触地）	1	10秒
			2	15秒
			3	15秒
			4	20秒
			5	20秒
			6（强度很高）	30秒
2. 战绳交替上下甩动		双脚间距同肩宽，核心紧绷，双手握住战绳两端。双臂交替上下甩动（右臂上、左臂下），创造出肩部高度的振动波	1	15秒
			2	20秒
			3	20秒
			4	30秒
			5	30秒
			6（强度很高）	30秒
3. 波比蹲		双手在双脚间触地，后蹬腿跳，呈俯卧撑姿势，双脚向前跳回到蛙式姿势，起身站直	1	10秒
			2	15秒
			3	15秒
			4	20秒
			5	20秒
			6（强度很高）	30秒

练习	照片	动作描述	训练周	持续时间
4. 战绳交替上下甩动		双脚间距同肩宽，核心紧绷，双手握住战绳两端。双臂交替上下甩动（右臂上、左臂下），创造出肩部高度的振动波	1	15秒
			2	20秒
			3	20秒
			4	30秒
			5	30秒
			6（强度很高）	30秒
5. 下蹲跳		双脚平行站姿。屈髋、屈膝，下蹲至大腿平行于地面，然后立刻尽可能往高处跳。落地的一瞬间立刻下蹲至大腿平行于地面，然后再跳起	1	10秒
			2	20秒
			3	20秒
			4	20秒
			5	20秒
			6（强度很高）	30秒
6. 战绳交替上下甩动		双脚间距同肩宽，核心紧绷，双手握住战绳两端。双臂交替上下甩动（右臂上、左臂下），创造出肩部高度的振动波	1	15秒
			2	20秒
			3	20秒
			4	30秒
			5	30秒
			6（强度很高）	30秒
7. 波比蹲跳		双手在双脚间触地，后蹬腿跳，呈俯卧撑姿势，双脚向前跳回到蛙式姿势，然后起跳。重复从波比蹲到起跳的动作	1	5秒
			2	10秒
			3	10秒
			4	15秒
			5	15秒
			6（强度很高）	30秒
8. 战绳交替上下甩动		双脚间距同肩宽，核心紧绷，双手握住战绳两端。双臂交替上下甩动（右臂上、左臂下），创造出肩部高度的振动波	1	15秒
			2	20秒
			3	20秒
			4	30秒
			5	30秒
			6（强度很高）	30秒

杰夫·蒙森轮胎和卡车计划

这一高阶的训练计划是我在2005年为杰夫·蒙森设计的，目的是帮助他备战UFC65的5回合重量级冠军挑战赛。后来我们又用这一计划训练了海豹突击队队员，帮助他们准备一次重要的任务。当时，根本就没人这样训练，当UFC发现我们的训练方式后，他们将我们的训练场景拍成了UFC65的赛前倒计时宣传片。那时，我们甚至都不清楚这一计划是否可行，但最终我们成功了。杰夫在赛前达到了职业生涯以来的最佳备战状态。不幸的是，他没能赢得金腰带，但是他如果没有当时的身体状态，当晚肯定会严重受伤。我确信是这一计划在那晚拯救了他。表15.4展示了杰夫的为期5周的爆发式耐力阶段3个计划的其中之一。一旦开始进行循环训练，你将在完成一个练习后走到甚至跑到下一站练习，没有额外的休息时间。完成两轮练习1~3，这是一组训练。如果可以，试着在练习转换时跑起来，这样你就能将休息时间降至最短。

表15.4 杰夫·蒙森轮胎和卡车计划

练习	第一周	第二周	第三周	第四周	第五周
1.64千克轮胎推拽9米+10次摇闪	3次	3次	3次	3次	3次
2.翻轮胎（272千克）	2次	2次	2次	2次	2次
3.推行林肯领航员越野车73米	1次	1次	1次	1次	1次
完成3次练习1后完成2次练习2，再完成1次练习3，此为1轮。无休完成2轮为一组					
总组数（2轮练习1~3）	3	4	4	5	5
休息阶段（练习间/组间）	3~5秒/ 2分钟	3~5秒/ 1分钟	3~5秒/ 1分钟	3~5秒/ 1分钟	3~5秒/ 1分钟

总　结

我希望本章能让你大概了解我们在IHP是如何进行全身代谢训练的。想象力可能是训练计划设计的一个限制因素，要发现我们在全新领域的能力并将训练进化到满足全新能力水平可能需要花费很多年的时间。我仍然记得2005年以上述方式帮助杰夫·蒙森备战UFC65的冠军赛时，我并不确定他是否能完成训练。在代谢训练领域，我们花了近20年的时间来挣脱传统、突破创新，最终也仅仅是刚刚了解人类意志品质可以让训练进化到什么程度。现在，你已经通过本书了解了各种计划，特别是最后几个高强度计划和方案；你不用再花20年的时间进行试验，你很快就能将训练提升到全新的高度。在训练中试着使用这些方案，见证人类意志品质的提升——这超越了一切可以量化的生理指标的提升。

第5部分

综合训练计划设计

这是一个非常特殊的部分，因为这部分的内容将本书的所有信息贯穿了起来。第5部分涉及了营养和恢复方面的内容。毫无疑问，营养是减脂过程中最重要的因素之一，甚至比训练还要重要。恢复则是运动表现提升过程中最重要的因素之一。第16章将向大家展示为什么我会有这样强烈、明确的观点。在这一章提供了来自营养、恢复和抗衰老领域专家们的建议，这些专家是我认为的各领域中的大师，有了他们的帮助保证我能为你们提供最新、最精确的信息。他们不仅为我提供了一些常规营养信息，还提供了营养学方面的独家观点并阐述了其精神组分。阅读完第16章内容之后，你不仅可以了解到如何更好地进食，还可以理解为什么嘴巴是灵魂的窗口。

第17章会让你学会如何应用本书介绍的所有训练计划。很多人能设计好一堂训练课，但大多数人不了解如何创建完整的训练计划或将多个训练课组合成完整的训练计划，而知道如何为某个特定赛事创建完整的计划，让运动员在正确的时间达到运动表现的峰值的人就更少了。本章会以具有高实践性、高效的方式精确讲解这些问题。

在第17章中，你将学到周期化设计和训练计划设计的基础原则，以及如何将这些原则应用于当今的健身房环境中。这一章拓展了周度训练计划，并着重讲述了如何将其应用于力量较弱的客户。本章描述了如何将训练计划组合成更加平衡的、全身性的训练计划。本章介绍的练习计划包含了从健美训练到敏捷和速度的各种练习，有些计划甚至每一样都有所涉及。

第17章将教你如何将一个周度练习计划拓展为涵盖整个训练循环的月度计划，还将帮你掌握设计一系列的循环，以打造适用于任意时间框架或满足任意运动需求的长期训练计划的方法。本章的最后是来自一部分行业专家的计划，它们将进一步向大家展示如何应用本书介绍的动作和练习计划将你的运动表现提升至最高水平，同时获得和其功能一样出色的身体外形。

第16章

营养和恢复

本章内容贡献者：何塞·安东尼奥博士；克利夫·埃德贝格，注册营养学家；

道格拉斯·卡尔曼博士，注册营养学家；戴夫·沃伊纳罗夫斯基，执业医师

我知道，一个专注于训练的人说影响健康状况和身体成分的最重要因素是营养，可能会显得很奇怪。你摄入的物质对你的身材和感觉有深远的影响。我不是说锻炼不重要，锻炼确实重要。锻炼不仅是健身训练的基础，同时能预防和抵抗很多疾病，如肥胖和糖尿病。然而，诱发这些疾病的重要原因是身体所摄入的物质。因此，如果你赞同"点滴预防胜一剂妙药"这句谚语，那么营养就是你的点滴预防；而且何止是胜过一剂，它的价值远胜过千剂妙药。

随便挑一个在当代社会蔓延的主要慢性疾病，你都会发现一个直指患者饮食习惯和饮食结构的诱因。当然，少数情况的成因很难回溯到营养上，但本书中，我们讨论的是大多数情况。即便是不被看作疾病的症状，如炎症，最终也有可能导致健康和形体同时出现问题。

所有健身或健美运动员都会告诉你，营养会成就或毁掉他们在赛场上的表现。营养不仅为身体提供塑造肌肉所必需的营养元素、为训练提供能量，还能支配脂肪存储。由于本书的绝大部分内容都是形体转变训练计划，所以不可能不涉及营养领域的知识。除非你有着惊人的遗传基因，无论吃什么都能始终保持线条清晰的腹肌，否则你不得不为了形体而管理营养摄入状况。恕我直言：如果你和绝大多数人一样，就必须注意自己的饮食，否则将一直被过多的脂肪包裹！

传统营养教育

为了引出更深入的营养学话题，我们将从重要的、首先需要被了解的基础营养学知识开始。营养元素也叫常量营养素，分为三大类。每种常量营养素都有特定的热量密度并会使身体产生特定的热效应。换句话说，每种常量营养素都会提供热量，并会以特定比例将其提供的热量中的一部分用于消化、吸收及代谢摄入。这被称之为食物热效应（TEF）。表16.1为我们展示了三大常量营养素及其各自的热量密度和热效应。这里还包含了乳清蛋白，我们会在后面详细介绍它，并将它作为一种营养补充剂。

食物中还包含微量营养素，主要是维生素和矿物质。它们对健康也很重要，并能够为人

体的重要的代谢进程提供支持和保障。

表16.1 常量营养素和热效应

常量营养素	每克所含热量（千卡*）	热效应
乳清蛋白	4	30%~40%**
蛋白质	4	20%~35%
碳水化合物	4	5%~20%
脂肪	9	1%~5%

*1千卡约为4.19千焦，余同。

**通过和何塞·安东尼奥博士的交流获取的数据。

如果主要摄入蛋白质和蔬菜，你可以吃更多的食物，因为相同质量单位的这些食物提供的热量更少，但身体却需要消耗更多的热量消化这些食物。你可以通过摄入乳清蛋白使食物的热效应加剧。记住，脂肪的热量虽高，但并非不好。人体的众多功能，包括运输脂溶性维生素及保持免疫力并维持激素功能都需要依靠高质量的脂肪来实现。

我们尤其需要理解人体是如何消耗热量的。学习这一知识能帮助你向前跨出一小步，而这一小步将慢慢带来巨大的、积极的改变。人体以4种基本方式消耗热量。基础代谢率（BMR）是指人体在静息状态（如睡眠中）维持生命所消耗的热量。食物热效应是指人体用于分解和消化食物所消耗的热量。显然，锻炼是众所周知的消耗热量的方式，尽管其消耗的热量可能并没有你想得那么多。很多人都不知道的身体消耗热量的一种方式（即使这是决定我们成败的最重要的热量消耗方式）是非锻炼性热量消耗（NEAT）。非锻炼性热量消耗来自你进行的所有与日常生活相关的非锻炼性运动，如在工作中行走、做家务等。这种热量消耗方式是真正能够影响绝大多数人体重的方式：正是每一天的"迈开腿"让你获得了非锻炼性热量消耗。图16.1介绍了这4种热量消耗方式及其各自在每天的热量消耗中所占的大致比例。（这一大致估算仅供参考。由于运动方式、地点和时间不同，每个人的消耗比例也各不相同。）

本章后面的内容将为你展示如何调整每日能量消耗的方式，以帮助你达到自己的理想体重并实现"变身"目标。

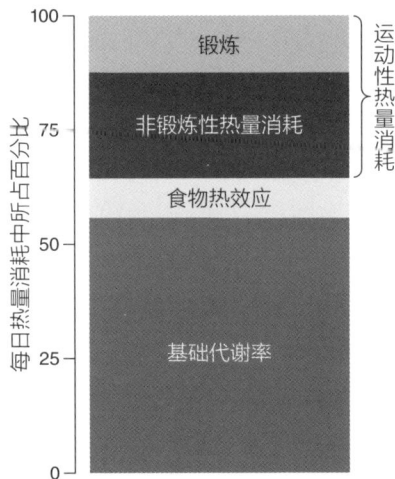

图16.1 能量消耗

激素的作用

我不想把这一部分变成化学课，所以我想以概括但清晰的方式讲述，以便你理解。人体是一台机器的终极目标是生存下去，它才不在意你所在意的事情。这台机器不关心你是不是有腹肌，是不是能增肌2千克，是不是要跑马拉松。人体钟爱脂肪，因为脂肪就是它的能量银行账户；相反，人体"憎恨"肌肉，它并不需要我们想要的那么多的肌肉，否则就需要耗费大量的能量来维持肌肉。人体用非常高效的方式调节能量平衡，甚至会限制肌肉增长。人体可以通过激素［如瘦素、胃饥饿素（促生长激素释放肽）、胰岛素、胰高血糖素等］调节来操控你何时感到饥饿、对什么产生食欲，以及你摄入的食物如何被使用和存储。肌肉生长抑制素会限制肌肉增长，以确保健身狂魔们不会获得围度超过70厘米的大粗胳膊。所以，你的身材和摄入的食物受到了自身激素环境和遗传基因的巨大影响，你要时刻记住这个事实。你的基因受到表观遗传学（控制基因表达）的影响，没有任何事物（包括锻炼）能像你摄入的食物一样影响你的遗传或基因！有时，你可能能在短时间内欺骗自己的身体和激素分泌，但它们终将赢得这场持久战的胜利。节食法减重者就是一个完美的例子：他们获得了减重战场的暂时性胜利，最终却在激素战中败下阵来。需要了解的一点是，你不能通过饿着自己来获得长期的形体改善，身体将会察觉出你的行为并依靠激素调节来保持存活。最终的后果通常是更低的代谢率（通过甲状腺和各种代谢机制调节形成），并因此导致你进入类似冬眠的状态。这就解释了熊为什么可以在不吃不喝的情况下在山洞里待上几个月，一旦出洞后摄取的热量比之前多一点点，就会将这几个月减掉的体重长回来。你是在用摄入的营养对抗自身的激素，你根本没办法强迫自己的身体去减重或减脂。除非你愿意余生都采用限制热量摄入的饮食方式，否则你根本没办法赢得这场持久战，体重甚至还会反弹。

炎 症

近来，我们听到了很多关于炎症的讨论——这已经成了新的流行话题。身体经历的炎症有好坏之分。好的炎症通常是急性的，这是最初的愈合反应之一。本章我们要讨论的炎症是不好的炎症，是免疫系统因对抗持续入侵的"敌人"（如过敏原）而引起的慢性炎症。炎症被认为是引起众多慢性疾病（如糖尿病、高血压，甚至关节炎）的罪魁祸首和基础机能障碍。

炎症可能由你摄入的某些让你敏感的食物引起。找到造成炎症的"真凶"是另一个故事了。目前，研究还无法明确指出究竟哪些食物会引起炎症。因此，本书不会涉及诊断过敏（炎症）、过敏原或复杂的营养话题。我们讨论的是基础的、在绝大多数人身上都会奏效的健康营养实践应用。

几乎任何让人敏感的事物都可能引发炎症反应：食物、摄取的任何化学添加成分或我们接触的任何药剂。这包括牙膏、除臭剂、洗涤剂、化妆品、食物、饮料，甚至我们吸入的空气。下面是一些被认为有可能引起身体炎症的最常见的食物成分和食品。

- 糖——可能是当代社会最大的"成瘾物"，也是通过导致胰岛素（用于存储脂肪的激素）过量分泌而引发炎症的最大诱因。

- 人造甜味剂——如果认为标签上写着"零卡路里"的食品或饮料是安全的，你可能就错了！这些人造添加剂会被肠胃中的菌群（微生物组）察觉，一些人造甜味剂可以抑制菌群的活性，当然也会影响到你！

- 人造添加剂——如果某个出现在营养表里的成分是你不认识的，那它可能就会对你造成伤害。

- 精制面粉——精制意味着谷物中的大多数营养元素都被剔除了，身体只能摄入剩余物质。

- 来自常见面包的麸质——深度加工程序会将更多的麸质留在面包中，这可能会刺激消化道并引起炎症。

- 深加工肉类——这类产品通常包含添加剂，以保持肉类的颜色、纹理和味道，同时还保存了动物生前被注射的物质，更不用说大量的饱和脂肪了。因此，这是一种你无法通过视觉和味觉分辨其原料的肉类。

- 常规谷饲肉类——甜谷物不应该是牧场动物的饲料。牧场动物应该吃草！谷物会让动物快速育肥，损伤它们的免疫系统，并产生了对高剂量抗生素的需求。

- 饱和脂肪——心脏疾病为饱和脂肪带去了坏名声，还有证据表明饱和脂肪会在脂肪组织（白色脂肪组织）中诱发炎症。

- 油炸食品——植物油炸制的食品，还有高温烹制、巴氏杀菌、风干、烟熏或炭烤的食物都包含了大量会引发炎症的终产物。植物油富含Omega-6（易引发炎症），却缺乏Omega-3（抗炎症）。美式饮食属于高Omega-6摄入，其Omega-6和Omega-3的比例高达15~20：1，健康的比例应该是1：1。

- 反式脂肪——这类脂肪［特别是氢化油（PHO）］并不是人体能制造的物质，所以我们很难分解这类脂肪，它会引起炎症。

- 快餐和容器——不仅是食物，还有装食物的容器！快餐产业使用的塑料容器会释放出邻苯二甲酸酯，特别是在加热后。邻苯二甲酸酯会扰乱你的内分泌系统，并由此引发炎症。

- 乳制品——我们说的不是富含优质肠道菌群的酸奶。乳制品富含大量可引发感染的饱和脂肪。而且，有些人对乳糖或酪蛋白极度敏感。

- 过量的酒精——少量酒精有助于抑制感染，但过量的酒精则具有反作用，而且可能损坏肝脏并破坏免疫系统。摄入任何东西都要适量。

我并不是说这些食物是有害的，不过我敢断言，避免摄入这些食物会使你的健康度提升。从根本上来说，你应该尽可能避免摄入这些食物并选择天然食品。但是我们理解你不希望住在洞穴里，也不想吃草：我们中的大多数人都没法在那种环境中生活。所以，尽自己的最大努力，试着远离上述食物或大幅降低这些食物的摄入量。如果你现在还在吃这些食物但决定将它们从饮食中剔除，你将会代谢掉1~3千克的、你根本不需要的有毒物质。人们常说，"我减掉的是水，不是脂肪。"我想对他们说的是，这是你根本不需要承受的负重，这是健康受损的表现。减掉它，你会获益的。所以，减掉这些水分并不再让它回来，你会看起来更好，更重要的是，你的健康状况将会改善！

减　脂

我们从了解人体如何对饥饿、压力，甚至烦躁情绪做出反应开始。我们必须了解，我们并非第一批想通过高糖和高脂食物来缓解由4~8小时没有进食而造成的压力、烦躁或饥饿的人。糖会影响大脑的愉悦中枢，而且糖有成瘾性。我们在饥饿的时候想要摄入高糖和高脂食物，这是因为我们的大脑靠葡萄糖供能，身体将糖用作快速能量源，而且身体希望储存脂肪以应对未来可能出现的饥荒。这就是为什么比萨、曲奇、汉堡、炸薯条及冰激凌是当你感到焦虑、烦躁、饥饿以及进行庆祝时的最爱。如你所见，压力、烦躁和饥饿能对你吃什么及何时进食产生巨大的影响。所以我们要远离饥饿、烦躁或焦虑，并随时随地准备好健康营养的替代食物，以备受这些情绪侵扰时所需。这样，我们的健康和健身目标就不会受到干扰。

这部分需要我们多动脑筋，我们需要绕开传统营养学教条。当身体感到摄入的热量不足以维持生命，它不得不动用脂肪储备时，减脂的进程就开始了；对于身体来说，这叫饥饿。你将由减少热量摄入造成的减重看成好事，但身体（终极目标是生存）将其看成坏事。身体不知道你在节食，不知道你仍会和往常一样饲喂它，不知道你有任何减重目标。身体只知道你给它的"燃料"不够。就像熊被陷阱困住后，你想去解救它，但它会攻击你。因为它不了解你的动机。同样地，保障身体存活的激素机制会对它认为的饥饿做出反应。当身体意识到减脂所需的热量产生赤字时，激素机制会降低你的代谢率，让你进入"冬眠"期。然后，你需要消耗更多的热量或摄入更低的热量来继续减重。持续的热量赤字并不能解决问题，反而会让你在黑洞里陷得更深。

所以，我们怎么才能在不让身体受到警告或不认为自己在挨饿的情况下成功减脂呢？我们的减重/减脂主导思想和方法与标准的营养学方式的不同之处就在这里了。首先，我们认为慢速、持续的方法比某些机构主张的一周急速减重1千克［每天减少500千卡（1卡约等于4.19焦耳）热量摄入］更好，因为这样的减脂过程不会对激素和器官造成过大的干扰。我们还相信，自然的"欺骗"食物或餐食（如家中自制的比萨、意大利面、非乳制冰激凌）可以不让身体的激素机制"抓狂"。这样做其实是在对一些激素进行重置，如瘦素。

我们相信——尽管这还没获得科研论证——人体知道充裕和缺乏的区别。我们相信，在知道了能频繁地、充分摄入有营养的食物时和感到食物不足时（如节食和饥饿），人体做出的激素反应是不同的。想到、看到、闻到及咀嚼食物都是食物来了的信号。当我们坚信并见证了身体将频繁地摄入营养丰富的食物视为营养物质充裕的状态后，就会更愿意放弃储备脂肪，并在这种更加健康的状态下存活。我们还见证了反面教材——人们用太过激进的限制热量的饮食减重，变成了"瘦胖子"。我们认为，在使用严格限制热量的饮食方式时（例如，女性每天的热量摄入低于1200千卡，大个子男性每天低于1500千卡），人们虽然会变瘦，但仍会在不希望储存脂肪的部位存储脂肪，如面部、颈部、躯干和下身。一些专家将这类令人不悦的脂肪存储称为"皮质醇脂肪沉积（存储）模式"。饥饿带来的压力会抑制抗压激素——皮质醇的分泌，还会影响你的外在状态和内心感受，更不用说生活带来的压力。所以，长久减脂的关键是用营养丰富、高热效应的食物（意味着代谢水平的提升）频繁饲喂身体，让它感到自己始终处于营养物质充裕的状态。高热效应的食物会滋养身体，并在消化过程中消耗热量。我们会在本章后面的内容中对此进行讨论。

增　肌

我们的身体不喜欢长肌肉：身体将肌肉看成奢侈品，而不是必需品。这并不是说肌肉的增加对你不好或你不应该渴望获得肌肉；只是说肌肉增长不是身体的首选。如果想增加肌肉含量，你需要保证在采用高强度的增肌力量训练计划的同时摄入足够的热量和蛋白质。刻苦训练，同时结合充沛的营养补充，你就很容易获得肌肉，除非你天生增重困难。

增肌尽管不是身体喜欢的，但相比起减脂来却更容易实现。让身体增重要比让它减重容易得多，一部分原因是身体认为"充裕"比饥饿。想要增肌，你需要一种叫作蛋白质的营养元素。蛋白质会被分解成氨基酸，氨基酸是构建肌肉的基石，它还有助于修复在训练中被破坏的肌纤维。增肌过程中，高脂肪食物同样是我们喜欢的食物类型，因为它会为我们带来浓缩的热量。基本上来说，足够多的热量和蛋白质是形体转变计划中使肌肉增长的关键营养成分。

健康和恢复

前面我们讨论了减脂、增肌和炎症控制的合理营养。这和恢复完美契合，恢复正是让你达成健康和健身目标的关键。当摄入对自己有益的食物时，你是在滋养身体。通常，当你感到厌烦或要在焦虑中冷静下来时，你会用没什么营养的食物取悦自我。我们将在本章的后面部分对此进行更加详尽的讨论。营养的关键是修复和恢复。当摄入天然或健康的食物时，你是在为身体提供最佳的恢复机会及适应本书介绍的训练计划所带来的压力的机会。事情就是这么简单。如果你给汽车加劣质汽油，它就肯定跑不动——对待身体也是一样的道理。这是个很有讽刺意味的现象：人们坚持给自己的汽车加高级的优质油类，却靠吃甜甜圈来给身体补充能量。对于这些人，我会说："像对待你的汽车一样对待自己的身体，你将拥有更好的状态。"很疯狂不是吗？但这就是事实。

自觉意识

我们常听到肥胖症是教育造成的，或是因为教育缺失这种言论。好吧，我觉得这取决于你对教育的看法。当谈论营养教育时，人们通常指的是营养的原理和科学。在我所接受的所有教育中，每一节营养课都在讲完全一样的书本知识：生物化学。这包括了从三大常量营养素所含热量到其各自的分子组成。大多数课程还会介绍基础消化过程。更具实践价值的课程会涉及食物准备、餐饮计划、食材采购策略及食物热量比例控制。无论我们接受了多少营养教育，肥胖问题仍然有增无减。如果肥胖是由于缺乏传统教育造成的，那么现在早就该被遏制住了。但是如今的减重产业是彻底失败的，尽管其每年的市值都有数十亿美元。

Marketdada公司的调查显示，美国的减重/瘦身产业是一个市值660亿美元的庞大产业，每年还在以3%的速度增值。这一产业服务了大量的人口，这些人中的40%都属于超重人群。尽管数据存在争议，但一些专家表示，通过节食减重成功的人中，有95%的人在3年内体重都反弹了！为什么会这样？我的看法是，因为我们并没有面对人们为什么会进食并变得肥胖这一问题，现在我们就要面对它。我们面对着无情的，逐利的市场竞争机制，这一机制根本不在意其目标对象是谁，它要的只有利润。另外，我们处于说一套做一套的社会中：我们将添加了糖的食品推销给孩子，政客们削减了学校的体育预算。我们都输在了起跑线上。

我们常说，"眼睛是灵魂的窗口。"也许我们应该换个说法，"嘴巴是灵魂的窗口"，用我们的话来说就是"我压力太大了，我要填补胃里的空虚，这样我就能忘掉压力"。很多人甚至不会意识到自己摄取食物的多数原因是化学性的、习惯性的、情绪性的，甚至是心理性的（或精神性的），这跟传统营养教育的缺失和滋养身体毫不相关。我相信成瘾者很难控制住瘾，特别是当他们根本没有意识到这是一种瘾的时候。因此，一旦人们意识到自己到底是为何而进食，就不仅能拥有控制营养的自觉意识，还能拥有掌控健康和生活的自觉意识。

人们如何才能意识到自己的营养习惯，从而了解如何控制自己的健康状况和外形？我认为，第一步是要意识到是什么驱使我们进食；除此之外，还要意识到是什么驱使我们去吃特定的食物；然后再建立营养学的意识或发现理性的内在声音。无论你是否相信，人的意识是可以被锻炼的，就像我们训练身体部位一样，它们会变得更加强大。下面是建立这种营养学自觉意识的7个合理步骤。

打造营养学自觉意识的7个步骤

- 身体摄入的不是食物，摄入并消耗掉的是食物里的化学物质（复合物）。你必须将食物看作身体因为正当理由（滋养身体）而摄入的复合化学物质。
- 当今社会的最大问题之一是人们对特定的复合化学物质成瘾。人们通过这些物质来控制自己的情绪或逃避人生的挑战。
- 糖是一种强大的复合化学物质，能够和其他成瘾性药物一样直达大脑的奖励中枢。我认为，一些专家也同意我的观点，糖很容易成瘾。糖是合法的、随处可见的，存在于很多食物中。糖还是大脑运转的燃料，所以如果你已经几个小时没进食了，糖就会是你最先想到的。
- 压力或烦躁通常表现为口唇抚慰（感受），如将安抚奶嘴塞进婴儿嘴里后，他/她就会停止哭泣。焦虑的时候，很多人通常会通过进食或咀嚼口香糖让自己冷静下来。

- 社会总是将大分量的高热量食物和良好的体验（一段美好的时光或便宜的价格）联系在一起，如在餐厅或超市促销活动中销售的食物。所以，在大环境的驱使下，你会摄入大量的高热量食物来庆祝。没人会把生日蜡烛插在沙拉上！

- 每次迫切感到想要进食的时候，问一下自己，"我是真的感到饥饿，还是感到烦躁或焦虑？"如果你一小时前，甚至几分钟前刚刚吃过东西，你感到的可能就不是生理上的饥饿。更有可能的是，你有某种情绪，如烦躁或焦虑。

- 每次吃东西的时候都问一下自己，"我是将食物当作药物来抚慰情绪，或通过进食来娱乐或庆祝，还是在滋养身体？"

意识到前面5步的内容之后，你就能通过后面的2步锻炼自己的自觉营养意识。在有进食需求的时候，想一下你多久前刚刚吃过东西。如果你在30分钟前刚吃过一餐优质食物（超过300千卡科学配比的热量），你感到的可能是焦虑，而不是饥饿。但如果你在90分钟前吃过了一份沙拉（约150千卡），那你可能是真的饿了。

如果是真的饿了，那就吃东西。如果你不确定，先喝上250~300毫升的水，等上5分钟。水会让饥饿感获得一点缓解，另外口唇抚慰也会缓解压力带来的烦躁情绪。这段暂停会让你弄清楚自己的真正感觉，而不是难以控制地想要进食，这是种锻炼。如果5分钟以后你仍然不确定，那就喝上一份乳清蛋白饮品（含有20~40克蛋白质，200~300千卡热量）。但如果你仍想吃某个东西，那就吃，吃完了就打住。

越多练习这些刻意的行为，你就会变得越强大，食物导致的内心挣扎感就会越来越弱。当好的饮食习惯成了生活方式，健康饮食就会变得更加简单，你可以依照自己的计划按部就班地进食。下面将介绍可以被用于创造自己独特计划的策略。

最佳健康和减脂策略

我们在前面提到过，调节体重和健康的能量消耗方式有4种：基础代谢率、食物热效应、锻炼及非锻炼性热量消耗。消耗热量会帮助你减重，更重要的是减脂。基础代谢率会随着年龄的增长而下降，在节食时也会下降。但基础代谢率能够通过增肌和频繁摄入能提供足够热量的高营养餐食而获得提升。这就体现出我们的健美训练计划和营养策略的价值了。食物热效应可以通过摄入更多蛋白质和蔬菜、更少精制和添加工食物，同时减少热量摄入获得提升。锻炼可以通过每周完成3次或4次本书所列训练计划来实现。如果你没办法完成训练计划，那就"饭后百步走"。散步是减重并保持体重不反弹的最有效运动之一。散步可以消耗大量热量却不会给身体造成压力。最后，买一块智能手表或任何可以检测步数的穿戴设备，监测自己的步数，至少要达到每周6天、每天6000步！

如果遵循以上指导，你每天的总能量消耗一定会提升。我们以体重91千克，长期久坐，体脂率为20%，经常摄入深加工食物的男性为例。由于不怎么运动，这个人每天的热量消耗2300千卡，其中基础代谢消耗1650千卡，锻炼消耗为0，非锻炼性热量消耗500千卡，食物热效应消耗150千卡（图16.2）。

2个月后，他长了些肌肉，开始摄入高热效应的食物，遛狗的时候让自己走得更多了，车停得更远了，开始爬楼梯而不是坐电梯了，开始逛商场了，还进行了其他类型的运动。他的能量消耗情况完全不一样了（图16.3）。通过锻炼获得的肌肉和更好的饮食习惯将他的基础代谢消耗提升到了2000千卡，锻炼增加了300千卡热量消耗，非锻炼性热量消耗提升到了600千卡，而食物热效应消耗达到了320千卡，不只是翻倍了。他现在的总热量消耗达到了3220千卡。他平时根本没计算能量摄入，而且其摄取的高质量食物几乎不会造成额外的脂肪堆积。他根本就不会觉得饥饿，因为他可以在遵循科学计划的同时适度摄入自己想吃的任何食物。

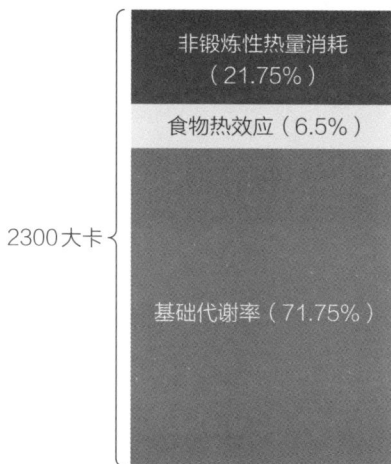

图16.2

- 非锻炼性热量消耗（21.75%）
- 食物热效应（6.5%）
- 基础代谢率（71.75%）

2300大卡

图16.3

- 锻炼（9.35%）
- 非锻炼性热量消耗（18.63%）
- 食物热效应（9.93%）
- 基础代谢率（62.11%）

3200大卡

图16.2　体重91千克、长期久坐、经常摄入深加工食物的男性的热量消耗

图16.3　体重91千克、主动运动、肌肉含量适度、摄入高热效应食物的男性的热量消耗

如果想要变得强壮且更加健康，你必须要有科学的饮食计划并开始锻炼。就像因为要挣钱还信用卡，所以你要工作；参加工作、挣钱、做好预算，确保你能按时还款一样。减重也需要做好计划。

营养计划设计

就像我们做训练计划设计一样，我们也可以做营养计划设计。营养计划设计有3个变量：频率、质量及摄入量。我们以这个顺序呈现变量的原因是，排列在前的变量的成功改变自然会引发后续的成功。

频率非常重要，因为它能调节饥饿感、激素，并能在一定程度上调节能量消耗。基本原则是，你不能遗漏任何一餐，无论是哪一餐。持续饲喂身体，你才能保持冷静。只有处于营养充裕的心理状态下，才会有更低的放纵概率，并做出更好的选择。这样才会引发食物质量的改变。当处于冷静的状态，而非饥饿的状态，想要去滋养身体时，你会自然而然地选择更加健康的食物。这些健康食物会为你增加食物摄入量，并带来更多营养元素，同时食物的热量密度也会降低。摄入量增加，意味着你摄入了更多、更高质量的食物，但热量更低。下面我们来讨论一下通过自觉意识进行练习的简单技巧！

营养技巧

每个人都应该练习这些技巧，因为这些技巧关注的是刻意的营养摄入，而非冲动性食物摄入。无论你是在增肌，还是在减脂，身体所摄入的食物都至关重要，所以你要创造能帮助自己做出正确选择的营养环境。

- 问自己一个重要的问题：我到底是饥饿、焦虑、烦躁，还是想庆祝？然后，根据需求练习第228页介绍的喝水和喝乳清蛋白饮的策略。
- 在办公桌上、车里和背包中放一瓶水。全天持续饮水是一个能有效地减轻焦虑带来的口唇感受的策略，还能在保持补水的同时降低饥饿感。这是个双赢的策略。
- 随时随地在身边储备各种健康食物：在挎包里、车里、背包里、办公室里、家中等地方准备好乳清蛋白粉（饮代餐蛋白饮）、蛋白棒、水果、扁桃仁及预先做好的食物。这会帮助你保持进食频率。
- 降低不健康食物的摄入可能性。很简单：不让不健康的食物出现在家中或办公室！如果特别想摄入不健康食物，那就开车（或最好走路）去找。

JC 的大餐或聚餐餐前准备策略

为了减少糖的负面影响，请摄入富含纤维的食物和健康油脂（如十字花科蔬菜和鱼油）。这两种策略都有助于降低高糖餐食的血糖指数。不太难做到，对吧？下面的包含进食策略的3个实用提示会帮助你在假期中保持健康。

提示1： 大餐的前一天，多散步30~40分钟，多喝250~300毫升的水；前一天晚上吃一顿健康的晚餐，并在这一天内摄入一些高纤维食物及3~6克鱼油。

提示2： 大餐日的那一天早起20分钟出门散步，一整天保持大量喝水（3.5升），蛋白饮中的水也被算在内，所以把它们都喝掉；大餐前别忘了吃些东西，我建议早餐摄入一份JC果昔，加餐一根蛋白棒，午餐吃一份含3克鱼油的鸡肉沙拉；晚餐前散步30分钟。下班回到家后，喝一份蛋白奶昔或一瓶水，吃一些含有2~3克纤维和3~4克鱼油的食物；然后就享受聚会吧。

提示3： 聚餐后的第一天，重复你在聚餐日的健康饮食、饮水行为，并继续散步。如果在聚餐时吃得太多了，再按提示3重复2~3天。

- 永远不要在感到饥饿的时候放弃自己买菜。如果你忙碌了一天，没办法在去超市或市场前先吃一餐，那就到商店购买或在办公室拿上一瓶蛋白饮或其他健康小食，然后到超市或市场直奔蔬菜和富含蛋白质的食物，而不是垃圾食品。这样做会让你降低购物时的饥饿感，并让自觉意识战胜馋虫。

- 在去餐厅或聚会前，喝一杯蛋白奶昔或吃一份扁桃仁。蛋白质饮有助于抑制你对酒精和汽水的饥渴感，并占据一定的胃部空间，以此帮助你尽可能地降低高热量食品的摄入量。你可以享受聚会，慢慢进食，不要狼吞虎咽。

- 买一个家用厨房搅拌机，自行加工营养果昔。这可以是你日常加餐的一部分，当然也可以作为参加聚餐前的必备。这里提供我最喜欢的JC果昔配方：20~50克乳清蛋白粉（如Labrada Lean Body），约1杯（1美制杯容量为150毫升）羽衣甘蓝或西蓝花、半杯胡萝卜、半杯芹菜、半杯西红柿、半杯蓝莓、半杯树莓、半杯香蕉、1/4杯甜菜、一小块儿生姜。我会将蔬菜和水果提前冷冻起来，这样喝起来会更加凉爽和浓稠。

- 最后，据我所知，我是唯一这么做的人，所以这可能没法对每个人都奏效，但我依然相信鱼油"疗法"。你没办法让一餐垃圾食品变得健康起来，但如果还有什么东西能让它变得不那么罪恶，那一定就是鱼油了。我叫它"更好的坏选项"。如果我知道即将大吃一顿了，如圣诞节前夜的古巴式聚会，我会在聚餐前服用3克鱼油，回家后再服用3克。鱼油会削弱碳水化合物带来的血糖飙升，有助于控制不好的脂肪和优质脂肪的比例。

以上这些都是能够帮助你在享受生活的同时保持健康的策略。营养和生活都需要维持平衡和稳定进步。人生中的好事不会来得那么轻松或容易：所有美好的事物都需要花费时间和努力来达成，就像爱情和工作带来的成就感。别着急，专注执行计划，你会获得回报的。

食 谱

这一部分并不会为你提供细化的食谱、食物准备或菜场的采购清单。我们只是想将IHP最常用的两个菜单介绍给你。这些餐饮计划全都建立在进食频率和营养摄入时机的基础上。其要点是全天都以中到高频率摄入小份餐食，两次正餐或代餐间的间隔时间不超过3小时，以此来控制代谢，并最终实现对饥饿感的控制。大多数女性都会通过1500千卡的食谱实现减重，通过2000千卡的食谱实现增肌。大多数男性都会通过每日摄入2000~2300千卡的热量来减重，通过每日摄入3000千卡的热量来增肌。要将2000千卡的食谱变成总热量2300千卡，只需要在训练后或睡前喝掉一瓶Labrada Lean Body 40即饮蛋白奶昔。要将2000千卡的食谱变成总热量为3000千卡的食谱，只需将每种食物的分量增加50%。这意味着将一份113克的菲力牛排加量到170克，将3杯的蔬菜加量到4.5杯！任何超出这一基础指导范围的策略都可以通过手机应用或网站获得，如MyFitnessPal或CalorieKing。

这里介绍的包含40%碳水化合物、30%蛋白质和30%脂肪的饮食计划是朝着拥有更加健康的生活方式的方向做出改变的良好开始，因为常量营养素基本达到了平衡。这些计划能相对轻松地实施并让你坚持下去，它们是绝大多数人的完美起点。两个计划都包含了中等含量的碳水化合物和较多的蛋白质及脂肪。与其他的饮食建议相同，常量营养素的来源和质量至关重要：精蛋白来源、复合碳水化合物、富含纤维的各种颜色的水果和蔬菜，以及健康的不饱和脂肪。

1500千卡（40%碳水化合物，30%蛋白质，30%脂肪）中等碳水化合物

针对正在实施减重计划的女性的基础饮食计划及热量明细。

蛋白奶昔

1勺乳清蛋白	226克扁桃仁牛奶
1杯冻蓝莓	

早餐

1片全谷物面包	1/8个牛油果
1个鸡蛋，炒制或煎制	1茶匙无糖树莓果酱

午餐

85克烤鸡胸	28克低脂奶酪
2杯混合绿色蔬菜和嫩菠菜叶	1茶匙意大利香醋和1/2茶匙橄榄油
2/3杯芸豆	

代餐小食

1/2杯原味无脂酸奶	1汤勺碎核桃仁

晚餐

85克烤三文鱼	碳水化合物：140克
1杯熟四季豆	蛋白质：111克
1/2杯熟糙米	脂肪：52克

补水对于改变饮食习惯至关重要。保持体内有充足的水分有助于你控制饥饿感、抑制食欲、促进消化并有利于身体排毒。我们可以通过草本茶、矿泉水及天然气泡水摄取水分。一定要注意的是，饮料所含的热量很高，宁可吃4个苹果也不要喝226毫升苹果汁。

2000 千卡（40% 碳水化合物，30% 蛋白质，30% 脂肪）中等碳水化合物

针对正在实施减重计划的男性的基础饮食计划及热量明细。

蛋白奶昔

1 勺乳清蛋白   226 克扁桃仁牛奶

1 杯冻蓝莓

早餐

2 片全谷物面包   1 茶匙无糖树莓果酱

2 个鸡蛋，炒制或煎制   1/2 个葡萄柚

1/2 个牛油果

午餐

85 克烤鸡胸   28 克低脂奶酪

2 杯混合绿色蔬菜和嫩菠菜叶   1 茶匙意大利香醋和 1/2 茶匙橄榄油

2/3 杯芸豆

代餐小食

1 杯原味无脂酸奶   1 汤勺碎核桃仁

晚餐

113 克烤三文鱼   碳水化合物：209 克

1 杯熟四季豆   蛋白质：143 克

1 杯熟糙米   脂肪：69 克

营养补充剂

和食谱部分一样，营养补充剂部分强调的也是主要需求——我们对绝大多数人的建议。请在开始摄入任何营养补充剂前咨询医生或营养学家，以保证将这些物质加入饮食中有利于你的健康。我们不会提供有效营养补充剂的清单。我们建议你咨询国际运动营养协会（ISSN）来获取最新的营养补充剂的相关教育和研究成果。ISSN 的认证是所有私人教练的必备。下面是一些基础营养补充剂和来自 ISSN 的、经过科学论证的每种食品补充剂的合理服用剂量范围，而不是来自美国食品药物管理局的建议摄入量（RDA）。

蛋白质

乳清蛋白和酪蛋白是使用最多的两种蛋白质补充剂。乳清蛋白（包括分离乳清）是吸收速度最快的蛋白质补充剂，可作为训练饮料（训练前、中、后）和快速吸收代餐食物。乳清蛋白包含了所有必需氨基酸及支链氨基酸，而且含量很高。酪蛋白富含谷氨酰胺，人体吸收

这种物质的速度较慢，可作为晚间加餐的选择。补充蛋白质可以确保你每日足量摄入增肌所需的蛋白质。我建议进行力量训练的运动人群按照体重摄入蛋白质。一个体重为68千克的人每天应该摄入150克蛋白质。

鱼油

鱼油富含Omega-3脂肪酸，其组分是二十碳五烯酸（EPA）和二十二碳六烯酸（DHA），两者的最佳配比为2：1。Omega-3的最佳来源是鱼油，而不是植物或坚果，最佳食物来源是脂肪含量较高的鱼类（如三文鱼、金枪鱼、鲱鱼、鲭鱼和沙丁鱼）。服用剂量范围为2~6克，以获得高水平的EPA和DHA。如果你在服用稀释血液的药物（如阿司匹林），这一剂量可能会引发一些潜在的健康问题。所以一定要在服用前咨询医生，还要确保他/她有相关的营养补充剂的知识。

维生素D，维生素D_3（胆钙化醇）

这是被推荐最多的一种补充剂，因为这是人体可以通过阳光自然获得的物质。阳光为我们提供了89%~90%的维生素D摄入量。男性的维生素D建议摄入量是800~1000国际单位（IU）。对于女性，建议剂量是2000国际单位，需配合钙一起摄入。

复合维生素/矿物质

如果你的饮食结构足够健康和平衡，就不需要再摄入复合维生素。然而，大多数人并不能保证自己一直吃得健康，所以用复合维生素和矿物质补充剂补充营养缺口就变得十分重要。我们建议服用最基础的Twinlab的每日复合维生素或Klcan复合维生素。我已经服用Twinlab的每日复合维生素（男性维生素不含铁，女性维生素含铁）10年了。

运动表现和肌肉增长所需的营养补充剂

很多营养补充剂都能提升运动表现、增加肌肉含量及促进恢复。还有另外一些可以用来帮助身体恢复，为最优化的运动表现创造环境的补充剂。下面介绍我最喜欢的实现最佳肌肉增长和恢复的补充剂和策略。我们以简单、高效、实践性的形式分享给你。

肌酸

肌酸是获得最广泛研究的营养补充剂之一，很多科研发现都证实了它的效用。肌酸能在人体进行高强度训练时提升肌肉的运动表现能力，并为肌肉增长提供支持。素食者可能对这一补充剂的反应更明显，因为他们无法从膳食中摄取肌酸。服用肌酸时没必要经历冲击期，每天3~5克的摄入量有助于提升力量和速度，并增加肌肉围度。

β-丙氨酸/肌肽

β-丙氨酸是一种氨基酸，它和另一种氨基酸结合形成了肌肽。肌肽能帮助身体缓冲乳酸分解出的氢离子，因此它能够在高浓度的氢离子使肌肉停工前，让肌肉进行更长时间的高强度运动。还有证据表明，相比单独服用肌酸，将β-丙氨酸和肌酸组合服用会为人体带来更多的肌肉增长，并减掉更多的体脂，所以两者叠加效果会更好。在训练前和训练后可以服用加入了1~2克β-丙氨酸的乳清蛋白和肌酸饮料。在非训练日，可以随早餐服用2克β-丙氨酸，同时用3~5克肌酸。

恢复和压力管理

很少有人由于训练死亡，甚至很少有人由于训练而生病，但恢复不当或压力过大却可能导致上述情况的出现。我觉得科学会支持我的观点：身材走样、身体状况不好但没有什么压力的人有时候比长期锻炼、身体状况很好，但生活压力大的人活得更久。

当代人的生活节奏特别快。长时间的工作、长期承受压力、夜班和其他多种因素正在剥夺休息和放松的权利。人们的工作压力过大，没挣到足够的钱，没办法展现出最好的外在形象，感觉没法达到最佳心理状态，没有足够的时间来真正享受生活。除了越来越长的工作时间，越来越多的电话、信息和社交媒体的使用，你认为还有什么在不断增加？没错，是压力！人们对电子产品的过度依赖持续增长，这可能正是我们控制压力及获得恢复的最大障碍之一。智能手机、电视、电子游戏和计算机霸占了我们日常生活的方方面面，电子产品持续推送给我们的图像和数据让我们长期受到刺激并承受压力。

这些都是造成压力和影响恢复的社会现象。其中一个现状是对于精神麻醉类药物的滥用。什么在减少？没错，睡眠和放松（压力管理）时间。很多人会通过到健身房锻炼来"减压"。这对一部分人是有用的。尽管锻炼能帮助你缓解压力，但锻炼本身就是在制造压力——用本可以小睡或休息一会儿的时间来健身可能会让你的免疫系统受到挑战！试着用锻炼来控制压力和调整失去控制的生活，就像试图通过服用营养补充剂来抵消不健康饮食带来的影响——行不通。

压力激素和健康

压力分两类：短期（急性）压力和长期（慢性）压力。短期压力发生在每个人身上。它不会持续太久，身体会自然而然地回到正常状态。但是，当压力充满了你的生活，你深陷"反抗还是逃避"的泥潭，这时你就可能会有麻烦。长期压力会对身体造成很多负面影响，你会大量分泌各种激素，如胰高血糖素、肾上腺素、去甲肾上腺素、皮质醇及生长激素等。这些激素水平持续走高后会导致长期健康问题，如长期疲劳和炎症、免疫力下降、睡眠质量下降、体重增加、各种内分泌功能紊乱、焦虑感加剧，以及生活中各方面的表现都不尽人意。这样一来，无论训练得多刻苦，你都没办法通过锻炼和积极运动的生活方式获得恢复，而锻炼和积极运动反而可能给你造成更多的负面影响。只有先将压力控制住，你才有可能通过践行本书介绍的训练和营养策略获得巨大收益。

压力管理：3-2-5式呼吸

压力来自很多方面，是由激素反馈造成的，你可以用很多不同的方式来管理它。一般来说，你可以采用如下几种基本方法。

- 健康饮食，养成长期锻炼的习惯，保证睡眠。
- 练习放松技巧，如深呼吸。
- 培养一些能让你放松的兴趣爱好，如阅读或听音乐。
- 打造健康的朋友圈，和朋友们一起开怀大笑。

我最喜欢教给运动员和朋友的是3-2-5式呼吸技巧。这是一个简单的技巧，你可以在任何地方使用它。如果你能熟练应用它，这一技巧可以让你的心率下降30%~40%。这一技巧很简单，具体内容如下。

- 舌头顶住口腔上腭。
- 深吸气（默数3下）。
- 屏息2秒。
- 嘴唇紧闭呼气（默数5下）。
- 每天进行5次，每次完成5轮。节奏越慢越好。

这就是压力管理训练计划！无论是由于交通拥堵导致迟到或情绪受到影响、在午饭或工间休息时、睡觉前，还是任何感到焦虑的时刻，你都可以使用这个技巧。

注意：在手机上设置5个闹钟，每天分5次提醒你练习3-2-5式呼吸；这会改变你的生活。

如果你真的压力特别大，多多练习3-2-5式呼吸，并练习"专注当下意识"（PMA），就像埃克哈特·托勒所说的那样。我从"掌控人生（Life Mastery）"的莎伦·伯恩那里学到这一技巧，她是我的一位心理老师。专注当下意识的基本练习一般只持续90秒，但我通常会进行2~3分钟。

- 用30~60秒，环视一下你身边的一切。不要为这些东西赋予任何称谓、意义或属性。只是看看颜色、形状和动作。你只是看到并认知了你看到的一切。
- 下一个30~60秒，开始倾听身边的一切。不要为这些东西赋予任何称谓、意义或属性。只是感受它们的声音、音量和位置。现在你应该能看到、听到并认知到看见和听见的一切。
- 接下来的30~60秒，开始为这些东西注入你的所感（你触摸衣服或自己身体的触感、耳旁的清风或自己皮肤的温度、脚下的地面，甚至是你可能感受到的紧张和它在身体中的位置）。不要赋予这种感觉任何称谓、意义或属性，只是承认它的存在。现在，你应该能看到、听到、感受到并认识到你看到、听到、感受到的一切。

3-2-5式呼吸和专注当下意识的训练是我发现的两个最有效的压力管理策略，这两种策略成功帮助我的客户在高压生活中保持冷静。用这种方式进行压力管理已经帮助我成功地摆脱了已经服用了10年的助眠药物。如果这对于我面对的极端压力都奏效，那么应该对你也会有帮助。试着练习两周，我保证你会感觉更好。

睡　眠

本章要讲的最后一点是睡眠。大多数人的睡眠时间都不够。我常和运动员们说，刺激发生在健身房，但适应发生在你睡觉时。没错，你不是在健身房变得更强壮的，你是在睡觉的时候变得更强壮的。尽管每个人都知道高质量的睡眠和休息的重要性，但很少有人能在这个被科技驱动的社会中获得充足的睡眠和休息。当今社会中，失眠正在迅速蔓延，成为人们面临的常见问题。失眠症严重影响了整个社会，从劳动生产力到个人安全，再到健康护理方面的费用。

导致失眠的几个基本原因如下。

- 科技——对电子产品的依赖可能是阻碍我们安然入眠的最大障碍。智能手机、电视、电子游戏和计算机几乎霸占了我们的日常生活。

- 工作或家庭带来的持续压力——每天不知从何而来的各种问题（工作或家庭关系/情侣关系带来的压力）渗入了我们的潜意识中，让我们不明原因地被焦虑包围。

- 睡眠健康度低下——没有固定的入眠时间，房间充斥着光亮、噪声或其他生理干扰，这些都会导致入睡困难或赖床。

- 其他健康问题——有些健康问题，如睡眠呼吸暂停、抑郁、慢性疼痛、消化问题或夜尿问题，会对安睡整晚的优质睡眠造成毁灭性打击。

- 糟糕的夜班——对于本该日出而作、日落而息的动物来说，上夜班会为优质睡眠制造很多阻碍。

- 遗传原因——我们之前并不知道这一点，但最新的证据表明，遗传基因会导致有些人易患失眠症。

所以我们该怎么办呢？对抗失眠的最佳盟友是安静、舒适、放松和良好的睡眠习惯（固定入眠时间）。

- 让卧室成为身体恢复的避难所。你的卧室应该保持安静、昏暗、凉爽或温暖、舒适，并让人放松。我喜欢只将卧室用作进行睡眠、放松活动的场所。我不喜欢将电视、计算机和其他任何可能对我造成干扰的电子设备带进卧室。让身体懂得卧室是用来恢复的地方，身体会以更加优质的睡眠回馈你。

- 遵守能让你放松的入眠时间。合适的入眠时间会帮你养成良好的睡眠习惯，睡眠确实就应该养成这样的一个好习惯。你可以采用任何对你有用的方法，如熄灯前阅读书籍或冥想30分钟。试着让每天的入睡和起床时间保持一致。

- 至少在上床前一小时关闭所有屏幕。电子屏幕会发射蓝光，干扰身体分泌褪黑素，并抑制睡意。所以不要在睡前看电视或玩手机、平板电脑或计算机，选择其他的放松方式，如阅读书籍或听一些舒缓的音乐。

- 避免任何让大脑兴奋或紧张的事。这包括一切电子设备和社交媒体活动，和你的伴侣或家人进行大讨论或争论，以及任何与工作相关的活动——所有的这些都放到第二天早上进行。另外，尽管白天小睡能帮助你补足睡眠时间，但它也会干扰夜晚的睡眠，所以如果你夜晚睡眠本来就有问题，白天想要小睡一下的时候就要格外当心。

总　结

　　营养是成就良好外形和强大的身体功能的最重要一环。如果要真正理解体重控制和身体健康，我们就必须考虑营养领域中庞大的情绪组分。用于培养自觉营养意识的技巧和策略可以帮助我们做出更好的选择。营养补充剂可以帮助我们达成健康和健身目标，但它绝不能抵消错误营养选择造成的负面影响。你没办法靠锻炼或营养补充剂来弥补不健康饮食造成的问题。

　　压力同样是影响外形和运动表现的主要因素。我相信压力造成的种种状况是当今社会的人们面临的最大健康问题。尽管良好的健身训练计划能帮助你缓解压力，但我们不能只靠锻炼来管理压力，特别是能用于锻炼的时间非常有限，甚至根本没有时间锻炼。当然了，生活一定会面临挑战和压力，但计划好你的生活，以便压力到来时能良好应对，进而有能力保持强壮的、健康的、平和的个体状态。这完全是可以实现的，而且应当成为所有人的最高追求之一。良好的营养摄入及合理的压力管理是所有运动表现提升计划的重中之重。

通向成功的训练计划设计

因为你可能跳过了前面的重要章节，直接把书翻到了这一部分，所以我想借此机会为你带来几个我最常给出的强烈建议。我们从这个开始：别着急，缓慢进阶。你应遵循我给出的建议。每一章都包含了一个初级训练者计划，请将有能力完成这一计划作为开始进行后续计划的先决条件，以确保你能轻松完成这一计划。如果你是一位初级训练者，或者从来没在专业人士的指导下进行过任何高强度训练，请一定遵循我的建议，采用保守的方法。请拥有专业资质的健身教练来指导自己训练是个聪明的选择，哪怕只有30分钟。告诉教练你想练什么，教练会教你正确的动作，并帮助你在训练时做出进阶调节。

本章将整本书的内容进行了串联。几位业内友人和健身超级明星都为本书内容的多样化做出了贡献。总体来说，本书的计划强度都不低，并且强调某个身体部位或运动表现输出。特别是到了第三周和第四周的时候，大多数计划都会体现出一定的强度。因此，初级训练者可以应用这本书上的计划，如果能遵循所有建议，很快就能达到IHP精英级别运动员的专业训练水平。

训练计划设计对于大多数教练和健身爱好者来说都是一个挑战。为一堂训练课设计计划应该是我的关注者和客户的最大需求。而设计出行之有效的月度或年度训练计划差不多会让所有人都犯难。下面，我就要试着帮助你打造出周度、月度和年度训练计划。

单日、月度和年度计划设计

我认识的大多数人都会为训练做循环（阶段）设计，而有时循环是自然发生的，并非是被设计出来的。有些人因假期、生病或忙碌而无法训练。无论是按计划进行的，还是依情况而定，生活使我们的训练总是会出现高低起伏。然而，当高低起伏和当中的其他状况都被计划到了以后，我们的收获会来得更快、更多，伤病会更少出现。《功能性训练：提升运动表现的动作练习和方案设计》一书详细介绍了训练计划设计和周期化设计，书中有关于如何根据情况主动调整计划的各种信息。那本书专注于各种运动项目，但书中提供的周期化设计和训练计划设计指导同样可以用于大众健身计划设计。

在特定时间内管理训练的概念叫作周期化。周期化是随着时间的推移控制训练变量的艺术和科学。训练变量包括强度（负载）、训练量（组数 × 次数 × 负载）及频率（训练的次数）。很多人一直都在做同样的训练，直到他们生病、受伤、感到疲劳或无聊及出门度假。

然后他们再次回到健身房，再次以完全一样的方式训练：这就是他们认为的周期化。然而，有一种计划训练的方式能让你不会生病、受伤、感到疲劳或无聊，而假期则是计划中的休训期。我们来看一下这是如何进行的。

传统的周期化有4个基本训练周期。

- 打造训练基础的增肌或体能调节阶段。传统练习的动作重复次数是8~15次，采用中等负重，每周需完成12~20个训练组。
- 最大化提升强壮程度的力量阶段。训练组数和重复次数都减半。传统练习的重复次数是4~6次，尽可能使用最大负重，每周完成10~12个训练组。
- 通过爆发式练习提升爆发力和速度的爆发力阶段。用中等负重完成5次传统练习，接着休息1分钟，然后进行和传统练习动作相似的，但使用轻负载的、爆发式的练习。每周完成8~12个训练组。
- 通过代谢训练打造抗疲劳能力并"启动一氧化二氮增压系统"，为动作加速的爆发式耐力阶段。这是实现燃脂以及为拍照或艰苦赛事做好准备的最佳阶段。但你不能一直停留在这一阶段，否则你会在大概一个多月后崩溃。用中等负重完成5次传统练习，然后立刻进行和传统练习动作相似的，但使用轻负载的、爆发式的练习。每周完成8~12个训练组。

我喜欢将每一个阶段设计成3~4周的循环，但如果时间有限或对某一个阶段不感兴趣，你完全可以将它设计成2周的循环。

长期计划设计

一旦你理解了一个月的计划就是将一周的训练完成4次，设计几个月或一年的计划就变得简单了。假设你想完成全部的4个循环，一个训练区块就可以像下面这样设计。

- 增肌：2~4周。
- 力量：2~4周。
- 爆发力：2~4周。
- 爆发式耐力：2~4周。

我们可以按需重复完成训练区块（多个训练循环依次排列）中的计划。你可能需要在每完成两个循环或完成一个区块后休息一周。根据你的需求对训练进行周期化设计。如果你需要更大块的肌肉，可以将增肌周期延长。如果你的肌肉已经足够大块且足够强壮了，但需要更多的爆发力和爆发式耐力，可以将前面的两个阶段缩短，然后延长爆发力和爆发式耐力阶段。

如果你想只在增肌和力量阶段做循环，训练区块可以设计成如下这样。

- 增肌：2~4周。

- 力量：2~4周。
- 增肌：2~4周。
- 力量：2~4周。
- 重复。

这是一个典型的健美运动员的应用实例，大多数其他运动员都会使用4个循环。如果你刚完成一场比赛，需要快速在下一场比赛到来前再次到达运动表现巅峰，而且有5周以上的时间，就直接执行爆发力和爆发式耐力阶段的训练。

- 比赛。
- 爆发力：1~2周。
- 爆发式耐力：3~4周。
- 比赛。

如果你的时间较少，将爆发式耐力阶段的训练重复几周也可以让你保持运动表现巅峰状态。

- 比赛。
- 爆发式耐力：2~3周。
- 比赛。

我们来看一下来自10千米跑和障碍赛跑的运动员的年度周期化训练设计应用实例。这是能让他们做好赛事准备，甚至还能度个假的周期化设计方式。

- 增肌：3周。
- 力量：4周。
- 爆发力：4周。
- 爆发式耐力：4周。
- 比赛。
- 爆发力：2周。
- 爆发式耐力：3周。
- 比赛。
- 假期。
- 增肌：1~2周。
- 力量：2周。
- 爆发力：2~3周。
- 爆发式耐力：4周。
- 比赛。

如你所见，一旦知道了何时需要达到运动表现峰值及何时需要休整，周期化设计就变得容易了。你可以优先处理并多花些时间进行你需要的训练。持续对训练做出循环设计，降低训练过度的概率，这样运动表现的巅峰就能够出现在正确的时间。

管理一堂训练课的计划

很多人没有时间或体力来完成本书介绍的最后几周的计划（如为期4周的第三周和第四周的计划可能耗时90~120分钟）。对于时间有限或恢复能力有限的人来说，前两周计划的训练量就已经足够了，后面几周要做的就是替换或改变练习。即便只使用整个计划的一部分，或将别的计划中的练习拿过来重新组合，也能根据需要创造出完美计划。特别是在你想在一堂训练课上训练多个身体部位的时候，这一策略尤为有用。下面我们看一下如何用本书提供的计划创造出短时的、可以立刻上手的训练计划。

我们来设计一个半小时的胸部训练计划，外加一个一小时的胸背训练计划，这样你就能了解该怎么实施这个策略了。例如，我们可以选取男性胸部计划3（第115页）中的基础动作——练习1a、2a和3a，然后以第二周的训练量完成练习。总共9组胸部练习，每组完成12次动作重复。每组耗时3分钟，总共需要27分钟。你能轻松完成这一天的训练。

如果想在一小时里把胸部和背部一起练到，你可以将男性胸部计划3（第115页）和男性背部计划4（第135页）组合起来。选取每个计划中主要的复合练习动作——男性胸部计划3的练习1a，2a和3a及男性背部计划4的练习1，2和3创造出短时的训练计划。再次说明，大多数人能很好地完成第一周和第二周的训练量。如果你选取每个计划第二周的训练量，重新组合出来的这个出色的胸背计划如下所示。

1a. 哑铃上斜卧推3组×10~12次。

1b. 哑铃平板卧推3组×10~12次。

1c. 哑铃下斜卧推（或负重双杠臂屈伸）3组×10~12次。

2a. 宽距器械下拉3组×10~12次。

2b. V形把手坐姿划船3组×10~12次。

2c. 杠铃俯身划船3组×10~12次。

你如果时间有限，可以将练习1a和2a、1b和2b、1c和2c组成超级组。每个超级组耗时4分钟，每个超级组完成3次，总共3个超级组。总耗时36分钟。如果你能拿出更多的时间，可以依次完成每一个练习，组间充分休息。每组耗时2~3分钟，总共6个练习，每个练习3组，总耗时36~54分钟。

另一个将本书所列计划组合在一起的实例是将协同肌群放在一起训练，如将胸部、肩部和肱三头肌组合在一起训练，或者将背部、肩部后侧肌群和肱二头肌组合在一起训练。将协同肌群放在一起的优势是训练效率高；先训练部位的练习可以预先疲劳后续部位，后续部位的训练量需求大大降低。例如，胸部推举同时训练了肩部，所以在进行肩部推举的时候肩部前侧肌群已经充血了。同样，胸部和肩部推举这两个练习都刺激了肱三头肌，所以在完成了几组胸部和肩部推举后，肱三头肌就已经被练得差不多了，只需要再来几组动作就可以结束训练了。相同的方法可应用于背部的拉肌肉群和肱二头肌。基本的原则是，每个部位选取两个主要的传统力量练习，然后将它们放在一起。从大肌群开始，再训练小肌群。表17.1为我们展示了两个非常常见的组合式计划——针对推和拉的协同肌群的训练计划。

表17.1　推和拉协同肌群计划

推肌群组合（胸部、肩部、肱三头肌）计划		拉肌群组合（背部、肱二头肌）计划	
练习	组数和重复次数	练习	组数和重复次数
杠铃平板卧推	3×10	器械下拉	3×10
哑铃上斜飞鸟	3×10	器械坐姿划船	3×10
器械肩部推举	3×10	低位训练绳迎面划船	3×10
哑铃侧平举	3×10	钢索反向飞鸟	3×10
肱三头肌下压	3×10	曲杆杠铃弯举	3×10
充血组：长凳钻石俯卧撑	1×力竭	充血组：钢索锤式弯举	1×力竭

从本书中选取不同的计划然后将它们重新组合成全新的计划就是这么简单！所以，一周的计划该如何设计？简单到只需把你需要的练习拽过来，放进去。

管理一周和一个月的训练计划

人们到IHP通常都是想自己过来训练或想要了解不上私人教练课时自己该怎么训练。如果你也有这样的想法，这部分的训练计划会为你带来巨大的帮助。应该注意到的是，一旦我们设计好了周度计划，那么它就自然而然地成了月度计划；唯一变化的是负载，还有可能是重复次数。通常我们每周都会增加一点负载（大概2.5%~5%），保持组数和重复次数不变；或者如果目标是提升力量，每周都会较大幅度地增加负载（5%~10%），然后去掉两个训练组。

首先，我想展示的是混合周度计划，因为IHP 90%的训练计划都是这种形式。《功能性训练：提升运动表现的动作练习和方案设计》一书详细介绍了IHP混合训练方法，我建议你详细了解那本书关于这一话题的论述，并可以获得10多个混合训练计划。表17.2和表17.3展示的是基础混合训练计划。

表17.2　IHP混合训练计划：增肌和力量

周一	周三	周五
腿+功能胸、背、核心	胸+功能腿、背、核心	背+功能腿、胸、核心
循环1×3~4轮	循环1×3~4轮	循环1×3~4轮
杠铃下蹲：8~15次	杠铃上斜卧推：8~15次	器械下拉：8~15次
弹力绳交替推举：每侧10次	单腿前触：10次	药球下触弓步：每侧10次
稳定球向外滚动：20次	髂胫束泡沫轴滚压：每侧10秒	髋屈肌群拉伸：每侧10秒
循环2×3~4轮	循环2×3~4轮	循环2×3~4轮
哑铃弓箭步：每侧8~15次	器械胸部推举：8~15次	钢索坐姿划船：8~15次
弹力绳单臂划船：10次	弹力绳交替划船：每侧10次	弹力绳单臂飞鸟：每侧10次
钢索短程旋转：20次	弹力绳低－高伐木：20次	弹力绳高－低伐木：20次
循环3×3~4轮	循环3×3~4轮	循环3×3~4轮
杠铃硬拉：8~15次	双杠臂屈伸：8~15次	哑铃直立划船：8~15次
倾斜上拉：10次	哑铃单臂交替弯举：每侧10次	跑者式前触：每侧10次
悬垂提膝：10~15次	45度山羊挺身：15次	稳定球反向挺身：10~15次

表17.3 IHP混合训练计划：爆发力和爆发式耐力

周一	周三	周五
腿+功能胸、背、核心	胸+功能腿、背、核心	背+功能腿、胸、核心
循环1×3~4轮	循环1×3~4轮	循环1×3~4轮
杠铃下蹲：5次	杠铃上斜卧推：5次	器械下拉：5次
纵跳：5次	药球胸前斜上投抛：5次	药球过顶投抛：5次
稳定球向外滚动：20次	髂胫束泡沫轴滚压：每侧10秒	髋屈肌群拉伸：每侧10秒
循环2×3~4轮	循环2×3~4轮	循环2×3~4轮
哑铃弓箭步：每侧5次	器械胸部推举：5次	钢索坐姿划船：5次
剪蹲跳：每侧5次	爆发式俯卧撑：5次	弹力绳游泳式：5次
钢索短程旋转：20次	弹力绳低-高伐木：20次	弹力绳高-低伐木：20次
循环3×3~4轮	循环3×3~4轮	循环3×3~4轮
杠铃硬拉：5次	双杠臂屈伸：8~15次	哑铃直立划船：每侧5次
波比蹲：5次	药球爆发式交叉俯卧撑：每侧3~5次	弹力绳爆发式单臂直立划船：每侧5次
悬垂提膝：10~15次	45度山羊挺身：15次	稳定球反向挺身：10~15次

在爆发力阶段，两个练习之间需要休息1分钟。在爆发式耐力阶段，完成一个练习后立刻开始下一个练习，中间不休息。

混合训练计划是IHP教练使用最多的训练计划方式。这类计划可作为腰背部问题的康复训练计划，满足客户的减脂需求（结合正确的饮食），还可以帮助格斗运动员赢得冠军战。在增肌或体能调节阶段，计划要持续2~4周。在2~4周的力量阶段，将练习1的重复次数减少到4~6次。爆发力和爆发式耐力阶段都可以持续2~4周。你可以在不进行力量训练的日子里进行有氧训练或享受你热爱的各种运动。如果想增加训练日，你可以加入敏捷、速度及代谢章节中的计划，那其中的大多数计划都有助于进行体能调节和满足健美需求。

表17.4的计划能够帮助你保持运动和健康的状态。如果你在形体和运动表现方面没有特定目标，那么这个计划就很适合你。

表17.4 两天功能性训练计划

周一	全身功能性*	从每个形体转变计划中（总共7个，第4~9章）各选择1个或2个功能性练习，完成2~3组，每组重复10~20次
周二	敏捷	从第12章选择一个敏捷训练计划，完成1~2组
周三	代谢	从第13~15章的腿、推、拉和全身代谢计划中选择一个代谢训练方案，完成1~2组
周四	速度	从第11章选择一个速度方案，每个练习完成1~2组
周五	全身功能性*	从每个形体转变计划中（总共7个，第4~9章）各选择1个或2个功能性练习，完成2~3组，每组重复10~20次
周六	趣味训练日	参加任何你热爱的运动或进行慢速长距离心肺训练（骑行、快步走等）
周日	休息恢复	

*如果你从第4~9章里选取了8个不同的功能性练习，可以将它们组成2个循环，每一个循环包含4个练习（每一个循环都包含下身、推、拉、核心或手臂练习）。每个练习重复10~20次，每个循环完成2~3组。

下面是针对自行创建完整的功能性训练计划的一些建议。

- 如果时间紧张，可以只完成周一和周五的计划。
- 如果要设计 3 天的计划，那就增加周三或周六的计划。这两个训练日的顺序可以对调（即周一、周三、周五或周一、周六、周五的形式）。
- 如果每周训练 4 天，则执行周一、周三、周五和周六的计划。
- 最后还可以增加敏捷和速度计划，这取决于你想实现的训练量。

我们可以通过调整重点训练部位（薄弱部位），在 2~4 周的力量阶段中将重复次数减少到 4~6 次或在爆发式耐力或减脂阶段增加代谢练习，然后对表 17.5 中的计划按月进行周期化调节。

表 17.5　增肌和减脂训练计划

周一	薄弱部位（以腿部为例）*	针对你想着重提升的薄弱部位，选取男性或女性腿部和髋部计划 4（第 4 章），按照进阶建议进行训练
周二	其他部位（以胸部、肩部和肱三头肌为例）	组合应用各种推计划（第 7 章和第 8 章）
周三	燃脂及核心	慢速长距离心肺训练（骑行、快步走等）。任选一个核心训练计划（第 5 章），按照进阶建议进行训练
周四	薄弱部位（以腿部为例）*	针对你想着重提升的最薄弱的部位，选取男性或女性腿部和髋部计划 5（第 4 章），按照进阶步骤进行训练
周五	其他部位（以背部、肱二头肌为例）	组合应用各种拉计划（第 9 章）
周六	趣味训练日及核心	参加任何你热爱的运动或进行慢速长距离心肺训练（骑行、快步走等）。任选一个核心训练计划（第 5 章），按照进阶建议进行训练
周日	休息恢复	

*这是你想要着重提升的部位，我们在此以腿部为例。

这一计划能够满足既想要为某一个部位（如腿部）增肌，同时又希望降低体脂含量的需求。其他身体部位在其他训练日得到了锻炼，额外增加的心肺训练有助于减脂。你可以用以下方法来进行这一计划。

- 在周一和周三针对想要着重提升的部位进行大重量、大训练量的刺激。通常所有部位的计划 4 和计划 5 都是大训练量的健美计划。
- 周四和周五时，将推和拉训练计划组合起来。
- 如果可以训练 5 天，将周六的计划作为第五天的训练计划。
- 如果时间允许，在每次训练完成后增加 20 分钟的低强度心肺训练，每周总共可以完成 3~4 次。这有助于加速燃脂。
- 使用穿戴计步设备来激励自己，以增加非锻炼性热量消耗。
- 要实现减脂需求，女性每天可以摄入 1500 千卡的热量，男性每天可以摄入 2000~2500 千卡的热量。我还建议服用 β - 丙氨酸来帮助实现持续的运动表现提升和燃脂。这一饮食建议应该对大多数人都有用。运动员或代谢失调人群的能量需求会有所不同。

我们可以通过调整重点训练部位（薄弱部位）或在2~4周的力量阶段中将重复次数减少到4~6次来对表17.6的计划按月进行周期化调节。

这一计划适合想要在增加某个部位围度（如胸部）的同时增重的人群，如想要进入校篮球队的高中生运动员。我在4天的计划中训练了不同的身体部位，目的是尽可能多地提供增肌刺激。

表17.6 增肌和增重训练计划

周一	薄弱部位（以胸部为例）*	针对你想着重提升的薄弱部位，选取男性或女性胸部计划4（第8章），从适合自己训练水平的训练周开始进行训练
周二	其他部位（以腿部、髋部为例）	选取男性或女性腿部和髋部计划4（第4章），从适合自己训练水平的训练周开始进行训练
周三	其他部位（以手臂、核心为例）	选取男性或女性手臂计划4（第6章），从适合自己训练水平的训练周开始进行训练
周四	薄弱部位（以胸部为例）*	针对你想着重提升的薄弱部位，选取男性或女性胸部计划4（第8章），从适合自己训练水平的训练周开始进行训练
周五	其他部位（以背部为例）	选取男性或女性背部计划4（第9章），从适合自己训练水平的训练周开始进行训练
周六	其他部位（以肩部为例）	选取男性或女性肩部计划4（第7章），从适合自己训练水平的训练周开始进行训练
周日	休息恢复	

*这是你想要着重提升的部位，我们在此以胸部为例。

你可以用以下方法来实施这一计划。

- 如果有4天的训练时间，实施周一、周二、周四和周五的计划。
- 如果有5天的训练时间，将周三或周六的计划加进去。
- 如果有6天的训练时间，很显然，把剩下的一天加进去就可以了。
- 如果时间允许，在每一次训练结束后增加2次、3次或4次持续10秒的上斜跑步机全速冲刺跑（两次冲刺间隔1分钟）。使用你能承受的最大上斜坡度和速度冲刺10秒。

要满足增重需求，每天试着摄入为你体重（以千克为单位）33~44倍的热量（女性通常是2000~2500千卡，男性通常是3500~4000千卡）。我还建议服用肌酸和β-丙氨酸来帮助增重和提升运动表现。这一饮食建议应该对大多数人都有用，特殊人群和有特定情况的人群会有不同需求。

表17.7展示了专注于健美训练的周度计划。很多人都专注于增肌，所以他们只在增肌和力量阶段进行训练。例如，他们会进行4周的健美训练（8~15次），然后通过将重复次数减少到4~6次在力量阶段训练2~4周。即使对运动表现毫无兴趣的人群，我依然建议每周进行2次常规的代谢训练，再在练习课的最后进行几次冲刺跑。冲刺跑会提升你在进行健美训练时所需的心肺能力。

你可以这样实施这一计划。

- 这是一个需要时间、要求全身心投入的高强度训练计划，而且每周至少训练5天。
- 如果只有5天的训练时间，你可以在每一次训练课的最后增加一点腹部及核心训练。
- 如果时间允许，在训练计划完成后额外增加20分钟的低强度心肺训练，每周总计完成3~4次。

想要满足增重需求，女性每天需摄入2000~2500千卡的热量，男性每天需摄入3000~3500千卡。我还建议服用肌酸和β-丙氨酸来帮助增重和提升运动表现。这一饮食建议应该对大多数人都有用，特殊人群和有特定情况的人群会有不同需求。

表17.7　健美循环计划

周一	腿部和髋部	选取男性或女性腿部和髋部计划4（第4章），从适合自己训练水平的训练周开始进行训练
周二	胸部	选取男性或女性胸部计划4（第8章），从适合自己训练水平的训练周开始进行训练
周三	背部	选取男性或女性背部计划4（第9章），从适合自己训练水平的训练周开始进行训练
周四	肩部	选取男性或女性肩部计划4（第7章），从适合自己训练水平的训练周开始进行训练
周五	手臂	选取男性或女性手臂计划4（第6章），从适合自己训练水平的训练周开始进行训练
周六	腹部和核心、补充训练	选取男性或女性腹部和核心计划4（第5章），从适合自己训练水平的训练周开始进行训练。针对任何其他部位的训练都可作为补充训练，如针对小腿的训练
周日	休息恢复	

更多来自JC的朋友们的训练计划设计思路

还有什么比分享训练计划能更好地让你获得更多的训练计划设计思路呢？这些计划来自众多行业专家，他们是我的顾问和同事。我对他们始终保持尊敬，并期待和他们进行交流与合作。

桑切斯的塑形计划

我们来看一下卡拉·桑切斯针对比基尼健身运动员和想要获得最佳身材的私人教练客户使用的一个分化训练计划。这是一个持续4~6周的循环训练计划，专注于不同的身体部位。

间隔拉/推训练分化，每周3天

第一天：腿部（拉）、背部、腹部

六角杠铃硬拉 3组 × 10~12次。

稳定球腿弯举 3组 × 10次。

V形把手器械下拉 3组 × 10~12次。

悬吊器械倾斜划船 3组 × 10~15次。

曲杆肱二头肌弯举 3组 × 10~12次。

稳定球卷腹接稳定球屈膝折叠超级组 3组 × 15次 + 15次。

第二天：腿部（推）、腹部

高脚杯下蹲接纵跳 3组 × 10~12次 + 10次。

弹力带臀推接弹力带腿外展 3组 × 15次 + 30次。

哑铃上斜卧推 3组 × 10~12次。

弹力绳肱三头肌臂屈伸 3组 × 10~12次。

悬垂提膝 3组 × 10~15次。

第三天：臀部、背部、腹部

杠铃臀推 3组 × 25次。

罗马尼亚式硬拉接壶铃摆举 3组 × 10次 + 10次。

弹力带助力引体向上 3组 × 10~12次。

T杠或炮架杠铃划船 3组 × 10~12次。

哑铃单臂划船 3组 × 10~12次。

JC腹部代谢（仰卧举腿、卷腹、两头起）3组 × 10次 + 10次 + 10次。

单车式卷腹 1组 × 50~100次。

埃德贝格制造：男性职业健美训练计划

这一计划（表17.8）来自我的好朋友，健身/营养大师克利夫·埃德贝格。这一周度计划是他设计的健美和健体运动员备赛计划的一部分，这一精英级别的计划可以帮助职业运动员在比赛中获得最佳的竞技表现。按照计划完成4周训练后，你就可以迎接登台捧杯前最后的饮食调整阶段。克利夫是众多使用增加肌肉张力保持时间训练法的教练之一。他认为，如果人们能够慢速、专注地进行动作，就能够实现对目标肌肉的量大化刺激。克利夫认为较大的重量会迫使训练者借力代偿，导致动作走形，张力无法集中施加于目标肌群。我赞同他的观点，并在本书中多次提到。他喜欢的训练方式是让训练组持续30~40秒。没多少人能有这样的耐心，但是如果能尝试一下，你会在只对关节造成极小压力的情况下获得极佳的泵感。试一下默数2~3下的离心动作（下放负重），在动作底端默数0~1下，然后默数1~2下的向心动作（举起负重），每组耗时30~40秒。试着采用计划所列出的不同节奏，找到自己最喜欢的一种。

这一计划采用了超级组的动作形式，将主动肌和拮抗肌或上身和下身搭配在一起。这一训练方法让我们不停运动，对力量和体能要求极高，可以大量分泌激素，刺激肌肉增长，并加速脂肪燃烧。

表17.8 埃德贝格制造：男性职业健美训练计划

周一				
上身全身	组数	次数	节奏	休息
A1.杠铃平板卧推	4	6	3-0-1-0	1分钟
A2.杠铃俯身划船	4	6	3-0-1-0	
B1.杠铃上斜卧推	3	6	3-0-1-0	1分钟
B2.负重引体向上	3	6	3-0-1-0	
C1.负重俯身臂屈伸	3	8~10	2-0-1-0	1分钟
C2.弹力绳划船	3	8~10	2-0-1-0	
D1.杠铃肩部推举	3	10	2-0-1-0	30秒
D2.杠铃弯举	3	10	2-0-1-0	
D3.杠铃仰卧肱三头肌臂屈伸	3	10	2-0-1-0	
E1.哑铃侧平举	3	10	2-0-1-0	30秒
E2.哑铃上斜弯举	3	10	2-0-1-0	
E3.曲杆仰卧肱三头肌臂屈伸	3	10	2-0-1-0	

周二				
下身全身	组数	次数	节奏	休息
硬拉	4	6	3-0-1-0	2分钟
器械腿举	4	6	3-0-1-0	1分钟
A1.杠铃前蹲（脚跟垫高）	3	8~10	2-0-1-0	1分钟
A2.罗马尼亚硬拉	3	8~10	2-0-1-0	
B1.俯卧腿弯举	3	10	2-0-1-0	30秒
B2.行进弓步	3	10	2-0-1-0	
C1.坐姿腿屈伸	3	10	2-0-1-0	30秒
C2.臀桥	3	10	2-0-1-0	
D1.负重山羊挺身	3	10	2-0-1-0	30秒
D2.坐姿提踵	3	10	2-0-1-0	

周三：休息				
周四				
胸部和肱二头肌	组数	次数	节奏	休息
A1.哑铃上斜卧推	3	6	3-0-1-0	30秒
A2.哑铃上斜弯举	3	6	3-0-1-0	
B1.哑铃平板卧推	3	6	3-0-1-0	30秒
B2.曲杆窄距弯举	3	10	2-0-1-0	
C1.负重训练长凳臂屈伸	3	10	2-0-1-0	30秒
C2.哑铃牧师凳弯举	3	10	2-0-1-0	
D1.蝴蝶夹胸	3	10	2-0-1-0	30秒
D2.弹力绳单臂弯举	3	10	2-0-1-0	

周五				
腿部和肩部	组数	次数	节奏	休息
A1.哈克深蹲（着重于臀部）	4	12	2-0-1-0	30秒
A2.弹力绳反向飞鸟（三角肌后束）	4	12	2-0-1-0	
B1.杠铃行进弓步	3	12	2-0-1-0	30秒
B2.器械侧平举	3	12	2-0-1-0	
C1.45度山羊挺身	3	10	2-0-1-0	30秒
C2.钢索前平举	3	10	2-0-1-0	
D1.器械腿弯举	3	12	2-0-1-0	30秒
D2.直立划船	3	10	2-0-1-0	
E1.站姿提踵	3	15	2-0-1-0	30秒
E2.阿诺德推举	3	10	2-0-1-0	
周六				
背部和肱二头肌	组数	次数	节奏	休息
A1.器械下拉	3	6	3-0-1-0	30秒
A2.器械臂屈伸	3	10	2-0-1-0	
B1.哑铃上斜支撑划船	3	6	3-0-1-0	30秒
B2.哑铃或杠铃仰卧臂屈伸	3	10	2-0-1-0	
C1.中立手柄器械下拉	3	8	3-0-1-0	30秒
C2.宽距肱三头肌臂屈伸	3	10	2-0-1-0	
D1.T杠划船	3	10	2-0-1-0	30秒
D2.绳索肱三头肌臂屈伸	3	10	2-0-1 0	
周日：休息				

罗尼的飓风训练计划

这个计划来自我的朋友，我认识的灵感最多的教练之一——马丁·罗尼。这个计划被称为罗尼的飓风训练计划。在训练过程中，练习组间休息30秒，每轮之间休息1分钟。如果感到太难了，你可以延长休息时间。每周完成1次或2次训练，在总共4周的时间里，你可以将本训练和其他训练组合。想要获得关于飓风训练的更多信息，请登录相关网站进行查询。

飓风训练示例

第一轮：完成3次

阻力橇或冲刺或跑步机冲刺30秒。

平板卧推 ×8次。

反握引体向上 ×8次。

第二轮：完成3次

阻力橇或冲刺或跑步机冲刺30秒。

双杠臂屈伸×8次。

过顶推举×8次。

第三轮：完成3次

阻力橇或冲刺或跑步机冲刺30秒。

药球砸击×10次。

哑铃弯举×10次。

飓风训练规则

用15~20分钟的时间充分热身。

在保持动作标准的同时尽可能保持高训练强度。

使用中低负重以实现尽可能快速的动作。

每周最多进行2次飓风训练以避免训练过度。

兰道的速度计划

这是一个简单的速度训练计划，来自行业最棒的运动表现提升教练之一——洛伦·兰道。你可以每周进行2次或3次这一为期4周的速度进阶计划。第一周，将所有的4个练习都完成3组，然后每个练习逐周增加1组。到了第四周，你的速度和运动状态都将获得大幅提升。这是能让你不用进行复杂训练也能获得出色训练效果的简单计划之一。以完美的执行力、高强度地完成这一计划，你一定会跑得更快。

速度训练计划示例：用第12章（第176页）介绍的热身方式

- 跨步跳3~6组（练习组之间休息60秒）×9米。
- 原地顶墙跑3~6组×每侧5次（练习组之间休息60秒）。
- 站立式起跑18米冲刺跑，最大速度的85%以上×3~6组（练习组之间休息90~120秒）。
- 爆发式跨步跳18米（最大跨步距离）×3~6组（练习组之间休息90~120秒）。

达林的4天分化训练计划

这一计划（表17.9）来自我的同事达林·威洛比博士。我认为，在肌肉生理学领域，他是最厉害的人之一。达林还利用自己的科研成果参加过很多健美比赛。他参加过超重量级的标准健美比赛，最近还赢得了环球健美组织的职业卡。

表17.9　达林的4天分化训练计划

周一				
腿部、肩部、腹部	组数	次数	节奏	休息
硬拉	3	8~10	3-0-1-0	2~3分钟
杠铃下蹲	3	8~10	3-0-1-0	2~3分钟
弓步	3	每侧8	3-0-1-0	1~2分钟
杠铃坐姿军事推举	3	8~10	3-0-1-0	2~3分钟
哑铃前平举	3	8~10	2-0-1-0	1~2分钟
钢索直立划船	3	8~10	2-0-1-0	1~2分钟
悬垂提膝	4	10~15	2-0-1-0	1~2分钟
周二				
胸部、肱三头肌、小腿	组数	次数	节奏	休息
杠铃或哑铃平板卧推	3	8~10	3-0-1-0	2分钟
杠铃或哑铃上斜卧推	3	8~10	3-0-1-0	2分钟
钢索飞鸟	3	8~10	2-0-1-0	1~2分钟
钢索肱三头肌下压	3	8~10	2-0-1-0	1~2分钟
窄距肱三头肌推举	3	8~10	1-0-1-0	1~2分钟
站姿提踵	4	15	3-0-1-0	1~2分钟
周三：休息				
周四				
腿部、肩部、腹部	组数	次数	节奏	休息
器械腿举	4	12~15	3-0-1-0	2~3分钟
保加利亚下蹲	4	每侧10	3-0-1-0	2~3分钟
器械腿屈伸	4	12~15	3-0-1-0	1~2分钟
器械腿弯举	4	12~15	3-0-1-0	1~2分钟
哑铃坐姿过顶推举	4	12~15	3-0-1-0	2~3分钟
哑铃侧平举	4	12~15	2-0-1-0	1~2分钟
史密斯训练器耸肩	4	12~15	1-0-1-0	1~2分钟
卷腹	4	10~15	2-0-1-0	1~2分钟
周五				
背部、肱二头肌、下背部、小腿	组数	次数	节奏	休息
宽距器械下拉	3	8~10	3-0-1-0	2分钟
钢索划船	3	8~10	3-0-1-0	2分钟
单臂俯身划船	3	8~10	2-0-1-0	2分钟
杠铃弯举	3	8~10	2-0-1-0	1~2分钟
上斜（牧师凳）弯举	3	8~10	2-0-1-0	1~2分钟
45度山羊挺身	4	10~15	2-0-1-0	1~2分钟
站姿提踵	4	15	3-0-1-0	1~2分钟
周六和周日：休息				

达林很喜欢这个计划，因为它将中等强度（高训练量）训练日和高强度（低训练量）训练日结合起来了。他认为，这一计划的各种变体有助于肌纤维的彻底激活，同时还会在两节训练课间带留出适度的恢复时间。他还认为，在中等强度（高训练量）训练日使用的增加肌肉张力保持时间的方法是集中刺激目标肌群的出色方式，同时还能避免关节遭受极端损耗。

总　结

对于任何人来说，训练计划设计都可能是个让人觉得很困难的任务，即使是私人教练。我希望本章提供的思路能帮助你简化训练计划设计的流程，使训练计划设计成为一件力所能及的工作，而不是不可能完成的任务。正如你从这些业内大师这里学到的，还有我在本书中提供的，我们介绍的课程计划和练习可以混搭组成无限多的计划，从非常简单的到较为复杂的。

记住，做好训练计划设计不是一夜之间就能实现的，我们中的任何一个人都是如此。我已经做了45年的训练计划设计了！我经历了各种实践、指导、研究，并且跟世界各地的专业教练们学习沟通，从中国奥运代表队教练到俄罗斯精英级教练，再到巴西和南美洲的优秀教练，当然还有美国的行业专家们。这样的学习经历使我收获了大量的经验和收益，我仍然在不停地努力学习！所以，不要灰心丧气，觉得自己什么都不会或永远也学不会。你会做到的。坚持住，继续阅读、分享、实践。可能有一天，我会研读你的著作并向你学习！

贡献者简介

下面的各位同事为本书的写作提供了众多计划、建议、支持和各自的专业知识，帮助我扩充内容、添砖加瓦。我十分感激他们的贡献和鼓励。

前美国健美先生约翰·迪芬迪斯让我在第3章中介绍他研发的"迪芬迪斯5步收缩模型"。

以下这些天赋异禀的教练们为我们带来了如下计划。

布雷特·康切拉斯，男性腿部和髋部计划5：布雷特的负重训练计划，女性腿部和髋部计划2：布雷特的家庭训练计划，第4章。

克利夫·埃德贝格，理学硕士，注册营养学家，女性腹部和核心计划5：高负载腹肌计划，第5章，埃德贝格制造：男性职业健美训练计划，第17章。

杰姆·艾仁，女性腿部和髋部计划6：杰姆的健身比赛计划，第4章。

洛伦·兰道，兰道的速度计划，第17章。

马丁·罗尼，龙尼的飓风训练计划，第17章。

卡拉·桑切斯，桑切斯的塑形计划，第17章。

达林·威洛比博士，达林的4天分化训练计划，第17章。

以下这些专家将各自的专业知识贡献出来，使第16章——营养和恢复的内容更加详细和精准。

何塞·安东尼奥博士。

克利夫·埃德贝格，理学硕士，注册营养学家。

道格拉斯·卡尔曼博士，注册营养学家。

戴夫·沃伊纳罗夫斯基，执业医师。

作者简介

胡安·卡洛斯（JC）·桑塔纳（Juan Carlos Santana），MEd，CSCS*D，著有17本书并制作了70多个视频课程。他发表了超过300篇文章，很多发表在同行评审期刊（如NSCA的 *Strength and Conditioning Journal*）上。他发表的内容已进入全球超过20所大学的课堂。

桑塔纳是位于佛罗里达州博卡拉顿市的人体运动表现学院（IHP）的创始人和总裁。在过去的17年中，IHP作为全球顶尖训练场所和全美最佳核心训练场所，获得了持续和广泛的认可。他创立的IHP认证体系拥有来自超过15个国家和地区的10000多名认证教练，包括200多位来自各国奥运代表队的教练。他的IHP导师制课程计划已经培养了来自20多个国家的400多位健身专家。

在过去的20多年时间里，桑塔纳一直在参与佛罗里达大西洋大学多个运动队的体能训练项目。他负责为男子篮球队、女子排球队、男子和女子越野跑队、田径队和游泳队提供体能训练支持。

桑塔纳以优异的成绩通过了美国国家体能协会体能训练专家认证（CSCS*D），是NSCA的成员。他还是美国运动医学会（ACSM）认证健康健身指导员、美国举重队的认证高级教练和俱乐部课程指导员及美国田径协会1级教练。

桑塔纳曾两次任职NSCA理事会成员。他还担任过8年的 *NSCA Journal* 的运动专项体能编辑。他的专业任职经历包括NSCA副主席、NSCA教练会议主席、NSCA会议委员会成员及NSCA佛罗里达州主席。他还作为大学副教授在佛罗里达大西洋大学教授体能训练课程。他在佛罗里达大西洋大学获得训练科学学士和硕士学位后，广泛参与了多个大学进行的诸多持续性研究，并且正在攻读运动训练学博士学位。

创立于2001年的IHP为精英级运动员提供了无与伦比的训练环境。在这里训练的运动员包括多个项目的奥运选手、世界网球冠军、美国职业橄榄球大联盟（NFL）球员、美国职业冰球联盟（NHL）球员、美国职业棒球大联盟（MLB）球员、巴西柔术世界冠军、职业综合格斗（MMA）运动员、美国大学生体育协会（NCAA）一级联赛运动队队员及拥有全美排名的各项目高水平青少年运动员。IHP还提供脊柱损伤的康复训练，同时也是一个服务于本地社区的健身场馆。

译者简介

王云峰，IHP亚洲区副总监、培训师、健身翻译；多位职业格斗运动员的体能教练，包括UFC女子草量级世界冠军张伟丽、UFC次中量级选手李景亮和草量级选手闫晓楠等。